♠ Westminster Assembly and the Reformed Faith Series 3 ♠
- Scripture and Worship: Biblical Interpretation and the Directory for Public Worship -

웨스트민스터 총회의 실천
성경해석과 예배모범

리차드 A. 멀러, 로우랜드 S. 워드 지음
곽계일 옮김

개혁주의신학사

Presbyterian and Reformed Publishing

P&R(Presbyterian and Reformed Publishing Company)은
미국 뉴저지 주에 소재한 기독교 출판사로서
웨스트민스터 신앙고백서와 요리문답에 기초하여
성경적인 이해와 경건한 삶을 증진시키는
탁월한 도서들을 출판하고 있습니다.
P&R Korea(개혁주의신학사)는
CLC가 공동으로 운영하는 출판사로서
P&R의 도서를 우선적으로 번역출판하고 있습니다.

Westminster Assembly and the Reformed Faith Series 3

Scripture and Worship

Biblical Interpretation and the Directory for Public Worship

Written by
Richard A. Muller · Rowland S. Ward

Translated by
Kyeil, Kwak

Copyright © 2007 by Anthony T. Selvaggio
Originally published in English under the title as
Scripture and Worship
by P&R Publishing Company
Translated and used by the permission of
P&R Publishing Company, P. O. Box 817, Phillipsburg,
New Jersey 08865-0817, U.S.A

All rights reserved

Korean Edition
Copyright © 2014 by Presbyterian and Reformed Publishing Company
Seoul, Korea

추천사

김 상 구 박사
백석대학교 신학대학원 실천신학 교수

오늘날 개혁주의 신학이 혼돈 속에 빠진 목회현장에 생명력을 부어주기보다는 오히려 사변화되고 있어 생명을 주지 못하고 있다. 이러한 자성의 목소리가 높은 시점에, 역사적 개혁주의 신학의 근간이 무엇인가를 재조명하여 생명력이 있는 목회현장을 재현하는 것은 매우 중요하다. 종교개혁자들은 "오직 성경"(Sola Scriptura), "오직 그리스도"(Sola Christus), "오직 은혜"(Sola Gratia), "오직 믿음"(Sola Fide), "오직 하나님께 영광"(Sola Deo Gloria)을 외치며 교회개혁에 앞장섰다. 이 5대 표지가 곧 개혁주의 신학의 정수다.

이 책의 저자 리차드 A. 멀러(Richard A. Muller)는 5대 표지 중 "오직 성경"을 중심으로 16-17세기 종교개혁자의 역사적 전통에 따라 만들어진 웨스트민스터 신앙고백서의 성경 주해적 배경을 심도 있게 다룬다. 이어 로우랜드 S. 워드(Rowland S. Ward)는 웨스트민스터 예배모범을 분석하면서 개혁주의 예배신학과 예배요소 및 실천을 기술하고 있다.

이 책은 두 부분으로 구성되어 있다.

제1부에서 멀러 박사는 "성경과 웨스트민스터 신앙고백"을 중심으로 종교개혁자들의 성경해석의 원리를 제시한다.

1장에서는 "모든 것에 관한 하나님의 뜻"이란 제목하에 『잉글랜드 주석성경』과 웨스트민스터 신앙고백에 나타난 성경, 주해, 교리를 다룬다.

2장에서는 "이전에 영어로 편찬된 적이 없는 듯한…성경 전체 본문에 대한 주석"의 제목하에 웨스트민스터 총회 당시에 이루어졌던 성경 본문에 대한 주석 편찬사업에 대해 상세히 기술한다.

3장에서는 "하나님의 직접적인 감동으로 기록된 것이며…만세에 순결하게 간직되어"라는 제목하에, "웨스트민스터 신앙고백에 나타난 성경론은 개혁주의 성경론의 전통과 더불어 성경 본문은 신앙과 삶에 필요한 기초 진리 혹은 표준 진리를 제공한다"고 피력한다.

4장에서는 "하나님의 뜻은 전부 성경에 분명하게 진술되어 있거나, 조리 있고 합당한 이치에 따라 성경에서 추론할 수 있다"라는 제목하에, 『잉글랜드 주석성경』과 웨스트민스터 신앙고백에 나타난 성경 주해와 교리제정에 대해 설명한다.

제2부에서 워드 박사는 "웨스트민스터 예배모범"을 상세히 분석한다.

5장에서는 웨스트민스터 총회에 다루고 있는 예배모범의 제정 배경과 원칙 및 필요성을 다루고 있다.

6장에서는 예배의 구성요소와 실천을 구체적으로 분석한다. 아울러 부록에서는 "잉글랜드, 스코틀랜드, 아일랜드의 공중 예배를 위한 예배모범"을 소개한다.

오늘날 성경해석의 기준이 모호하고, 개혁주의 신학에 따른 예배모범이 제대로 연구되지 않고 있다. 이 시점에 이 책을 통해 개혁주의 신학의 성경해석 원리와 예배모범을 탐독하는 것은 한국 교회 예배 현장을 새롭게 하는 데 매우 유익한 밑거름이 될 것으로 기대하면서 일독하기를 권장한다.

추천사

한 병 수 박사
개혁주의신학연구소 소장

　성경은 신앙과 삶의 절대적 규범이며 모든 종교적 문제의 유일한 종결자다. 어떠한 경우에도 성경을 능가하는 규범이나 권위는 존재하지 않는다. 나아가 성경은 완전하고 충분하며 진리성을 스스로 증거한다. 성경 자체가 성경의 주석이란 사실을 포함한 이런 "오직 성경"(*Sola Scriptura*) 정신은 그 정신이 와해된 중세의 부패를 일소하는 종교개혁 신학의 예리한 검이었다. 뒤이은 정통주의 시대에도 비록 약간의 방법론적 발전과 교리의 세밀화 작업은 있었으나 종교개혁 운동의 "오직 성경" 정신에는 어떠한 변경도 가해지지 않았다.

　성경의 절대적 권위와 최상위 규범성 주장은 개신교의 전유물이 아니라 건강한 교부들과 중세 인물들도 고수했던 주장이다. 나아가 성경에 대한 이런 이해에 있어서 중세와 르네상스, 종교개혁 시대와 정통주의 시대 사이에 선명한 단절의 금을 긋는 것은 대단히 어려운 작업이다. 믿음의 선배들이 때로는 외롭게 때로는 비장하게 전수해 온 진리의 굵직한 줄기를 붙드는 것은 모든 시대에 깨어있는 자들의 몫이었고 단절되지 않았기 때문이다. 하나님은 그런 자들을 시대마다 세우시길 중단하지 않으셨다. 주님의 무궁하신 긍휼과 성실로 말미암은 이런 연속성을 인간의 짧은 판단으로 왜곡하고 훼손하는 일은 없어야 하겠다.

나의 은사이신 리차드 A. 멀러(Richard A. Muller)는 주께서 배푸신 연속적인 은총에 대해 오랜 세월 동안 변증의 붓끝을 예리하게 준비하신 학자다. 그의 은사이신 데이빗 스타인메츠(David Steinmetz)는 성경해석학에 특별한 관심을 기울였고 비평주의 시대 이전(pre-critical)의 성경해석학이 얼마나 탁월하고 복원의 필요성이 절박해져 있는지를 알리고자 여생을 바칠 각오까지 다짐했다. 멀러는 스승의 이러한 각오와 신학적 결을 같이하며 전비평적 해석학의 정수만이 아니라 정통 개혁주의 신학의 골격까지 갖춘 웨스트민스터 신앙고백서의 성경론 부분을 정통주의 신학의 관점에서 꼼꼼하고 예리하게 분석했고 이 고백서의 탁월한 독특성을 깔끔하게 일별했다. 이 책은 멀러가 흘린 이런 학구적 땀방울의 결실이다.

멀러의 표현대로, 웨스트민스터 신앙고백서는 "개혁주의 전통의 교리적 표준"을 담고 있으며 신학의 "원리인 성경과 삼위일체 하나님 위에 신학적 체계를 세운 정통 개혁주의 신학"의 걸출한 구조적 면모도 과시하는 문헌이다. 17세기 중반까지 발전된 신학적 구조와 방법론의 엑기스가 농축되어 있다고 말해도 과언이 아니다. 내용에 있어서도 이 고백서는 섬나라 "영국의 개혁주의 전통만이 아니라 유럽 대륙에 기반을 둔 스콜라적 정통주의(scholastic orthodoxy) 안에서 발전되던 신학적 사상과 공유하는 연속성"을 보여준다. 교의학은 성경의 주석에서 이탈하지 않았으며 신조나 고백서는 교의학과 주석의 전통에서 이탈하지 않았다. 이러한 사상적 연속성을 멀러는 웨스트민스터 신앙고백서의 성경론을 가지고 조목조목 입증한다.

먼저 멀러는 웨스트민스터의 성경론이 "16-17세기 개혁주의 교의학 안에서 발견되는 거의 모든 성경론의 핵심을 정리해서 표현하고 있다"고 생각한다. 즉 그리스도 예수를 성경의 핵심으로, 신약을 구약의 성취로, 성경을 교회에 주어진 하나님의 말씀으로 여긴다. 그리고 성경의 권위는 스스로 증거하며 성령의 조명을 통해서만 독자에게 알려지게 된다는 칼빈과 개혁파 정통주의 인물들의 성경관이 고백서에 그대로 나타난다. 정통 개혁주의 신학이 하나님의 말씀을 강조하던 종교개혁 신학을 떠나 영감론에 기초한 성경의 권위 강조로 변질되고 말았다는 하인리히 헤페(Heinrich Heppe)의 주장과는 달리, 이 고백서는 성경의 권위가 영감의 사실에서 필히 도출되는 것이 아니라 성경이 하나님의 말씀이란 사실에 기초한 것이라고 선언한다. 나아가 성경의 신적인 권위를 입증하는 근거로 외적인 증거보다 내적인 증거인 성령을 강조한 칼빈이나 불링거와 같은 종교개혁 주역들의 사상도 충실히 계승하고 있다.

성경의 해석에 있어서도 고백서는 종교개혁 인물만이 아니라 경건한 교부들과 중세 인물들에 의해서도 고수되어 왔던 해석학의 범교회적 규범인 "성경 자체가 성경을 증거한다"(*Scriptura interpres sui ipsius*)라는 점을 확고히 표방한다. 이에 멀러는 "신앙과 삶에 대한 무오한 법칙인 성경이 또한 그 자체로 성경을 해석하는 무오한 표준"임을 이 고백서가 분명히 밝힌다고 지적한다. 이러한 성경의 자체 해석학의 구체적인 형태로서 명료한 구절에 의한 난해구절 해석도 해석학의 범교회적 연속성을 입증한다.

나아가 칼빈이 성경 본문 주석할 때 그것의 문자적 역사적 의미(litera et historica)는 하나이며 거기에서 우리가 무엇을 믿어야 하고 무엇을 해야 하고 무엇을 소망해야 하는지, 즉 풍유적 의미(allegorica)와 교훈적인 의미(tropologica)와 영적인 의미(anagogica)를 찾았던 것처럼 웨스트민스터 신앙고백서도 성경이 모든 것에 관한 하나님의 온전한 뜻이라는 단 하나의 의미를 말씀하고 있다는 점에서 해석학적 연속성의 또 다른 증거를 멀러는 제시한다.

이처럼 이 책은 웨스트민스터 신앙고백서의 성경론을 가지고 종교개혁 시대의 성경관과 정통주의 시대의 성경관 사이에 연속성이 있으며 동시에 방법론적 발전과 교리적 정교화가 있음을 다양한 각도로 조명한다. 주석과 교리적 명제 사이의 유기적인 선순환 관계성은 어느 시대에도 포기되지 않았다고 강조한다. 이 책에서 우리는 16-17세기 정통 개혁주의 신학에 정통한 석학의 장로교 표준문서 해석의 정수를 경험하게 된다. 무엇보다 고백서만 주목하지 않고 고백서 작성의 여러 주역들과 주변 문헌들과 그들이 처한 신학적 맥락까지 한꺼번에 고려된 종합적인 성경론 분석이 또한 이 책의 백미라고 하겠다.

추천사 / 김상구 박사_백석대학교 신학대학원 실천신학 교수 · 5
　　　　한병수 박사_개혁주의신학연구소 소장 · 8
웨스트민스터 시리즈 소개 / 칼 투르먼 박사 · 13
서문 / 15
역자 서문 / 17

1부 | 성경과 웨스트민스터 신앙고백 _ 리처드 A. 멀러

제1장 "모든 것에 관한 하나님의 뜻" / 23

제2장 "이전에 영어로 편찬된 적이 없는 듯한 … / 35
　　　성경 전체 본문에 대한 주석"

제3장 "하나님의 직접적인 감동으로 기록된 것이며 … / 67
　　　만세에 순결하게 간직되어"

제4장 "하나님의 뜻은 전부 성경에 분명하게 / 113
　　　진술되어 있거나, 조리 있고 합당한
　　　이치에 따라 성경에서 추론할 수 있다"

2부 | 웨스트민스터 예배모범 _ 로우랜드 S. 워드

제5장 제정 배경과 원칙 / 157

제6장 예배의 구성요소와 실천 / 201

부록 _ 잉글랜드, 스코틀랜드, 아일랜드의
　　　공중 예배를 위한 예배모범 / 253

색인 / 305

웨스트민스터 시리즈 소개

칼 투르먼(Carl R. Trueman) 박사
크레이그 위원회 대표
웨스트민스터신학교 교회사 교수

    16-17세기 개혁주의 신학의 본질과 발전에 대한 신학자들의 이해는 지난 이십 년간 획기적으로 진전되었다. 이러한 정황을 맞아 필라델피아 웨스트민스터신학교는 웨스트민스터 표준문서에 대한 획기적인 학문적 연구에 박차를 가하기 위해 2002년에 크레이그센터(Craig Center)를 발족했다. 크레이그센터는 웨스트민스터 총회의 역사와 신학에 대한 학문적 연구와 학술물 발행 그리고 이 결과물들을 공유할 방법을 모색하기 위해 포럼을 열었다.

    이러한 노력의 일환으로, 크레이그센터는 P&R 출판사와 손잡고 단일 저자 혹은 다수 저자가 공동으로 참여한 관련 저서를 출판하기로 제휴했다. 각 저서마다 새 학계가 이끄는 방향성과 맞으면서, 16-17세기 당시의 역사적, 교회사적 상황을 염두에 두면서 정통 개혁주의가 표방한 신학을 깊이 있게 다루고 있다. 그렇다고 해서 이들 저서가 고리타분한 골동품이나 과거사에 대한 연구물 정도라는 말은 아니다. 현재 당면한 사안들이 채우고 있는 족쇄와 죄이고 있는 구속으로부터 과거를 해방시켜 줌으로써, 역사로 하여금 오늘 시대가 귀 기울여 들어야 할 말을 말할 수 있는 여건을 조성하려는 것이다. 그 결과로 웨스트민스터 시리즈가 제공하는 혜택을 교계와 학계가 오래도록 누리기를 크레이그센터를 대표해서 바란다.

서문

칼 투르먼(Carl R. Trueman) 박사
크레이그 위원회 대표
웨스트민스터신학교 교회사 교수

    웨스트민스터신학교는 2004년에 개교 75주년을 맞아 신학교의 핵심기초가 되는 문서들, 즉 웨스트민스터 신앙고백서, 대소요리문답서, 예배모범을 주제로 컨퍼런스를 주최했다. 이 문서들은 잉글랜드 의회가 국교회의 개혁에 박차를 가하려는 목적으로 1643년에 소집한 웨스트민스터 총회를 통해 만들어진 결과물이었다. 이후로, 이 웨스트민스터 표준문서들은 전 세계에 흩어진 장로교회가 고백하는 신앙의 요체가 되었다.

    웨스트민스터 표준문서가 이토록 오래도록 장로교회에 미쳐온 영향력에도 불구하고 정작 이들 문서에 대한 바른 이해는 부족한 실정이다. 오늘날 또한 이들 문서에 대해 아전인수격 본문증명 제시, 지나치게 일반화된 교리, 논리성이 결핍된 궤변, 신학적 논제들에 대한 외면으로부터 생겨난 산물로 바라보는 시선이 많다. 그러한 잘못된 시선은 웨스트민스터 표준문서가 무엇보다도 문서가 작성된 당시의 정치, 신학, 학계, 교육 등의 정황 안에서 이해되어야 마땅할 17

세기 시대의 문서라는 기본적인 인식의 실패로부터 생겨난 것이다.

이러한 분석을 바탕으로 웨스트민스터 표준문서를 연구하는 크레이그 위원회는 "17세기 당시 정황에서 형성된 문서라는 관점에서 웨스트민스터 표준문서를 재평가하자"라는 의미 있는 취지를 가지고 컨퍼런스를 주최하는 것만큼 웨스트민스터신학교의 개교 75주년을 자축하기에 더 좋은 방법은 없다는 결론을 내리게 되었다. 이 결정에 따라 위원회는 기쁜 마음으로 리처드 A. 멀러 교수와 로우랜드 S. 워드 교수를 주 발표자로 모시게 되었다. 멀러 교수는 웨스트민스터 신앙고백이 등장한 성경 주해적 배경에 대해서 그리고 워드 교수는 예배모범과 관련된 논의에 대해 발표하는 시간을 가졌다. 이 당시 작성된 발표문은 출판을 위한 교정 작업을 거쳐서 독자 여러분 앞에 놓인 책으로 나오게 되었다.

아무쪼록 이 책이 독자들에게 역사 신학적인 문서를 어떻게 연구할 것인가에 대한 모범을 제시할 뿐 아니라, 더 나아가 교회사를 수놓은 위대한 신앙고백에 대한 관심과 고백 전통의 일부인 웨스트민스터 표준문서에 대한 관심에 다시 한 번 불을 지펴주기를 크레이그 센터를 대표해서 바란다.

역자 서문

교회사는 성경해석의 역사이며, 성경해석의 역사는 성경론의 역사이다. 성경론의 역사는 해석 공동체로서 교회가 속해 살아가고 있는 메타내러티브(metanarrative)와 성경 본문과의 관계성을 바탕으로 일면 이해할 수 있다.

고린도교회에 보내는 편지에서 출애굽 사건을 끌어들이던 사도 바울은 이방인 출신의 그리스도인들에게 구약 이스라엘 백성을 "우리 조상들"이라고 소개한다(고전 10:1). 게다가 "우리 조상들"이 경험한 사건은 "우리의 본보기"가 된다고 가르친다(고전 10:6). 로마서에서는 "무엇이든지 전에 기록된바"는 우리로 소망을 갖도록 "우리의 교훈을 위하여" 기록되었다고 가르치면서 그리스도인으로서 구약성경을 읽는 해석학적 원리를 소개한다(롬 15:4). 이를 통해 '그리스도인들을 위한 하나님의 말씀'으로서 구약성경을 성령의 인도하심을 따라 읽은 사도들의 특정한 해석학적 결과물이 신약성경이라고 이해할 수 있다. 즉 그리스도로 말미암아 구약성경 자체가 초대교회

성도들이 속해 살아가던 '우리'의 메타내러티브가 된 것이다.

초대교회사에서 마르키온과 그 추종자들은 문자적 해석을 통해 구약성경을 자신들의 메타내러티브로 받아들이기를 거부했다. 영지주의자들은 영적 해석을 통해 구약성경을 어떤 영적 세계의 메타내러티브를 증거하는 하나의 참고자료로 사용하였다. 이들 상반된 성경해석 전통은 구약성경을 자신들이 속해 살아가는 메타내러티브 자체로 받아들이지 않았다는 점에서 역설적으로 상통한다. 초대교회사에서 사도적 전통은 구약성경을 어떻게 읽는가에 따라 구별되고 보존 및 전승된 것으로 이해할 수 있다.

중세 라틴교회사에서 메타내러티브는 성경에서 성경을 해석하는 교회의 전통으로 대체되었다. "쾨드리가"(Quadriga)로 알려진 사중적 해석 방법은 성경 본문 너머 교회 전통이(특히 알레고리적 의미를 중심으로) 계승해온 최종 해석학적 권위를 가리켰다. 이러한 배경으로부터 루터와 칼빈 같은 소위 기독교 사회적 종교개혁가들(the Magisterial Reformers)이 종교개혁의 모토로 내세운 "오직 성경"(sola scriptura)이 등장했다. 이 모토는 성경을 교회 전통이라는 메타내러티브를 증거하는 참고문헌의 위치에서 메타내러티브 자체의 위치로 회복한다는 상징적 의미를 담고 있었다. 이러한 상징적 의미를 구현하기 위한 해석학적 실천으로 이들 종교개혁가들은 "성경 자체가 성경을 증거한다"(Scriptura interpres sui ipsius)라는 오래된 원리를 성경해석에 새롭게 적용했다.

이 책에서 멀러 교수는 웨스트민스터 표준문서의 성경해석학이 종교개혁을 거쳐 초대교회까지 연결되는 연속선상 위에 자리매김하고 있다고 밝힌다. 이 글에서 지금까지 사용해온 언어로 그의 주장을 번역해본다면, 성경론적 관점에서 웨스트민스터 표준문서는 성경을 성도의 삶이 영위되는 메타내러티브로서, 즉 표준권위 자체로서 이해한다는 말이다. 아울러 웨스트민스터 표준문서 위에 덧입혀진 17세기 영국의 특수한 역사적, 정치적 그리고 종교적 색채를 벗겨내지 않을 때 도리어 해석학적 특정성과 다양성을 위한 밑그림으로 그려진 성경론적 연속성을 더욱 선명하게 인식하게 된다는 멀러 교수의 주장을 귀담아 들을 만하다. 그렇게 할 때 21세기를 살아가는 한국인으로서 17세기 유럽 영국의 문헌인 웨스트민스터 표준문서를 새롭게 인식해볼 여지가 몇몇 부분에서 열린다.

먼저, 메타내러티브로서 혹은 표준권위로서 역할하는 성경의 권위를 이들 문서가 대체하는 (그리고 최근 필라델피아의 한 신학교에서 일어나고 있는) 아이러니는 적어도 발생하지 않을 것이다. 말시온과 영지주의 그리고 중세 가톨릭 교회가, 또한 이들보다 상대적으로 최근 해석학적 현상으로서 역사-비평적 방법론이 선례로서 우리 주변에 머물러 있다. 역사-비평적 방법론을 통해 역사적, 과학적 사실을 재구성하는 시도 자체가 문제가 아니라, 그렇게 재구성된 가정적(!) 사실 자체가 메타내러티브가 되어 성경을 해석하고 판단하는 표준권위가 될 때 문제가 된다. 간단히 말해 성경의 권위가 역사적 사실 자체로 축소, 환원되어서는 안 된다는 것이다. 같은 관점에서 개인과 신앙 공동체 안에 성경을 대신해서 표준권위의 자리를 차지하고 있는 그 무엇은 없는지 돌아볼 필요가 있다. 그 무엇이 어쩌면 특정 교리일 수 있고, 특정 해석적 유행일 수도 있으며, 특정 종교적 경험일 수도 있고, 가장 위험하게는 특정 인물일 수도 있다.

재인식을 위한 또 다른 여지로써, 표준문서에서 발견되는 몇몇 성경해석 사례가 콘스탄티누스 로마 황제 이후로 서구 기독교 신앙 및 신학의 토양이 되어온 기독교 사회관(Christendom Context)으로부터 열매 맺은 것임을 인식할 때 중요한 질문을 던져볼 수 있다. 우리가 살아가는 한국의 사회적 토양이 17세기 영국과 같은 성격의 기독교 사회인가 여부이다. 한국 사회를 비롯한 세계 거의 모든 사회가 도리어 콘스탄티누스 황제 이전의 교회와 그리스도인들이 살았던 선교적 환경에 처해있음을 알려주는 여러 지표는 전혀 다른 사회적 토양에서 열매 맺힌 웨스트민스터 표준문서에 대한 재평가와 재인식 그리고 재적용을 자연스레 요구한다.

오늘날 우리가 속해 살아가는 선교적 토양에 대한 인식은 일면 선교적 교회 운동(missional church movement)으로 싹트고 자라고 있다. 선교적 토양에 대한 인식은 또한 성경론적 연속성에 대한 인식과 더불어 콘스탄티누스 황제의 기독교 공인화 이전에 열매 맺은 사도들과 초대교부들의 성경신학과 성경해석을 다시금 주목하여 반추하게 한다. 성경과 초대교회사는 각각 "우리의 본보기"이자 "우리의 교훈"을 위한 마르지 않는 영감의 원천과 원류이다.

2014년 6월, 필라델피아에서
곽 계 일 識

성경과 웨스트민스터 신앙고백

리처드 A. 멀러

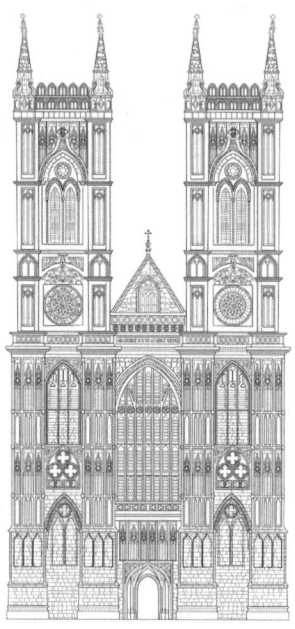

Scripture and Worship:

Biblical Interpretation and the Directory for Public Worship

제1장

"모든 것에 관한 하나님의 뜻"

『잉글랜드 주석성경』과 웨스트민스터 신앙고백에 나타난
성경, 주해, 교리

1. 『잉글랜드 주석성경』과 웨스트민스터 표준문서

현 신학계에서 그 세력을 넓혀가고 있는 수정주의계 신학자(revisionist scholars)들이 밝혀왔듯이, 정통 개혁주의가 추구하는 신학적 노선은 16세기 종교개혁가들이 취했던 신학적 견해 및 노선을 상당 부분 계승하고 있다. 이 수정주의 신학은 특별히 웨스트민스터 표준문서와의 관련성을 바탕으로 형성되어 왔는데, 이는 웨스트민스터 신앙고백과 요리문답을 종교개혁가들의 사상에 대한 거부, 왜곡 혹은 이탈로서 여겨온 상당한 분량의 저술들에 반박하는 견해를 공식화한 것이었다. 종교개혁가들과 정통 개혁주의 신학자들 혹은 청교도 신학자들 사이에 발견되는 연속성과 공통분모와 아울러 이들 사이에 발견되는 단절성 및 미묘한 굴곡과 차이점을 분석하는 가장 효과적인 방법론 가운데 하나는 성경 주해의 역사적 변천 과정을 조사하는 것, 특히 개혁주의 성경 주해의 전통이 형성되고 발전되는 과정 가운데 그리고 과정을 통해서 등장한 정통 개혁주의를 도해화해 보는 방법일 것이다.

본 글의 주요 초점에 집중해 보자면, 장기의회(the Long Parliament)의 요청으로 편찬된 두 건의 문서에 대한 비교연구야말로 당시(17세기) 잉글랜드에서 견지했던 성경해석과 신학 노선 사이의 관계를 살펴볼 수 있게 하며, 더 나아가 개혁주의 및 정통 개혁주의의 전통이 종교개혁으로부터 발단하여 고백주의화(confessionalization) 혹은 제도화(institutionalization)된 시대에까지 이르게 된 발전사 속에서 발생한 연속성과 단절성을 들여다볼 수 있는 독특하고도 상당히 의미 있는 해석적 지평을 열어줄 것이다. 두 건의 문서 가운데 하나는 공용(共用) 목적으로 편찬되어 그 안에 성경 주해 및 해석적 결론을 담고 있는 『신·구약 주석성경』(*Annotations upon all the books of the Old and New Testament*)으로, 『잉글랜드 주석성경』(*English Annotations*)이라는 약칭으로 가장 잘 알려졌다. 또 다른 문서는 개혁주의 전통의 교리적 표준을 담고 있는 웨스트민스터 신앙고백과 요리문답서이다.

그러나 본래 『잉글랜드 주석성경』과 웨스트민스터 표준문서 사이에는 어떠한 공식적인 관련성도 없다. 잉글랜드 장기의회가 먼저 주석성경을 편찬하도록 요청하였고, 후에 웨스트민스터 총회로 하여금 그 주석성경을 바탕으로 신앙고백과 요리문답을 작성하도록 요청한 그런 시나리오가 아니었다. 웨스트민스터 총회를 주도하던 총회원 가운데 하나였던 코넬리우스 버지스(Cornelius Burgess)는 두 문서 사이에 어떠한 공식적 관련성도 없다고 다음과 같이 분명하게 선을 긋는다.

제1장 "모든 것에 관한 하나님의 뜻" 25

웨스트민스터 총회원 가운데 일부가 다른 학자들과 협력하여 성경에 주석을 달아 주석성경을 편찬한 것은 사실이다. 이 주석성경을 두고 어떤 이들은 웨스트민스터 총회의 이름으로 발행한 공식 문서라고 여길지도 모른다. 하지만 지금부터 본인이 하는 말을 조금의 의심할 여지도 없는 사실 그대로 받아들여 주기를 바란다. 그 주석성경은 결코 총회가 발행한 문서도 아니며, 총회가 주문한 적도 없을 뿐더러, 발행된 뒤에 총회의 공인을 받은 적도 없다. 게다가 공인을 받기 위한 목적으로든 혹은 다른 어떤 목적으로든 웨스트민스터 총회에 제출된 적도 없다.[1]

물론 버지스는 이 주석성경의 가치를 깎아내리려는 의도를 가지고 이런 발언을 한 것은 아니었다. 그는 이 문서에 실린 특정 주석을 근거로 삼아 교회에게 토지를 무상으로 제공하는 제안을 웨스트민스터 총회가 승인해야 한다고 주장하는 총회원을 향해 반대의견을 제시하기 위한 목적으로 발언한 것이었다. 그런 점에서 버지스는 『잉글랜드 주석성경』과 웨스트민스터 총회 및 표준문서 사이에 어떤 관련성도 없다는 사실을 지당하고 정확하게 주장했던 것이다.

이 특정 주석성경과 관련하여, 동시대 인물이었던 에드먼드 캘러미(Edmund Calamy) 또한 버지스가 말한 사실을 확인해주고 있다.

> 웨스트민스터 총회의 공인문서로 부당하게 취급받는 문서가 하나 있는데, 대개 총회의 이름과 함께 등장하곤 하는 주석성경

---

1 Cornelius Burgess, *No Sacrilege nor Sin to purchase Bishops Lands*, 2nd ed. cap. iv, 87-88.

이다. 이 주석성경의 본문에 앞서 기록된 서문에서 밝히고 있듯이, 웨스트민스터 총회를 소집한 장기의회가 이 주석성경의 편찬에 참여한 저자들을 고용한 것은 사실이다. 의회의 종교분과 위원장이 이 주석성경의 편찬사업을 완수하도록 관련 저자들을 독려하는 글이 서문에 실려 있다. 편찬진은 편찬에 필요한 자료라면 무엇이든지 종교위원회에 요청해서 받았다. 또한 이 주석성경의 편찬사업에 관계된 인물 가운데 다수가 웨스트민스터 총회원이었다는 점도 사실이다. 그럼에도 이 편찬사업은 결코 웨스트민스터 총회의 지시나 승인 아래 이루어지지 않았다. 편찬작업에 참여한 총회원들도 총회의 주요 인사가 아니었다. 게다가 총회원 가운데 그 누구도 이 주석성경을 검토해 보지 않았다. 따라서 이 주석성경을 웨스트민스터 총회의 공인문서로 보기에는 어떤 이유를 들더라도 무리가 있다.[2]

정리하자면, 『잉글랜드 주석성경』과 웨스트민스터 표준문서는 17세기 당시 잉글랜드에 기독교를 안정화하기 위해 의회 차원에서 시행한 범국가적인 편찬사업의 일부였던 셈이다.

『잉글랜드 주석성경』의 초판은 웨스트민스터 총회가 새 신앙고백을 제정하는 과업에 착수한 해인 1645년에 완성되었다. 이 주석성경의 밑바탕에 깔린 성경신학은 웨스트민스터 신앙고백과 요리문답에서 발견되는 교리적 개념과 성경적 증거들이 밑바탕으로 삼고 있

---

2 Edmund Calamy, *An Abridgement of Mr. Baxter's History of His Life and Times. With an Account of the Ministers, &c. who were Ejected after the Restauration, of King Charles II*, 2nd ed., 2 vols. (London: John Lawrence, 1713), 1:86.

던 성경신학과 높은 밀접성을 보여준다.³ 게다가 이 주석성경을 편찬하기 위해 소집된 일단의 학자들 가운데 웨스트민스터 총회의 주요 회원들이 참여했다는 사실을 고려하면 두 문서 사이의 성경신학적 밀접성은 더욱 높아진다. 더욱이 종교개혁가들의 가르침과 웨스트민스터 신앙고백 사이에 발견되는 연속성은 단순히 16-17세기 개혁주의 교리 사이에 발견되는 유사성, 혹은 종교개혁으로부터 갈라져 나온 신학적 논의와 논쟁의 다양한 갈래들 사이에 발견되는 유사성보다 근원적인 차원에 속해 있다. 이들 사이의 연속성은 성경의 본문 자체와 의미에 대한 면밀한 이해와 관련된 차원에서 흐르는 성경신학적 연속성이다.

2. 성경, 주해, 신앙고백:
17세기 잉글랜드에서 이루어진 성경해석과 교리 정립

『잉글랜드 주석성경』에는 흠정역 성경(Authorized Version of Scripture)의 본문이 실려 있고, 해당 본문과 관련된 번역 및 해석적 논의들과 함께 일련의 해석이 실려 있다. 각 본문마다 종교개혁 초기에 발원해서 당시 개신교 성경해석의 전통 속에 흐르고 있던 해석적 논의가 진행되어온 과정을 보여준다. 순수하게 본문 비평적 서술을

---

3 *Annotations upon all the books of the Old and New Testament wherein the text is explained, doubts resolved, Scriptures parallelled and various readings observed by the joynt-labour of certain learned divines, thereunto appointed, and therein employed, as is expressed in the preface* (London: John Legatt and John Raworth, 1645)

통해 보자면, 흠정역은 성경 본문의 틴데일-커버데일-로저스 성경(Tyndale-Coverdale-Rogers Bible)의 요소(대륙식 혹은 루터식 억양)를 보여주기도 하고 간혹 제네바 성경(Geneva Bible)의 요소(칼빈식 혹은 베자식 억양)를 보여주기도 한다. '베자식 억양'(Bezan accents)이라 함은 19-20세기 후기에 이르러서야 비로소 후기 칼빈주의 진영에서 이루어졌던 논의 가운데 상당 부분 편향적으로 치우친 경향이 있는 사변적 예정론(speculative predestinarianism)을 의미하는 것이 절대 아닙니다. '베자식 억양'이라 함은 테오도르 베자(Theodore Beza)가 보여준 제네바 성경에 대한 의존성을 가리키며, 또한 그의 탁월한 철학적 산물인 『신약성경 주석』(Annotationes in Novum Testamentum)에서 사용한 특유의 날개여백 활용법을 가리키는 것이다.

마찬가지로 '루터식 억양'이나 '칼빈식 억양'이라 함은 루터와 칼빈이라는 종교개혁가들이 성경 본문을 번역하고 해석하는 과정을 통해 견지한 성경 주해적 관점을 가리키는 표현이다. 분명히 밝혀 둘 것이 한 가지 더 있다. 성경해석 분야의 관례를 따라 초기 성경 주해 전통에 붙이는 '전(前) 비평적'(precritical)이라는 수식용어는 이 글에서 전적으로 역사적인 의미로만 사용된다. 무(無) 비평적, 즉 본문비평적 요소가 전혀 없다는 의미의 용어가 아니라, 소위 '역사-비평적 방법론'(historical-critical method)이 출현하기 이전 시대에 사용했던 성경 주해의 방식과 원리들을 가리키는 용어로 사용한다.

본 글의 초점에 맞춰서 성경 번역과 관련해서 먼저 언급할 것이 있다. 첫째, 『잉글랜드 주석성경』에서 사용하는 흠정역 성경의 본문 번역은 전반적으로 제네바 성경의 본문 번역이 전달하려는 해석과 맥을 같이한다. 그런데 『잉글랜드 주석성경』 가운데 성경 본문 옆에 마련된 날개여백란에다 도리어 틴데일-커버데일-로저스 성경 본문이 견지한 다른 해석적 관점을 지지하는 번역을 기록해둔 부분이 있다. 예를 들어, 호세아 6:7의 경우 제네바 성경과 흠정역 성경 모두 "Like man they transgressed the covenant"(그들은 사람처럼 언약을 어기고)로 번역하고 있다. 그런데 『잉글랜드 주석성경』 편찬진은 본문의 날개여백란에다 "Heb. like Adam"(히브리어 원문은 "아담처럼"으로 번역될 수 있다)라는 주석을 달아 해당 호세아 본문에 대해 틴데일-커버데일-로저스 성경이 선택한 번역을 대안으로 제시한다. 해당 호세아 본문에 대한 이러한 번역 선택은 아울러 주교 성경(Bishop's Bible) 및 전형적인 유럽대륙식 성경을 떠올리게 한다. 『잉글랜드 주석성경』은 호세아 6:7에 대해서 "모두 검토해본 결과 이 본문은 아담이 언약을 어긴 것에 관해 말하고 있다"라고 언급함으로써 여백풀이에서 제시한 대안 번역을 바른 성경 번역으로 인정한다.

둘째, 성경 번역과 관련해서 첫 번째와 마찬가지로 중요하게 언급할 것이 있다. 『잉글랜드 주석성경』은 개신교 성경 번역 전통의 울타리를 넘어서 전 비평적 시대에 존재했던 성경 주해 전통에서 내렸던 해석적 결정들에 귀를 기울인다. 선대 성경해석가들의 저술을 참고하고, 과거 교회의 결정을 고찰한다. 사실 『잉글랜드 주석성경』에는 선대 해석가들의 주석이 직접 발췌되어 있지 않기 때문에 과거 교회의 성경신학과 공유하는 연속성은 표면적으로 드러나지 않는다. 그럼에도 편찬진이 제네바 성경 본문과 날개여백 주석, 트레멜리우스(Tremellius)과 유니우스(Junius)가 편찬한 독보적인 라틴어 성경에 기록된 주석, 요하네스 피스카토르(Johannes Piscator)의 주석성경과 장 디오다티(Jean Diodati)의 주석성경, 어쩌면 『화란 국역성경』

(Statenvertaling)에 대한 주석을 사용했다는 사실은 이들이 사용한 참고문헌 (그리고 편찬진이 이전부터 알고 사용했을 다른 여러 주석성경) 아래 보이지 않게 흐르는 일련의 해석적 전통의 존재를 알려주는 증거이다.

여기에서 연속성의 성격에 대해 밝히는 것이 중요하겠다. 여기서 말하는 연속성은 단순히 평면적이지 않다. '칼빈주의자들과 다른 칼빈'(Calvin against the Calvinists)을 주장하는 사람들이 칼빈주의 신학의 정통성이 갖추어야 할 조건으로 제시하는 몰역사적인 지표가 요구하는, 그래서 연속성으로 오인 받곤 하는 흑백 논리적 정체성이 아니다. 여기서 말하는 연속성은 그보다는 대화와 논쟁이 어우러져 이루는 고도로 미묘하고 다채로운 연속성이다. 이러한 성격의 연속성은 대화와 논쟁 안에서 이루어진 광범위한 신학적 발전, 특정 본문을 읽는 방식의 변천 과정을 다루는 성경해석적 논의, 일련의 동질적인 신학과 신앙고백이 형성하는 지평 안에서 어우러져 공존하는 다양성으로 인식될 수 있다. 예를 들어, 칼빈에 의해 정착되고, 제네바 성경 안에 자리 잡으며, 디오다티에 의해 유지되고, 『잉글랜드 주석성경』 안에 한 자리를 차지하고 있는 특정 본문에 대한 일련의 해석적 노선을 발견할 수 있을 것이다. 한편, 특정 본문에 대해 『화란 국역성경』의 방식을 따르는 듯한 해석적 노선이나, 틴데일 성경으로부터 주교 성경을 거쳐 유럽대륙의 비(非) 칼빈주의적 해석 방식 사이를 연결하는 일련의 해석적 노선 또한 『잉글랜드 주석성경』에서 감지할 수 있을 것이다.

웨스트민스터 표준문서의 제정에 참여한 총회원들이 당대 잉글랜드 주석가들의 저술과 주석 뒤에 존재하고 있던 성경 번역 및 성경 주해 전통을 바탕으로 교리신조를 제정했음을 고려할 때, 이들의 위치가 개혁주의 신앙과 확실한 연속선 위에 있음을 확인할 수 있다. 여기서 말하는 연속선의 형태는 당연히 사상적 무게중심이나 정체성 면에서 아무런 굴곡도 없는 평면이 아니다. 그렇기에 당시 역사적 정황과 성경 주해 전통에 대한 면밀한 인식을 통해 웨스트민스터 신앙고백의 교리의 정립에 대해 연구해 보는 것은 웨스트민스터 총회가 표방하는 교리 자체에 대한 이해뿐만 아니라, 더욱 중요하게는, 웨스트민스터 신학을 형성한 배경에 대한 이해를 제공한다. 즉 웨스트민스터 총회의 가르침이 16세기 종교개혁가들과 개혁주의 신앙고백이 들려주었던 가르침이 공유되고 있다는 그러한 연속성에 대해 일러준다. 아울러 한편으로는 웨스트민스터 신앙고백의 내용과 가르침이 영국 개혁주의 전통뿐 아니라 유럽대륙에 기반을 둔 스콜라적 정통주의(scholastic orthodoxy) 안에서 발전되던 신학사상과 공유하는 연속성에 대해 일러준다.

그러므로 본 글에서 주장하는 바는 정통 개혁주의 신학을 대표한다는 웨스트민스터 신앙고백이 실제로는 종교개혁가들이 견지했던 성경신학적 노선으로부터 탈선해서 성경 주해를 교리신조로 대체했다는 일각의 주장을 논박한다.[4] 게다가 더 넓은 관점으로 보았을 때,

---

4 예를 들면, Holmes Rolston III, *John Calvin versus the Westminster Confession* (Richmond: John Knox, 1972); idem, "Responsible Man in Reformed Theology: Calvin Versus the *Westminster Confession*," Scottish Journal of Theology 23 (1970): 129–56; James B. Torrance, "Strengths and Weaknesses of the Westminster Theology," in The *Westminster Confession in the Church Today*, ed. Alisdair Heron (Edinburgh: Saint Andrews Press, 1982), 40–53; and idem, "Covenant or Contract? A Study of the Theological Background or Worship in Seventeenth-Century Scotland," *Scottish Journal of Theology* 23 (1970): 51–76.

본 글의 주장은 웨스트민스터 신앙고백이 영국 개혁주의 전통 혹은 장로교 전통의 신학적 사상이 동시대 유럽대륙에서 활동한 신학자들이 견지했던 스콜라적 정통주의와 구별될 만한 고유의 특성을 보여주었던 이전 발전단계를 보여준다고 주장하는 일견의 몰역사적 주장과도 대치한다. 이와 관련해서, 신학에 대한 스콜라적 방식의 가르침과 접근이 영국에 도달한 시기는 웨스트민스터 신앙고백이 작성되기 훨씬 이전이었다는 역사적 사실을 분명히 확인해 두자.[5]

또한 웨스트민스터 신앙고백이 작성되기 이전이나 당시나 혹은 이후이든지 간에 영국의 신학자들과 유럽대륙의 신학자들 사이에 이미 활발한 교류가 이루어졌고 공감대가 형성되었다는 사실을 분명히 염두에 두자.

본 글의 주장과 대치된 두 번째 주장은 또한 잉글랜드 청교도들의 신학적 사상을 고립된 토양에서 자생적으로 맺힌 열매로 이해하려는 편향성을 보여준다. 그러나 청교도들은 당시 유럽대륙에서 이루어지고 있던 교리적, 주해적, 철학적 유행으로부터 나름 수용할 것을 수용하였고, 또한 여러 청교도 저술가들(퍼킨스, 에임스, 캐머론, 루더포드, 트위스, 오웬 등)이 유럽대륙에서 높은 관심과 폭넓은 인지도를 얻고 있었다. 웨스트민스터 신앙고백이 작성된 배경에는 17세기

---

5 Contra Jack B. Rogers, *Scripture in the Westminster Confession: A Problem of Historical Interpretation for American Presbyterianism* (Grand Rapids: Eerdmans, 1967); idem, "The Church Doctrine of Biblical Authority," in *Biblical Authority*, ed. Jack Rogers (Waco, Texas: Word Books, 1977), 17–46; idem, "The Authority and Interpretation of the Bible in the Reformed Tradition," in *Major Themes in the Reformed Tradition*, ed. Donald K. McKim (Grand Rapids: Eerdmans, 1992), 51–65; also Jack B. Rogers and Donald K. McKim, T*he Authority and Interpretation of the Bible: An Historical Approach* (San Francisco: Harper and Row, 1979).

중반의 잉글랜드 및 스코틀랜드 개혁주의 신학에서 제공하는 해석적 렌즈를 통해 비친 개혁주의 성경 주해와 교리 전통의 유산이 분명히 자리하고 있다.[6] 잉글랜드 및 스코틀랜드 개혁주의 전통 또한 그 자체로 범(汎) 칼빈주의(International Calvinism)[7]라고 불린 거대 현상의 일부였다.

모든 기독교 교리를 신앙고백과 요리문답 형식으로 표현한 웨스트민스터 표준문서가 지닌 교리적 범위와 (최종판에서 2절판 형식을 취한 총 2,400쪽에 달하는 두 권의 문서 속에 성경 전체 본문에 대한 주해를 담은)『잉글랜드 주석성경』이 지닌 물리적 분량 및 주제적 범위 모두를 연구대상으로 잡은 이상, 표준문서와의 관련성을 바탕으로 『잉글랜드 주석성경』을 연구하기 위해서는 적절한 한계설정이 필요하다. 그렇기에 바로 다음 장에서 이어지는 장을 통해서 『잉글랜

---

6 당시 시대 배경에 대해 더 자세히 알고 싶다면 다음 참고문헌을 보라. Richard A. Muller, *Post-Reformation Reformed Dogmatics*, 4 vols. (Grand Rapids: Baker Book House, 2003); also note idem, *After Calvin: Studies in the Development of a Theological Tradition* (New York: Oxford University Press, 2003). 16-17세기 잉글랜드 종교사상의 역사는 다음 참고문헌에 정리가 잘 되어있다. John Hunt, *Religious Thought in England from the Reformation to the End of the Last Century: A Contribution to the History of Theology*, 3 vols. (London: Strahan, 1870-73). 16-17세기 스코틀랜드 신학에 대해서는 다음 참고문헌을 보라. John Macleod, *Scottish Theology in Relation to Church History since the Reformation* (Edinburgh: Free Church of Scotland, 1943); and G. D. Henderson, *The Burning Bush: Studies in Scottish Church History* (Edinburgh, 1957). 다음 참고문헌은 역사 연구서로의 가치를 전혀 발견할 수 없을 만큼 신학적 판단 면에서 매우 편향적이고 시대착오적이다. T. F. Torrance, *Scottish Theology: From John Knox to John McLeod Campbell* (Edinburgh: T. & T. Clark, 1996).

7 William Robert Godfrey, "Tensions within International Calvinism: The Debate on the Atonement at the Synod of Dort, 1618-1619" (PhD diss., Stanford University, 1974); and Menna Prestwich, ed., *International Calvinism, 1541-1715* (Oxford: Oxford University Press, 1985).

드 주석성경』의 1645년 판, 1651년 판, 1657년 판에 대해, 추가로 편찬된 1655년 판과 1658년 판에 대해 먼저 소개할 예정이다. 그 다음 장에서는 성경과 성경해석에 대한 웨스트민스터 신앙고백의 교리를 다룰 것이다.[8] 마지막 장에서는 웨스트민스터 신앙고백과 요리문답에서 공통으로 다루는 교리적 주제 가운데 선정한 몇몇 주제를 중심으로 웨스트민스터 표준문서에 인용된 다양한 성경 증거본문과 『잉글랜드 주석성경』에 명백하게 흐르는 성경해석 전통 사이의 관계를 조명해볼 것이다.

---

[8] 이 논문의 초기작을 다음 참고문헌에서 볼 수 있다. " 'The Only Way of Man's Salvation': Scripture in the Westminster Confession," in *Calvin Studies VIII: The Westminster Confession in Current Thought* (Davidson College, January 26-27, 1996), 14-33.

제2장

"이전에 영어로 편찬된 적이 없는 듯한…성경 전체 본문에 대한 주석"

웨스트민스터 총회 당시에 이루어졌던 성경 본문에 대한 주석 편찬사업

1. 흠정역 성경에 주석을 다는 편찬사업

1645년에 초판이 완성된 『신·구약 주석성경』은 17세기 청교도 신학과 개혁주의 신학을 공부하는 학생들에게는 상당히 잘 알려졌다. 하지만 이 주석성경에 대한 연구는 역사적으로나 주해적으로나 혹은 신학적으로나 거의 이루어지지 않은 실정이다.[1] 편찬에 참여한 사람들 가운데 일부가 웨스트민스터 총회 소속의 성직자였다는 이유 때문에 이 주석성경은 대개 『웨스트민스터 주석성경』(*Westminster Annotations*) 혹은 『총회 주석성경』(*Assembly's Annotations*)으로 알려졌다. 하지만 역사적 사실에 따르면 이 주석성경의 편찬사업은 웨스트민스터 총회가 소집된 해인 1643년보다 앞선 1640년에 잉글

---

[1] 본인이 아는 유일한 논문은 다음과 같다. Dean George Lampros, "A New Set of Spectacles: *The Assembly's Annotations, 1645-1657*," *Renaissance and Reformation*. 19 no. 4(1995): 33-46.

랜드 장기의회가 제네바 성경과 『화란 국역성경』(Statenvertaling)에 견줄 만한 주석성경을 편찬하자는 목적으로 착수됐다. 17세기 중반, 초판 발행 1년 만에 이 주석성경은 『잉글랜드 주석성경』(English Annotations)이라는 가장 짧은 이름으로 가장 널리 알려지게 되었다. 『화란 국역성경』에 성경 본문의 순서를 따라서 주석을 단 『화란 주석성경』(Dutch Annotations)과 차별화하려는 의도에서 아마도 '잉글랜드'라는 표제를 붙인 것으로 보인다.[2]

잉글랜드 장기의회 산하 종교분과 위원회는 직접 선출한 성경해석가와 신학자에게 그리고 이후에 웨스트민스터 총회에 참석할 성직자 및 다양한 사정 때문에 총회에 참석하지 않게 된 성직자에게 흠정역(AV) 성경에 주석을 다는 편찬사업을 위임하였다. 이 편찬사업을 위해 선출된 자 모두 성경 주해와 신학 분야에서 당대의 전문가들이었다. 1645년에 완성된 초판의 표제는 『전문 훈련을 받은 성직자들이 협의하여 신·구약 성경 본문에 대해 설명하고, 의혹이 있는 본문에 대해 명쾌한 설명을 제시하며, 평행본문을 제공하고, 본문에 대한 다양한 해석을 살펴본 주석성경』으로 붙여졌다.[3] 2판은

---

2 George Gillespie, Aaron's Rod Blossoming. *Or, the Divine Ordinance of Church Government Vindicated* (London: E. G. for Richard Whitaker, 1646), 1:iii, vii, x (pp. 20, 68, 97). Robert Baillie, *The Letter and Journals of Robert Baillie, A.M. Principal of the University of Glasgow*, edited from the author's manuscripts by David Laing, 3 vols. (Edinburgh, 1841), 2:22, 167.

3 *Annotations upon all the books of the Old and New Testament wherein the text is explained, doubts resolved, Scriptures paralleled, and various readings observed by the josynt-labour of ceratin learned divines, thereunto appointed, and therein employed, as is expressed in the preface* (London: John Legatt and John Raworth, 1645).

1651년에,[4] 확장판은 1655년에,[5] 3판은 1657년에,[6] 그리고 추가 주석을 더한 판은 1658년에 발행되었다.[7] 주석성경 편찬사업에 소요된 어마어마한 규모는 간략하게라도 언급해둘 만하다. 주석성경 초판에 들어간 페이지 분량은 2절판 형식으로 총 900페이지를 넘겼다. 참고로 1657년경에 주석 편찬가들이 두 권으로 나누어, 창세기부터 아가까지 그리고 이사야부터 요한계시록까지 이르는 성경 본문에 대해 준비한 주석의 분량은 2절판 형식으로 약 2,400페이지에 달하였는데, 이는 성경 본문의 세 배 이상에 달하는 분량이었다.

웨스트민스터 총회 당시 사람들이 접할 수 있었던 신·구약 주석

---

4 *Annotations upon all the books of the Old and New Testament this second edition so enlarged, as they make an entire commentary on the sacred Scripture: the like never before published in English: wherein the text is explained, doubts resolved, Scriptures paralleled, and various readings observed / by the joynt-labour of ceratin learned divines, thereunto appointed, and therein employed, as is expressed in the preface*, 2 vols. (London: John Legatt, 1651).

5 John Richardson, *Choice Observations and Explanations upon the Old Testament… To which are added some further observations upon the Whole Book of Genesis* (London: T. R. and E. M., 1655).

6 *Annotations upon all the books of the Old and New Testament this third, above the first and second, edition so enlarged, as they make an entire commentary on the sacred scripture: the like never before published in English. Wherein the text is explained, doubts resolved, Scriptures paralleled, and various readings observed; by the joynt-labour of ceratin learned divines thereunto appointed, and therein employed, as is expressed in the preface*, 2 vols. (London: Evan Tyler, 1657).

7 *Additional annotations or, A collection of all the several additions to the third (above the first and second) impression of that most excellent work, intituled, annotations upon all the books of the Old and New Testament. By the labour of ceratin learned divines, thereunto appointed, by authority of Parliament. Published for the ease and benefit of th[ose] [w]ho have already bought the former impressions; with direction at the end of the preface, for the more ready finding where these additions should be inserted in the greater volume, to supply what is wanting therein* (London: Evan Tyler, 1658).

성경으로는 다음과 같은 것들이 있었다. 주석을 위한 날개여백이 마련된 제네바 성경(Geneva Bible)은 왕정의 억제정책에도 불구하고 널리 사용되고 있었다.[8] 출판사들은 새로운 형태의 신약성경을 줄줄이 출판하였는데, 그 가운데 베자의 라틴어 번역 주석성경에다 요한계시록에 대해 유니우스가 단 주석을 덧붙인 주석성경이 있었고,[9] 디오다티가 이탈리어와 불어로 단 주석을 영어로 번역한 주석성경이 있었으며,[10] 도르트 회의의 산물인 『화란 주석성경』이 있었다.[11] 방대한 분량의 주석서 또한 발행되었는데, 주요 주석가로는 존

---

[8] 초판의 표제는 다음과 같다. *The Bible and Holy Scriptures conteyned in the Olde and Newe Testament. Translated according to the Ebrue and Greke, and conferred with the best translations in diuers languages. With most profitable annotations upon all the hard places* (Geneva, 1560).

[9] 예를 들면, *The New Testament of our Lord Iesus Christ, translated out of the Greeke by* Theod. Beza... Englished by L. Tomson (London: Robert Barker, 1607). 이후부터는 *New Testament* [Beza-Tomson]으로 표기한다.

[10] Jean Diodati, *Pious Annotations upon the Holy Bible expounding the difficult places thereof learnedly, and plainly: with other things of great importance by the reverend, learned and godly divine, Mr. Iohn Diodati* (London: T. B. for Nicholas Fussell, 1643); *Pious and learned annotations upon the Holy Bible: plainly expounding the most difficult places thereof: also a methodicall analysis upon severall books of the Old and New Testament, setting down the chiefe heads contain'd therein: a worke not before this extant in English by Mr. John Diodati, the second edition, corrected and much enlarged: with additionall notes of the sameauthor throughout the whole work* (London: Miles Flesher for Nicholas Fussell, 1648); third edition, further enlarged (Londond, 1651).

[11] *The Dutch Annotations upon the Whole Bible: Or, All the holy cannonical Scriptures of the Old and New Testament... as... appointed by the Synod of Dort, 1618, and published by authority, 1637*, trans. Theodore Haak, 2 vols. (London, 1657).

메이어(John Mayer),[12] 에드워드 레이(Edward Leigh),[13] 존 트랩(Jhon Trapp),[14] 그리고 헨리 해먼드(Harry Hammond)가 있었다.[15] 방대한 분량의 『잉글랜드 주석성경』 3판이 발행된 해인 1657년에 영문번역 초판이 발행된 『화란 주석성경』을 제외하면 언급된 이들 영문 문서는 모두 특정한 구성방식을 적용했다. 성경 전체 본문에 대해 주석을 다는 방식보다는 신학적으로나 철학적으로 흥미로운 특정 주제를 선정해서 관련 주석을 달았다. 그런 점에서 (나중에 더 자세히 언급할 예정인) 디오다티 성경주석의 영문 번역판을 제외하면, 『잉글랜드

---

12 John Mayer, *A commentary upon the New Testament. Representing the divers expositions thereof, out of the workes of the most learned, both ancient Fathers, and moderne Writers*, 3 vols. (London, 1631); idem, *A Commentary upon all the Prophets both Great and Small: wherein the divers Translations and Expositions both Literal and Mystical of all the most famous Commentators both Ancient and Modern are propounded* (London, 1652).

13 Edward Leigh, *Annotations upon all the New Testament philologicall and theologicall wherein the emphasis and elegancie of the Greeke is observed, some imperfections in our translation are discovered, divers Jewish rites and customes tending to illustrate the text are mentioned, many antilogies and seeming contradictions reconciled, severall darke and obscure places opened, sundry passage vindicated from the false glosses of papists and hereticks* (London: W. W. and E. G. for William Lee, 1650); and idem, *Annotations on five poetical books of the Old Testament (viz.) Job, Psalmes, Proverbs, Ecclesiastes, and Canticles* (London: A. M. for T. Pierpoint, E. Brewster, and M. Keinton, 1657).

14 John Trapp, *A Commentary or Exposition upon... Proverbs of Solomon, Ecclesiastes, the song of songs, Isaiah, Jeremiah, Lamentations, Ezekiel & Daniel, Being a Third Volume of annotations upon the Whole Bible* (London, 1660).

15 Henry Hammond, *Deuterai phrontides, or, A review of the paraphrase & annotations on all the books of the New Testament: with some additions & alterations* (London: J. Flesher, 1656); idem, *A paraphrase and annotations upon all the books of the New Testament: briefly explaining all the difficult places therof, second edition corrected and enlarged* (London: J. Flesher, 1659); idem, *A paraphrase and annotations upon the books of the Psalms, briefly explaining the difficulties thereof* (London: R. Norton, 1659).

주석성경』은 성경 전체 본문에 대해 주석을 시도한 잉글랜드 최초의 단권 주석성경이었다.

『잉글랜드 주석성경』이 편찬된 계기는 여러 개정판에 실린 장문의 서문에서 밝히고 있는 만큼 명확하다. 1640년에 런던의 출판업자들과 인쇄업자들이 흠정역 성경에 제네바 성경에 실린 주석을 실어 출판할 수 있는지를 잉글랜드 하원 산하 종교분과 위원회에 문의한 결과로 돌아온 대답이 바로 『잉글랜드 주석성경』이다. 성직자와 평신도 모두를 포함한 독서층이 최신 주석성경을 찾고 있다는 공감대가 출판업자들과 인쇄업자들의 요청 배후에 형성되어 있었다.[16]

제네바 성경은 성경 본문과 날개여백 주석으로 이루어진 구성방식으로 편찬되어 1560년에 처음 발행되었는데, 잉글랜드 왕 제임스 1세와 대주교 로드(Laud)가 1616년에 잉글랜드 내 출판 금지령을 내렸음에도 불구하고 17세기에 걸쳐 큰 인기를 누렸다. 급기야 1630년에는 화란 출판사들로부터의 수입이 전면 금지되는 조치가 내려지기에 이르렀다. 잉글랜드 출판사들에게 발행이 허가되었던 1611년 판 흠정역 성경은 제네바 성경과 대조적으로 어떠한 경우에도 주석이 첨부되지 않았다. 다만 필요한 경우에 한해서만 날개여백에다 대체 가능한 해석을 제시하던지, 아니면 제임스 1세의 명이 있을 때만 특정 단어에 대해 설명을 달았을 뿐이었다. 제임스 1세는 제네바 성경에 수록된 주석 가운데 일부에 대해서는 강경한 자세로 반대 견해를 표했고, 헨리 8세와 엘리자베스 1세가 취했던 노선을 계승하여 특정 신학적 판단이 들어간 주석을 그다지 탐탁지 않게 여겼다.

---

16 *English Annotations*, fol. B4; the discussion in Lampros, "A New Set of Spectacles," 34-36.

1640년에 비로소 출판 검열이 폐지되면서 책방업자들과 인쇄업자들은 독자들의 요구를 수용하는 방편으로 자신들이 기획, 편집해서 출판해왔던 영어 번역 성경을 계속해서 출판하되, 거기에다 날개 여백 주석을 덧붙이는 방법을 모색하기에 이르렀다. 구체적으로 예를 들자면, 흠정역 성경 본문과 제네바 성경의 주석을 합치는 식이었다. 실제로 혼합 주석성경의 출판이 이루어지기도 했다.[17]

하지만 종교분과 위원회는 책방업자 및 출판업자들이 내놓은 제안에서 심각한 문제점을 발견하게 되었다. 제네바 성경에 주석을 달기 위해 수록된 성경 본문이 흠정역 성경 본문과 번역에서 차이점이 있었기 때문에, 흠정역 성경 본문에다 제네바 성경의 주석을 합치는 계획은 합당해 보이지 않았던 것이다. 게다가 제네바 성경이 취한 성경 번역 가운데 여전히 논란이 지속되는 부분이 있었고, 어떤 본문에 대한 주석은 아직 뚜렷한 결론이 나지 않았거나 논의를 위한 발단 단계에 머물러 있는 것으로 판단되었다.[18] 1645년 판 『잉글랜드 주석성경』의 서문에서 밝히고 있듯이, 이러한 문제 인식 때문에 종교분과 위원회는 주석성경의 발행을 조건부로 인허했다. "제네바 성경의 주석에서 반감을 일으킬 소지가 있는 부분을 빠뜨리고, 불분명한 부분을 명확하게 정리하며, 또한 결함이 있는 부분을 보충하는

---

17 예를 들면, *The Holy Bible containing the Old Testament and the New newly translated out of the originall tongues and with the former translations diligently compared and revised by his Majesties speciall commandment, with most profitable annotations upon all the hard places and other things of great importance* (Amsterdam: Joost Broerss, 1642).

18 *English Annotations* (1645), fol. B3 verso-B4 recto.

방법으로 검토하고 수정한다"라는 조건을 구체적으로 내걸었다.[19] 서문은 계속해서 다음과 같이 주석성경 편찬진의 목소리를 전한다. "우리 가운데 몇몇은 종교분과 위원회 의장으로부터 직접 편지를 받았고, 또 다른 이들은 개인적으로 청탁을 받아 편찬사업에 참여하여 일을 분담하게 되었다."[20]

2. 『잉글랜드 주석성경』의 3판과 표절의혹

『잉글랜드 주석성경』 3판의 서문은 얼마간 지면을 할애하여 새로운 주석성경을 편찬하는 사업에 어떻게 편찬진이 구성되었고, 어떤 과정을 거쳐 편찬사업이 진행되었는지를 기술한다.

> 처음 편찬계획은 제네바 성경에 수록된 주석처럼 성경 본문 옆 날개여백에 주석을 수록하는 것이었다.

실제로도『잉글랜드 주석성경』에 수록된 주석은 형식과 분량 면에서 제네바 성경에 수록된 주석과 유사하다. 주석성경 편찬진은 "충분한 고찰과 장시간 논의가 필요할 만큼 절대 사소하지 않은 여러 사안을 넘겨 지나치면서" 의식적으로 자신들의 주석적 견해를 "절제했다." 그렇게 함으로써 그들은 "성경 본문의 맥락을 이해하도록 마련된" 날개여백이 자신들의 주석으로 지나치게 채워지지 않도

19　Ibid., fol. B4 recto.
20　Ibid.

록 노력했다.[21]

주석성경의 편찬 방식에 대한 1657년 판 서문의 기술을 액면 그대로 받아들인다면, 당시 사용된 흠정역 성경 조판의 날개여백에 넣어 출판할 준비를 마친, 혹은 거의 준비를 마친 주석이 실제로 준비된 상태에서 지나치게 축약되거나 빠진 부분에 대해 교정 작업이 필요한 여지를 남겨둔 채 종교분과 위원회에 제출되었던 것으로 보인다. 종교분과 위원회 역시 주석성경 편찬진의 견해와 마찬가지로 제네바 성경이 취한 것과 같은 형식의 날개여백 주석으로는 주석성경에 대한 독자들의 기대치를 충족시키기에 지나치게 간략하다는 견해를 밝혔다. 계속해서 서문에서 다음과 같이 밝히고 있다.

> 이에 대해 재고하고 숙고한 결과 처음에 설정했던 방향을 바꾸어서 주석성경 편찬진이 소신껏 편찬한 주석성경을 발행하는 것이 낫다는 쪽으로 결론을 내렸다. 이에 따라, 종교분과 위원회와 주석성경 편찬진이 초기에 설정했던 편찬 원칙은 철회되었다.[22]

새롭게 제시된 방향성으로 말미암아 1645년 판과 이후 개정판 사이에 "주제와 분량이 다양해진" 이유와 아울러 특별히 1645년 판이 내용과 분량 면에 있어서 뚜렷하게 다양해진 점에 대한 이유가 설명된다. 주석성경 편찬진 가운데 일부는 의회 종교분과 위원회가 처음 제안했던 대로 제네바 성경의 방식을 따라서 간략하게 주석을

---

21 *English Annotations* (1657), fol. ¶6 recto.
22 Ibid.

달았고, 반면 어떤 이들은 훨씬 긴 분량의 주석을 달았으며, 개중에는 (가테이커가 이사야에 대해 주석을 수록하던 방식같이) 장문의 주석을 작성한 뒤에 출판될 주석성경의 날개여백에 맞춰 축약하기도 했다. 편찬 초기에 주석을 축약했거나, 축약하도록 권고받았던 주석성경 편찬자는 편찬 방향이 새롭게 설정된 "이후로부터는 축약하는 수고를 멈추고 자신들이 맡은 성경 본문에 대해 원래 준비했던 분량의 주석을 그대로 실을 수 있게 되었다." 주석만 따로 모아 발행하기로 결정하고 나서 급히 발행된 『잉글랜드 주석성경』의 1645년 판은 (긴 분량의 주석과 날개여백에 맞춰 축약된 분량의 주석) 두 형태를 모두 포함시킴으로써 결과적으로 자문 위원회와 주석성경 편찬진 대다수 눈에 구성적인 면에서 일관성이 모자란 모양새를 띠게 되었다.

1657년 판 서문에 의하면, "초기 편찬 방식을 따랐던 주석성경 편찬진이 주석의 분량을 확대하는 방향에 대해 다각적으로 검토해 보고 이전 주석에다 추가할 주석을 선별할 충분한 시간적 여유를 가졌기에 확장 편찬을 못마땅해할 이유는 없었으리라"고 기술하고 있다.[23] 다시 말하자면, 본래의 판본에서 발견되는 그 깊이와 조예를 위해 짧은 주석을 확장한 것은 처음부터 짧은 주석을 제공한 사람의 의도에 맞춘 것이 아니라 최종판 편집자에 의한 것이다(펨버튼이 에스겔, 다니엘, 소서니저스이 주석을 확장한 리처드슨과 가테이커의 자문을 받았을 가능성은 적어보인다).

1657년 판 서문에 수록된 주석 하나는 펨버튼이 제출한 주석에 중대한 문제가 있었음을 시사한다. 이 문제를 간략하게 정리해 보

---

23 Ibid.

면, 에스겔, 다니엘, 소선지서에 대한 펨버튼의 주석은 이전 1645년 판에서 취했던 간략한 형태의 주석으로 간주할 수 있다. 가테이커가 이사야, 예레미야, 예레미야 애가에 대해 수록한 장대한 주석과 비교했을 때 바로 뒤에 서 있는 펨버튼의 주석은 (당혹스런 시선으로 바라보는 사람의 눈에는 마치 난쟁이같이) 왜소해 보였다.

단지 지나치게 간략한 분량이 '펨버튼' 표 주석이 지닌 문제였더라면 다음 판에서부터 '펨버튼' 표 확장 주석을 볼 수 있지 않을까 하고 추측하고 지나치면 그만이다. 하지만 문제는 그리 간단하지 않았다. 『잉글랜드 주석성경』의 발행 이후에 디오다티의 성경주석이 영어로 번역되어 발행되었는데, 디오다티 영문판 서문에서 자신을 『잉글랜드 주석성경』 편찬진에게 "호의를 지닌 촌부"로 자칭한, 아마도 디오다티 영문판의 번역자이자 편집자로 추정되는 R. G.라는 인물은 서두부터 빈정거리는 말투로 독자들의 이목을 끈다. 그 빈정거림이 얼마나 거슬렸던지 『잉글랜드 주석성경』 편찬진은 다음 판 서문에서 그의 말을 인용하면서 간략한 반박문을 실었다.

R. G.는 영문판 서문에서 디오다티의 주석성경이 지닌 가치를 세 가지 찬사로 칭송했다. 처음 두 찬사에는 아무런 무리수가 없었다. 이들 찬사는 각각 "지금도 교회 속에 살아 있는 목사이자 훌륭한 성직자"인 무명씨와 또 하나 '학자 베델리우스'(Vedelius)가 영문 번역판 이전의 원문에 바친 찬사였다. 독자들에게 "디오다티의 주석성경을 칭송할 가장 확실한 근거"라고 사족을 단 세 번째 찬사는 바로 거지 박사(Dr. Gouge), 가테이커(Mr. Gattaker), 다운햄(Mr. Downham), 레이(Mr. Ley), 레딩(Mr. Reading), 테일러(Mr. Taylor), 펨버튼(Mr. Pemberton), 휘틀리 박사(Dr. Featley)가 의도치 않게 독자들 앞에 내

놓은 추천사라며 R. G.는 다음과 같이 밝혔다.

> 이들 한 사람 한 사람은 각자 맡은 흠정역 성경 본문에 주석을 달아 1645년에 발행된 주석성경을 편찬한 사람들이다. 이들이 디오다티의 주석성경을 어찌나 높이 인정했는지, 누구든지 이들이 편찬한 주석성경을 디오다티 주석성경의 영문 초판과 기꺼이 비교해본다면 무수한 디오다티의 주석을 이들의 성과물에서 발견할 수 있을 것이다. 특별히 에스겔, 다니엘 및 모든 소선지서 본문에 대해 수록한 주석에 주목하자면, 디오다티가 '원문으로' 수록한 주석은 거의 하나도 발견되지 않는다. 다만 우리가 작업한 영문 번역이 글자 그대로 실려 있을 뿐이다. 이들 편찬진에게 깊이 있고, 예리하며, 단순하게 요약하는 지혜가 없었더라면 디오다티의 영문판 주석성경을 이렇듯 제대로 사용하지 못했을 거라고 본인은 확신한다.[24]

주목해볼 부분은 주석성경 편찬진을 향해 비꼬는 어투로 던지는 공격과 아울러 다른 누구보다도 펨버튼의 주석(에스겔, 다니엘, 소선지서)에서 중대한 표절 행위가 이루어졌음을 구체적으로 언급하는 대목이다.

이에 대해 주석성경 편찬진은 누군가를 "근거 없이 깎아내리고" "부당하게 혐의를 덮어씌우는" 식으로 다른 누군가를 칭송하는 것은 "자부심과 아울러 시기심을 유발하는…고전적인 방식이다"라

---

24 Diodati, *Pious and Learned Annotations* (1651), fol. A3 verso; *English Annotations* (1657), fol. ¶6 verso.

는 발언으로 반론의 포문을 연다. R. G.의 경우에 "실명을 밝힌 여덟 명을 비롯한 성직자 다수에게" 하나같이 디오다티의 주석성경으로부터 무수한 주석을 구절 그대로 표절해서 주석성경을 편찬했다는 "근거 없는 중상모략과 비방을" 덮어 씌웠다는 것이다. 뒤이어 펼쳐질 주석성경 편찬진의 반론은 누구나 예상할 법하다. 그런데 행간에 예상 밖의 흥미로운 진실이 숨어 있다.

> R. G가 실명을 거론한 8인 가운데 7인의 편찬자에 대해서는 그의 주장대로 진실여부를 따져보자. 결론적으로 말해, 이들의 주석을 디오다티의 주석과 비교해보면 그가 말했던 무수한 수의 주석은 하나도 발견되지 않을 것이다. 디오다티는 트레멜리우스(Tremellius)와 유니우스 그리고 피스카토르(Piscator) 및 여러 정통 주석가들로부터 상당한 영향을 받았기에, 이들 모두를 묶어주는 진리의 공감대가 있다. 그런 점에서 7인의 편찬자와 이들 사이에도 공감대가 있다. 이를 토대로 추론했을 때 7인의 잉글랜드 주석가가 자신들의 주석을 위해 디오다티의 주석을 표절했다는 주장은 잘못된 결론이다. 그 어떤 궤변가라도 잘못된 결론(*non sequitur*)이라고 말했을 것이다.[25]

주석성경 편찬진은 계속해서 디오다티의 영문 초판이 발행되기 이전에 그들의 편찬사업이 마무리되어 "그 결과물을 출판업자에게 넘겼다"라고 진술한다. 이들이 편찬한 주석성경이 지닌 고유성을 뒷

---

[25] *English Annotations* (1657), fol. ¶6 verso.

받침해줄 증거는 디오다티가 채 언급하지 않은 여러 사안에 대해 다룬 논의와 아울러 디오다티 자신이 끝내 알 수 없다고 밝힌 "이러 저러한 난제들을 완전히 해결했다"라는 대목에서 손쉽게 찾을 수 있다. 『잉글랜드 주석성경』의 3판(1657) 서문에서는 그렇기에 R. G.가 실명을 거론한 "8인 가운데 7인의 편찬자는" 표절 혐의로부터 결백하다고 결론적으로 밝히고 있다. 즉 여덟 번째 편찬자인 펨버튼은 후세의 평가에 두고두고 골칫거리로 남겨둔 것이다.

사실 1645년 판 『잉글랜드 주석성경』에 수록된 해당 편찬자 7인의 주석을 속독해 보면 디오다티 주석성경에 수록된 주석과 때때로 닮은 부분이 있고, 여기저기에 표현이 유사한 부분이 있다. 반면에 디오다티의 주석을 글자 그대로 사용한 용례는 에스겔 본문의 시작부터 구약성경의 끝 부분 사이에 의심할 여지 없이 명백하게 발견되는데, 심지어 디오다티가 설명하지 않은 채로 남겨 둔 본문에 대해 펨버튼도 똑같이 주석을 빠뜨렸을 만큼이나 명백하다. 다만 펨버튼이 해당 성경 본문과 주석에 대해 작성한 서론 혹은 '논고'만큼은 본인의 것으로 보인다. 다른 부분은 몰라도 펨버튼은 적어도 이 부분만큼은 디오다티를 표절하지 않았다.

달리 말하면, R. G.가 제기한 표절의혹은 상당 부분 진실과 결부되어 있다. 제기된 표절의혹과 아울러 구성적인 측면에서 더욱 일관된 주석성경을 편찬하려는 편찬진의 바람이 합쳐진 결과로써, 펨버튼이 편찬한 해당 본문에 대한 주석은 대대적인 교정 작업을 거쳐서 『잉글랜드 주석성경』 2판과 3판에 확장된 분량으로 수록되었다. 다만 이에 대한 아무런 공식적인 언급도 이루어지지 않았다. 그럼에도 어느 정도 시간이 흐른 1657년에 발행된 『잉글랜드 주석성경』에서

조차 논란이 될 만큼 많은 분량의 펨버튼 주석이 리처드슨이 새롭게 추가한 주석의 무더기 안에 묻힌 채로 여전히 남아 있었던 것이 사실이다.[26] 이와 관련해서는 다음 단락에서 다시 다루겠지만, 여기서 반드시 덧붙여야 할 언급이 있다. 주석성경 편찬진 가운데 비교적 저명한 신학자와 성경해석가들이 포진해 있었지만, 이들은 끝까지 익명으로 편찬사업에 참여했다는 사실이다. 이들의 편찬 의도는 독창적인 주석성경을 편찬하는 것이 아니라, 이미 그 규모와 역량을 갖춘 개혁주의 성경 주해의 전통에 충실한 표준 성경주석을 편찬하는 것이었다.

3. 주석성경 편찬진의 학문적 역량과 성과

R. G.는 『잉글랜드 주석성경』을 대상으로 표절의혹을 제기하면서 당시 주석 편찬진의 명단 가운데 8인의 실명을 밝혔는데, 열거하면 "거지, 가테이커, 다운햄, 레이, 레딩, 테일러, 펨버튼, 휘틀리"였다. 표절의혹에 대해 반론을 펼친 『잉글랜드 주석성경』 3판의 서문에서도 해당 "8인"이 언급된다. 하지만 다른 참고문헌으로부터 분명하게 밝혀진 바는 이들 8인의 성직자에 대한 서문의 언급이 주석성경 편찬진 전체에 관한 모든 신상 정보를 총 망라하는 기술은 아니라는 것이다. "8인"을 언급하면서 "8인 가운데 7인"의 결백을 확인시켜준 것 또한 R. G.가 거론한 명단에 대한 관련 발언이었을 뿐이

---

26 *English Annotations*, Ezekiel 1:1, 5, in loc., with Diodati, *Pious and Learned Annotations*, Ezek. 1:1, 5, in loc.

지, 그 자체로 편찬에 참여한 주해가의 전체 규모를 밝히는 발언은
아니었다. 게다가 3판의 서문을 읽다 보면 편찬자 개개인의 이름이
드러나는 일이 없도록 편찬진 내부적으로 노력하고 있다는 인상을
받게 된다. 이러한 노력의 흔적은 『전문 훈련을 받은 성직자들이 협
의하여 신·구약 성경 본문에 대해 설명하고, 의혹이 있는 본문에 대
해 명쾌한 설명을 제시하며, 평행본문을 제공하고, 본문에 대한 다양
한 해석을 살펴본 주석성경』이라고 붙은 표제에서부터 드러난다. 편
찬자 개개인의 이름을 의도적으로 빼고, 다만 "전문 훈련을 받은 성
직자들"이라고만 밝힌 것이다. 주석성경 편찬진의 신상에 대한 정보
는 서문 어디에서도 더는 발견되지 않는다.

편찬진의 신상 정보에 대한 가장 유용한 진술은 에드먼드 캘러미
2세(Edmund Calamy the Younger)가 대신 전해주는데, 그는 웨스트
민스터 총회 소속 성직자였던 에드먼드 캘러미의 아들이었다. 그의
진술은 닐(Neal)이 『청교도의 역사』(History of the Puritans)에서, 레이
드(Reid)가 『웨스트민스터 총회 성직자들에 대한 회고록』(Memoirs of
the Westminster Divines)[27]에서 편찬진의 명단을 열거하는 데 참고 자
료로 사용되었다. 후대 작가들이 캘러미의 진술을 간접적으로 재인

---

[27] James Reid, *Memoirs of the Lives and Writings of those Emminent Divines who Convened in the Famous Assembly at Westmisnter, in the Seventeenth Century*, 2 vols. (Paisley: Stephen and Andrew Young, 1811-15; repr. Edinburgh: Banner of Truth, 1982), 301-2. 웨스트민스터 총회원 가운데 주석 편찬사업에 참여한 다수에 대한 전기가 다음 문헌에 실려 있다. Benjamin Brooke, *The Lives of the Puritans: Containing a Biographical Account of those Divines who Distinguished Themselves in the Cause of Religious liberty from the Reformation under Queen Elizabeth, to the Act of Uniformity, in 1662*, 3 vols. (London: James Black, 1813; repr. Lignier, PA: Soli Deo Gloria Publications, 1994).

용해서 제공한 편찬진에 대한 신상 정보가 혹시라도 미심쩍다면, 캘러미 2세의 진술을 그대로 인용해보는 것도 좋겠다. 그는 『잉글랜드 주석성경』이 절대로 웨스트민스터 총회의 공식문서가 아님을 언급한 뒤에 계속해서 다음과 같이 밝혔다.

> 그럼에도 『잉글랜드 주석성경』은 시의적절하게 편찬되었는데, 나의 기억력이 최대한 돕는 데까지 편찬자들의 이름을 나열해보겠다. 체스터(Chester)의 부주교보(副主敎補)인 레이는 모세오경을 편찬했다. 거지 박사는 열왕기상·하, 역대기상·하, 에스라, 느헤미야, 에스더를 맡아 편찬했다. 메릭 카사본은 시편을 편찬했다. 프랜시스 테일러는 잠언을, 레이놀즈 박사는 전도서를 편찬했다. 어셔 대주교의 추천을 받은 스왈우드는 아가서를 편찬했다. 학자 가테이커는 이사야, 예레미야, 예레미야 애가를 편찬했다. 당시 여러 쟁쟁한 전문가들은 과거와 현재를 막론하고 해당 본문에 대한 주석으로는 가테이커의 주석이 최고라고 하나같이 입을 모은다. 에스겔, 다니엘, 소선지서 본문에 대한 주석 편찬은 펨버튼이 초판을 맡았으나, 2판에서는 리처드슨 주교가 맡았다. 사복음서에 대한 편찬은 레이가, 바울서신에 대한 편찬은 휘틀리 박사가 맡았다. 바울서신의 경우 원서를 교정 혹은 탈고하기 전에 편찬자가 작고함에 따라 완성되지 못한 상태로 남게 되었다. 주석성경 편찬사업에 참여한 사람이 두 명 더 있는데, 지금까지 언급되지 않은 성경 본문에 대한 주석을

편찬한 다우네임과 레딩이다.[28]

    1655년도 확장판의 표지로부터 서문에 이르는 기술을 통해 리처드슨 주교가 추가된 주석의 주요 편찬자라는 정보를 얻을 수 있다. 그는 가테이커의 조력을 받아 창세기에 대한 주석을 추가로 편찬했고, 또한 제임스 어셔 대주교의 도움을 받아 역시 창세기에 대한 주석을 추가로 편찬했다. 다우네임은 당시 성경 용어 색인집의 편찬자로도 알려졌던 인물이다. 이들 편찬자 가운데 레이, 거지, 테일러, 레이놀즈, 가테이커, 휘틀리는 웨스트민스터 총회원이었다. 그 외 카사본, 펨버튼, 리처드슨, 다우네임(혹은 다운햄), 레딩, 스왈우드(혹은 스몰우드), 어셔는 웨스트민스터 총회와 직접적으로 관련 없는 편찬자들이었다. 휘틀리는 총회에 마지막으로 남아 있던 국교도로 회자되곤 한다. 어셔 대주교 또한 참석을 권유받았지만 끝내 거부했다. 이들 편찬자에 대한 캘러미 2세의 진술은 물론 완전하지 않다. 여호수아로부터 사무엘까지의 본문을 비롯해서 욥기와 사도행전 내지는 공동서신과 요한계시록 본문에 대한 주석을 편찬한 사람들의 신상 정보가 빠져있다. 게다가 히브리서를 바울서신에 포함하지 않았을 경우에 히브리서 본문의 주석 편찬자 역시 그 신상이 불분명해진다.

    적어도 현대 독자들을 배려해서 편찬진의 신상 정보와 관련해서 다음 두 가지는 반드시 언급해 두어야겠다.

    첫째, 주석성경 편찬진의 구성면모는 다양했다. 웨스트민스터 총

---

28 Edumund Calamy, *An Abridgement of Mr. Baxter's History of His Life and Times. With an Account of the Ministers, &c. who were Ejected after the Restauration, of King Charles II*, 2nd ed., 2 vols. (London: John Larence, 1713), 1:86.

회로 연합하게 될 장로교파와 의회 독립파 소속뿐만 아니라, 웨스트민스터 총회와 표준문서 제정에 참여하지 않을 국교회와 심지어 왕정파 소속 또한 포진하고 있었다. 후자 측에 속한 편찬자로 둘 다 아일랜드의 주교였던 어셔와 리처드슨이 있었고, 이들 외에 휘틀리와 스몰우드가 있었다.

둘째, 발행된 주석성경 그 어디에도 편찬진의 이름은 발견되지 않는다. 이들 가운데 저명한 이들이 여럿 있었음에도 이들의 이름은 서문에서도, 각자 맡은 성경 각 권에 실린 해설에서도 발견되지 않는다.

플로렌스 에스티엔 메릭 카사본(Florence Estienne Meric Casaubon, 1599-1671)은 문헌학자 이삭 카사본(Issac Casaubon)의 아들로, 옥스퍼드의 크라이스트대학(Christ College, Oxford)에서 수학했다(BA, 1618; MA, 1621; DD, 1636). 그는 두 교구를 맡아 목회하였으나, 주로 연구에 열중했던 것으로 보인다.

존 다운햄(John Downham, 1571-1652)은 케임브리지의 크라이스츠대학(Christ's College, Cambridge)에서 수학했다(BA, 1593; MA, 1596; BD, 1603). 그는 1599년부터 1602년까지 런던에 있는 세인트올레이브쥬어리교회(St. Olave Jewery, London)에서 교구 부목사로, 1602년부터 1618년까지 로스버리에 있는 세인트마거릿교회(St. Margaret, Lothbury)에서 교구 목사로, 1630년부터 1652년까지 런던에 있는 올-할로우-더-그레잇교회(All-Hallow-the-Great, London)에서 교구 목사로 사역했다. 그는 1643년 이후부터는 출판 검열관으로 활동했고, 비록 웨스트민스터 총회의 일원은 아니었지만, 총회 목사 안수 위원회의 일원으로 봉직했다. 대표적인 그의 저작으로는

『신학 총서』(The Summe of Sacred Divinitie, 1630)[29]와 『그리스도인의 영적전쟁』(The Christian Warfare, 1604-612)이 있다.

다니엘 휘틀리(Daniel Featley, 1582-1645)는 옥스퍼드의 코퍼스 크리스천대학(Corpus Christian College, Oxford)에서 수학했다. 그는 캔터베리의 대주교였던 조지 애봇(George Abbot)의 사제로 그리고 찰스 1세의 사제로 잠깐 활동했다. 그는 왕정파를 지지하는 국교도이면서도 교리 면에서는 뚜렷한 개혁주의적 노선을 취했다. 앞서 언급하였듯이, 그는 바울서신의 편찬 담당자였기에 어쩌면 히브리서도 그의 담당이었을지 모르나, 이는 확실치 않다. 그가 지녔던 주해가로서의 자질은 그의 저작 『성경을…여는 신비한 열쇠』(Mystica Clavis: A Key Opening... Holy Scripture)에 드러나 있다.[30] 그는 또한 웨스트민스터 요리문답을 확장했고, 그리스도인의 경건 생활에 대한 인상적인 저서 한 권을 남겼으며, 아울러 알미니안주의에 대한 반박을 요점으로 삼는 논문 총서를 출간했다.[31]

토마스 가테이커(Thomas Gataker, 1574-1654)는 편찬자 중에서도

---

[29] 다음 참고문헌에서 이 저서와 아울러 관련 참고문헌에 대한 본인의 논고를 살펴볼 수 있다. Richard A. Muller, "Covenant and Conscience in English Reformed Theology: Three Variations on a Seventeenth Century Theme," *Westminster Theological Journal* 42, no. 2 (Spring 1980): 313.

[30] Daniel Featley, *The Mystica Clasvis: a Key opening divers difficult and mysterious Texts of Scripture, in 70 Sermons* (London, 1636).

[31] Daniel Featley, *The Summe of Saving Knowledge* (London: G. Miller, 1625); idem, *Ancilla pietatis, or the Handmaid to Private Devotion* (London, 1626); idem, *Parallelismus nov-antiqui erroris Pelagiarminiani* (London: Miles Flesher, 1626); idem, *A parallel: of nevv-old Pelgiarminian error* (London: Robert Milbourne, 1626); idem, *A second parallel* (London: J. Haviland for Robert Milbourne, 1626); idem, *Pelagius redivivus. Or Pelagius raked out of the ashes by Arminius and his schollers* (London: Robert Mylbourne, 1626).

가장 우수한 사람이었다. 그와 동시대를 살았던 지인인 에드워드 레이(Edward Leigh)는 그에 대해서 "라틴어와 영어로 저술된 그의 논문에서 드러난 대로 진지하고 사려 깊으며 경건한 성직자"[32]라고 묘사한다. 그의 지인들은 그를 웨스트민스터 총회 성직자 가운데 가장 뛰어난 어학자이자 문헌학자로 인정했다.[33] 그의 성경신학 연구물은 이사야, 예레미야, 예레미야 애가 본문을 가지고 편찬한 방대한 주석서와 1655년 판 『잉글랜드 주석성경』에 수록된 창세기 본문에 대한 추가 주석이 전부가 아니다. 성경에 나타난 하나님의 이름에 대해 깊이 있게 연구한 논문과 이 연구의 결론에 동의하지 않는 사람들을 상대로 변론하기 위해 쓴 후속 연구논문이 있다. 또한 신약성경의 양식과 언어를 주제로 작성한 논문이 있는데, 아마도 당대 가장 탁월한 논문으로 회자되었을지도 모른다. 마지막에 언급한 논문에서 가테이커는 헬라어의 역사적 발전과 아울러 신약성경 안에 나타난 히브리 어법과 시리아 어법의 흔적에 대해 논증을 펼친다.[34]

윌리엄 거지(William Gouge, 1575-1653)는 열왕기상부터 에스더까지 맡아 주석을 편찬했는데, 다른 참고문헌에 의하면 욥기에 대한 주석의 편찬도 맡은 것으로 나타난다.[35] 그는 케임브리지의 킹스

---

32 Edward leigh, *A Treatise of Religion and Learning and of Religious and Learned Men*, 6 vols. (London: Robert Mylbourne, 1626).

33 Reid, *Memoirs*, 1:308에 인용.

34 Thomas Gataker, *De nomine tetragrammato dissertatio* (London: R. Cotes, 1645); *Dissertatio de tetragrammato suae vindicatio adversus Capellum* (London: Roger Daniel, 1652); *De novi instrumenti stylo dissertatio. Qua viri doctissimi Sebastiani Pfochenii, de linguae Gracae novi Testamenti puritate; in qua Hebraismus, quae vulgo finguntur, quam plurimis larva detrahi dicitur* (London: T. Harper, 1648).

35 다음 참고문헌을 보라. Reid, *Memoirs*, 1:302, 354. 그리고 다음 참고문헌에서 닐의

대학(King's College, Cambridge)에서 문학학사와 신학학사 그리고 이어서 신학박사 학위를 취득했다. 그는 방대한 성경 지식을 갖췄고, 히브리어에 통달했으며, 논리학과 철학 분야에서 그 실력을 인정받아 케임브리지에서 가르치기도 했다. 그가 성경 주해에서 이룬 주요 업적으로서 히브리서 본문에 대해 남긴 방대한 분량의 주석서가 있다.[36] 또한 시편 116편에 대한 방대한 분량의 주석서를 남겼다.[37]

존 레이(John Ley, 1583-1662)는 체샤이어(Cheshire)의 부주교보였으며, 옥스퍼드의 시온대학(Sion College, Oxford)의 총장이었다. 그가 『잉글랜드 주석성경』을 위해 모세오경과 사복음서에 대한 주석 편찬을 맡았다는 것은 기정사실로 받아들여진다.[38] 그는 옥스퍼드의 크라이스츠처치대학(Christ's Church College, Oxford)에서 수학했다. 성경 주해와 관련해서 그가 내놓은 최초의 그리고 유일한 저술은 제네바 성경에 들어간 날개여백 주석에 대한 변호를 그 내용으로 담고 있다.[39]

존 레딩(John Reading, 1587/8-1667)은 옥스퍼드의 맥달린대학(Magdalen Hall, Oxford)에서 학사과정을(B.A., 1607) 그리고 세인트

증언이 뒤따르는 부분을 주목해서 보라. Brooke, *Lives*, 3:167.

36 William Gouge, *Contemporary on Hebrews* (London, 1655).

37 William Gouge, *The Saints Sacrifice: Or, A Commentarie On the CXVI. Psalme. Which is, A Gratulatory Psalme, for Deliverance from deadly Distresse* (London: George Miller, 1632).

38 Calamy, *Abridgement... Account of the Ministers*, 1:86; Daniel Neal, *The History of the Puritans, or, Protestant non-conformists... with an account of their principles*, new edition, revised, corrected, and enlarged, by Joshua Toulmin, 5 vols. (Bath: R. Cruttwell, 1793-97), 3:453; Brooke, Lives, 3:403; Reid, Memoirs, 2:53-54.

39 John Ley, *An Apology in Defence of the Geneva Notes on the Bible* (London, 1612).

메리대학(St. Marry Hall, Oxford)에서 석사과정을 졸업했다(M.A., 1610). 옥스퍼드의 주교를 통해 안수 받은 레딩은 이후 사제로서 쥬크(Zouch)의 영주인 에드워드 라 주크(Edward la Zouch)를 섬겼으며, 찰스 1세로부터 상임 사제로 봉직 받았다. 결국에 그는 신학학사 학위를 취득했다. 확고한 칼빈주의자로 회자되었던 그는 설교로 말미암아 많은 이들의 사랑을 받았다. 하지만 왕정파를 지지해온 이유 때문에 얼마간 투옥되었고, 1644년에 성직록(benefice)을 박탈당했다가 왕정복고(1660)를 계기로 되찾았다.

전도서의 주석 편찬을 담당한 에드워드 레이놀즈(Edward Reynolds, 1599-1676)는 성경 주석 분야에서 단 한 권의 저술을 남겼는데, 시편 110편에 대해 4절판 형식으로 525페이지에 달하는 방대한 분량의 주석서이다.[40] 그는 옥스퍼드의 머튼대학(Merton College, Oxford)에서 수학했다(B.A., 1618; M.A., 1624). 성직자로서는 링컨 법정 공관(Lincoln's Inn)의 설교자로 사역을 시작했으며(1622), 이후에는 브런스톤의 교구목사로 사역했다(1631). 그는 중도파 장로교도였으며, 웨스트민스터 총회의 일원이었다. 왕정복고 이후에 그는 중도 주교제도(혹은 감독제도)를 지지했으며, 1661년에 노르위치(Norwich)의 주교로 봉직 받았다.

존 리처드슨(John Richardson, 1579/80-1564)은 더블린의 트리니티대학(Trinity College, Dublin)의 1회 졸업생 가운데 하나였다(M.A., 1601; B.D., 1610; D.D., 1614). 그는 더블린의 대주교였던 제임스 어셔의 조교수가 되어 이사야를 강의하는 등 트리니티대학에서 가르

---

40 Edward Reynolds, *An Explication of the cx. Psalm* (London, 1632; 2nd ed. 1635; 3rd ed. 1642).

쳤으며 또한 설교자로 사역했다. 1633년에 아르다그(Ardagh)의 주교로 봉직 받았다.

잠언의 주석 편찬을 담당한 프랜시스 테일러(Francis Taylor, 1590-1656)는 케임브리지에서 수학했으며, 에드워드 레이의 말을 빌리면 헬라어와 라틴어는 물론이고 히브리어, 아람어, 시리아어에도 능통했던 '언어학의 대가'로 당대 이름이 알려졌다.[41] 그의 저작으로는 라틴어로 번역한 예루살렘 타르굼(Jerusalem Targum)과 랍비문학 연구서가 여럿 있으며, 잠언 1장에서 9장까지의 본문에 대한 주해를 장문에 걸쳐 시도한 주해서를 『잉글랜드 주석성경』과 별개로 발행했다.[42]

'스왈우드 씨'(Mr. Swallwood) 혹은 '스몰우드 씨'(Mr. Smallwood) 그리고 '팸버튼 씨'(Mr. Pemberton)로만 알려진 두 명의 편찬자는 성씨만 가지고는 신원 확인이 어렵다. 『약식 도서 목록집』(Short-Title Catalogue)에서 찾아봐도 왕성하게 활동한 주해가내지 신학자 명단 중에 이 두 성씨를 가진 사람은 찾아볼 수 없다. 게다가 '스왈우드'는 '스몰우드'로부터 변형되었거나 아니면 철자가 틀린 경우인데, 목록집에 등재된 이들 가운데 이 성씨를 가진 사람은 단 한 명도 없다. '스몰우드' 성씨를 가진 이들 가운데 신학 교육을 받은 사람으로서 주석가로 추정되는 인물이 둘 있다. 한 명은 앨런 스몰우드(Allan Smallwood)로 한 권의 설교집을 내놓은 저자였다. 다른 한 명은 매튜

---

41 Leigh, *Treatise of Religion and Learning*, 6:1. 또한 다음 문헌을 참고하라. Reid, *Memoirs*, 2:179-81.

42 Francis Taylor, *An Exposition of the First Nine Chapters of the Proverbs*, 2 vols. (London, 1655).

스몰우드(Matthew Smallwood)로 1684년에 매물로 나온 도서관의 작고한 주인이었다. 리치필드(Lichfield) 대성당의 주임 사제였다는 그에 대한 신상 정보는 알려진 바가 거의 없는 앨런 스몰우드보다는 그를 아가의 주석 편찬자로 손꼽게 만드는 유력한 근거를 제공한다. 하지만 이는 어디까지나 방증에 불과하다.

대학 교육을 받은 여러 명의 스몰우드 씨 가운데 매튜 스몰우드가 그나마 주석성경의 편찬자로서 가장 적합한 인물로 보인다. 다만 『약식 도서 목록집』을 살펴보면 그의 저술이 출간되었다는 기록이 없다. 그에 대해 알 수 있는 또 다른 신상 정보는 왕정파이자 주교제의 지지자였다는 사실이다. 주석성경 편찬진에 다니엘 휘틀리와 존 리처드슨이 참여했고 또한 제임스 어셔가 편집 고문으로 참여했음을 고려하면 스몰우드가 편찬진에서 제외된 원인이 장기의회와 정치적 노선이 달랐기 때문이라고 속단하기 어렵다. 게다가 그의 도서관에서 발견된 경매 목록에서 아가서에 대한 작업물이 다발로 발견되었다는 방증이 있다.[43]

한편, 목록집을 토대로 조사해본 펨버튼의 신상은 더 묘연하다. 『잉글랜드 주석성경』이 편찬된 시대에 살았던 펨버튼 씨 가운데 『약식 도서 목록집』에서 저작자로 기록된 유일한 인물은 민사법원의 수석재판관이었던 프랜시스 펨버튼 경(Sir Francis Pemberton)이다. 반면, 캘러미가 언급한 펨버튼 씨의 이름은 매튜이다. 매튜 펨버튼은 국교에 반대했던 성직자로서, 잉글랜드 데본샤이어 주(州)의 클레이하돈(Clayhadon, Devonshire)에서 쫓겨났으며, 이후에 말보

---

43 *Catalogus Librorum reverendi doctiq. Viri Matth. Smallwood, S. T. P., St. decani de Lychfield nuper defuncti* (London, 1684).

루(Marlborough)에 정착해서 목회했다. 하지만 이 펨버튼의 저작활동에 대해 목록집에 남아 있는 유일한 기록은 『성직자의 죽음』(*The Death of Ministers Improved*)이라는 제목의 추도 설교문을 토마스 빈센트(Thomas Vincent)와 공저했다는 언급뿐이다.[44] 옥스퍼드와 케임브리지의 졸업생 리스트에는 다양한 이름을 지닌 다수의 펨버튼씨가 등장하지만 그 누구도 이렇다 하게 두각을 나타낸 인물은 없다. 편찬자 펨버튼이 『잉글랜드 주석성경』 초판에 기여한 공헌을 고려하면, 그의 이름은 아직까지도 밝혀지지 않은 익명으로 남겨두는 것이 지금으로서는 가장 호의적인 결론일 것이다.

4. 성경 본문과 주석을 바라보는 개혁주의 전통적 주해 관점

『잉글랜드 주석성경』 서문에서 밝히고 있듯이, 주석성경 편찬진은 자신들이 특정한 성경해석과 번역의 전통 안에 속해 있음을 자각했다. 그리고 편찬 의도를 서문의 제목에 담았다. 그들은 "잉글랜드 왕국에 복음의 진보가 만족스럽게 이루어지기 위해서 숙고해야 할 주요 사안과 아울러 성경 본문이 말하는 의미를 성도들이 이해할 수 있도록 돕고자 자신들이 시행한 편찬사업과 진행과정에 대해 기술하고자 한다." 편찬진은 이전 세기에 일어난 종교개혁은 "거의 기적이나 다름없다"고 밝히면서 다음과 같은 언급을 덧붙인다.

---

[44] Edmund Calamy the Younger, *Nonconformist Memorial*, 2nd ed. (London, 1677), 1:346.

교황과 그의 하속인들이 내세우는 '무시무시한 동력장치'에 맞서 우리는 하나님의 말씀을 내세운답시고 기적을 운운하기보다는 그저 하나님의 말씀을 믿는다고 공언하는 바이다.[45]

하나님의 말씀으로부터 임하는 크고 지속적인 능력 안에서 편찬진은 자신들이 주석성경을 편찬하려는 적절한 의도를 설명하기 위해서는 다음 네 가지 사안을 반드시 다루어야 한다고 밝힌다.

첫째, 설교자와 설교 그리고 성찬 성례 집전에 대한 사안
둘째, 성경을 대중이 이해할 수 있는 언어로 번역하는 사안
셋째, 난해한 본문을 풀어 설명하기 위한 성경주석의 필요성과
    효용성에 대한 사안
넷째, 특정 주(註)와 주석과 관련한 사안[46]

설교자 및 설교와 관련된 첫 번째 사안은 종교개혁 이전에 볼 수 있었던 온전한 설교의 결핍 현상과 온전한 신학교육의 공백 현상을 다룬다는 뜻이다. 그 당시 강단은 하나님의 말씀이 아닌 "특정 사제를…대중의 머리" 위에다 "높이기 위한 장소"로 사용되었다. 이러한 말씀의 기근 현상은 종교개혁 당시 '큰 무리의 설교자들'이 떨치고 일어나 대중을 향하여 말씀을 전하기 시작하면서부터 해소되었다. 주석성경 편찬진은 끝없이 종교개혁 이전으로 되돌리려는 계략, 주일에만 설교하도록 제한하려는 계략, 설교를 정형화된 강론으로 바

---

[45] *English Annotations* (1545), fol. B1 recto.
[46] Ibid., fol. B1 verso.

꾸려는 계략을 물리치려면 만반의 노력을 기울여야 한다고 강변한다.[47]

하나님의 말씀을 제한하려는 계략을 물리치기 위한 두 번째 사안은 "배우지 못한 사람들이 이해할 수 있는 언어로 성경을 번역함으로써 그들로 성경을 상고하게 하고, 그럼으로써 성경 안에서 가장 사모할 만한 것, 즉 영생을 찾도록 돕는 것이다. 이는 성경이 성직자를 위한 책인 것과…마찬가지로 평신도를 위한 책이고, 남성을 비롯한 여성을 위한 책이기 때문이다." 그렇지 않았다면 사도 요한은 "자신의 서신 가운데 하나를 택하심을 받은 부녀에게 쓰지 않았을 것이다"(요이 1:1). 게다가 "박식한 제롬 박사는" 딸에게 매일 성경을 가르치라고 어머니들을 권면하지도 않았을 것이다.[48] 성경을 토착어로 번역하는 사안을 강조하기 위해서 주석성경 편찬진은 이어서 영어성경의 번역 역사 전반과 세부를 소개한다. 8세기에 셔번의 주교 알드헬름(Aldhelm, Sherborne)이 시편을 색슨어(Saxon)로 번역한 것에 대해서부터 기술을 시작해서, 1612년에 이루어진 흠정역 성경의 발행에 대한 기술로 마무리한다.[49]

물론 공중 예배 설교와 성경 일독이 구원의 말씀을 들어야 하는 인간의 필요를 채워줄 간편하고 유일한 해결책이 될 수 없다. 그래서 주석성경 편찬진은 "성경 읽기에 정통하고 일독표를 따라 정해진 분량대로 읽는 이들"을 향해 이집트의 내시가 필립에게 던졌던 질문을 추가로 던진다. "읽는 것을 깨닫느냐?"(행 8:30) 이에 돌아오

---

47 Ibid.
48 Ibid., fol. B2 recto.
49 Ibid., fol. B2 verso-B3 recto.

는 대답은 "지도해주는 사람이 없으니 어찌 깨달을 수 있느냐?"(행 8:31)이다.[50] 그렇다면 이러한 문제를 해결해줄 답은 성경 본문의 의미를 찾도록 견실하게 인도해줄 안내자, 즉 주석성경이다.

> 신앙생활의 진전과 관련된 세 번째 사안은 성경 주해와 주석을 사용해야 할 필요성과 아울러 그로부터 얻는 엄청난 혜택에 관한 것이다. 성경 번역이 원문을 번역어로 전달하는 작업이듯, 성경 주해와 주석은 번역되어 기록된 성경 말씀에 담긴 바른 의미를 전달하는 작업이다. 성경은 자체로 효력이 있기에 본문 뒤에 숨겨진 의미를 구하지 않은 채로 그저 읽고 듣기만 해도 무지한 독자의 가슴을 뜨겁게 달구고, 선을 구하고 악에서 떠나라고 인간의 의지에 호소한다…그럼에도 베드로가 동역자 바울의 서신서를 두고 "그 중에 알기 어려운 것이 더러 있으니"(벤후 3:15-16)라고 한 말은 사실 여러 성경 본문에 해당하는 말이다. 특별히, 창세기, 욥기, 전도서, 에스겔, 다니엘, 요한계시록에 이해하기 어려운 본문이 많다.[51]

물론 어떠한 안내자도 무오하지 않고, 최고의 해석가라 해도 어려운 본문을 완전하게 이해하지 못해 쩔쩔맬 수 있다. "그럼에도 분별력 없이 억지로 성경 본문을 풀다가 위험한 오해에 빠지는 독자가 없도록 개연성 있는 해석 안을 내놓는 것이다."[52]

---

50 Ibid., fol. B3 recto-B3 verso.
51 Ibid., fol. B3 recto.
52 Ibid., fol. B3 verso.

새로운 주석을 수록한 주석성경을 발행하기로 하고 편찬 위원회를 결성한 배경과정에 대해 재차 언급한 후에 편찬진은 편찬사업의 성격에 대해 밝힌다. 그리고 나서 앞서 발행된 탁월한 주석성경과 『잉글랜드 주석성경』 사이의 연관성에 대해 밝힌다. 이들이 참고한 주석성경은 디오다티의 『이탈리아 주석성경』(Italian Annotations), 도르트 회의의 산물인 『화란 주석성경』(Dutch Annotations), 『제네바 주석성경』(Geneva Annotations)이다.[53] 참고로 『제네바 주석성경』을 두고 편찬진은 경이로운 본문 연차 주석이라고 경의를 표함과 동시에 신학적 오류로부터 떠난 정통 기독교 주석이라고 칭송한다. 하지만 편찬진은 오래된 건물을 고치는 보수자가 아닌 새집을 짓는 건설자로서 옛집을 헐어 새집을 재건축하는 데 노력을 기울였다. 표절 논란이 불거지기 전, 1645년에 이미 편찬진은 『잉글랜드 주석성경』보다 앞서 발행된 주석성경에서 내놓은 본문 풀이를 참고한다고 신중하게 밝혀 놓았다. 그리고 다음에서 밝히고 있듯이 실제로 차용했다.

> 여러 증거가 가리키듯이 앞서 주석성경을 편찬한 이들이 내놓은 주석을 어떤 부분에서 우리가 차용했든지 간에, 우리는 현행보다 훨씬 높은 고리대금을 기꺼이 지급하고 우리가 받아 사용한 것을 되갚을 용의가 있다. 또한 이 거룩한 과업을 수행하면서 우리 편찬진은 단지 성경 전체를 더 잘 이해하고 싶은 독자에게 더 나은 만족을 주고 싶은 바람 밖에는 없다. 우리 편찬진 가운데 어떤 편찬자가 담당했던지 간에 이러한 바람을 충족시

---

53 Ibid., fol. B4 recto.

켰으리라고 본다.[54]

그 바람을 충족시키기 위해 주석성경 편찬자들은 성경에 나타난 사도 베드로와 바울의 다음 충고를 따랐다.

사사로이 풀 것이 아니니(벧후 1:20)

예언하는 자들의 영은 예언하는 자들에게 제재를 받나니(고전 14:32)

이에, 편찬자 "각자가 작업한 구술"은 "그날 이루어진 작업물을 숙독하기 위해 모인 편찬자 모임에 제출되어 비평 및 교정받는 과정을 거쳤다."[55]

이러한 방법론에 근거해서 분명해지는 사실은 차용이 일어났다는 것이다. 새집이라 해서 전부 새로운 벽돌과 목재로 지어진 것이 아니었다. 다만 편찬진은 차용한 사실에 대해 인정 및 해명하고 또한 익명성을 유지함으로써 그들이 속한 성경 주해 전통에 의지했던 것이다. 그뿐만 아니라 제시된 주석과 관련해 특정 개인의 이름을 제시자로 명시하기를 피했다. 그들은 각각의 주해적 제안이 특정인에게 속한 개인적 견해이기보다는 자신들이 속한 성경 주해 전통이 내놓은 산물로서 인식했다. 그리고 서문에 밝힌 바대로, 편찬진은 각자의 작업물을 상호 비교하면서 검토했다.

---

54 Ibid.

55 Ibid., fol. B4 recto-verso.

호세아 6:7에 대한 주석은 앞서 이미 밝힌 바대로 무엇보다도 『잉글랜드 주석성경』이 특정 성경 주해 전통에 의식적으로 기대고 있음을 시사하는 예이다. 초판의 경우 디오다티의 성경 주해 방식을 그대로 취함으로써 선대 잉글랜드의 주해 전통 및 유럽대륙의 주요 주해 전통 안에 속하면서, 동시에 칼빈과 제네바 성경 그리고 트레멜리우스에게서 발견되는 특유의 성경 주해 방식과 구별된 모습을 드러낸다.

제3장

"하나님의 직접적인 감동으로 기록된 것이며…만세에 순결하게 간직되어"

웨스트민스터 신앙고백에 나타난 성경론

1. 웨스트민스터 총회와 신앙고백

웨스트민스터 총회는 1643년 7월에 처음 소집되었다.[1] 이후로 한 달이 채 못 되어 잉글랜드 의회는 왕과 전쟁을 치렀다. 그리고 이 전쟁은 총회의 활동만큼이나 잉글랜드 기독교의 지형을 결정적으로 바꾸어 놓았다. 총회는 영국에서 내로라하는 일단의 신학자 및 성직자와 아울러 의회에서 파견한 의회원들로 구성되었다. 첫 소집에 잉글랜드 상원 소속 의회원 10명, 하원소속 의회원 20명, 성직자 121

---

[1] Benjamin Breckinridge Warfield, *Westminster Assembly and Its Work* (New York: Oxford University Press, 1931); repr. Grand Rapids: Baker Book House, 1981). 이 외에 웨스트민스터 총회의 활동에 대한 주요 연구 및 자료는 다음 문헌을 참고하라. William H. Hethrington, *The History of the Westminster Assembly of Divines*, (3rd ed., Edinburgh, 1856); Alexander F. Mitchell, *The Westminster Assembly: Its History and Standards* (London, 1883); Alexander F. Mitchell and John Struthers, eds., *The Minutes of the Sessions of the Westminster Assembly of Divines* (Edinburgh: William Blackwood, 1874).

명이 참석했다. 리처드 백스터(Richard Baxter)는 후에 다음과 같이 단언한다.

> 기독교 역사에서 이루어졌던 유사한 성격의 회합을 총괄해서 우리에게 전해진 증거 자료를 토대로 판단해본다면, 사도 시대 이후로 웨스트민스터 총회와 도르트 회의만큼 탁월한 성직자들로 구성된 회합도 없을 것이다.[2]

실제로, 윌리엄 트위스(William Twisse, 1575-1646), 존 라이트풋(John Lightfoot, 1602-75), 토마스 가테이커(Thomas Gataker, 1574-1654)를 필두로 한 총회원 다수는 당시 유럽대륙 전역에 걸쳐 유명했으며, 총회원 중에서 대다수가 신학자로서 그리고 학자로서 영국 내에서 상당한 명망을 얻고 있었다.

웨스트민스터 총회에 요청된 첫 번째 과업은 잉글랜드국교회의 39개 신조를 특별히 알미니안 관점이나 가톨릭 관점으로 이해할 가능성을 완전히 배제하기 위해 개정하는 것이었다. 개정작업은 진척되어서 1643년 10월에 이르러 39개 신조 가운데 15개 신조가 개정되었다. 하지만 잉글랜드 왕과 의회 사이에 발생한 전쟁이 점점 악화되자 의회는 그 달에 스코틀랜드와 동맹협정을 맺기에 이른다. 잉글랜드 의회와 스코틀랜드 사이에 맺어진 엄숙 동맹(Solemn League and Covenant)은 웨스트민스터 총회가 내놓은 국교회 개정신조를 근본적으로 바꾸는 계기가 되었다. 엄숙 동맹이 스코틀랜드 교회와 잉

---

[2] William Orme, *The Life and Time of Richard Baxter: with a Critical Examination of His Writings*, 2 vols. (London: James Duncan, 1830), 1:86.

글랜드 교회들 사이에 최대한 긴밀한 '협력과 일치'를 추구한다는 점에서 웨스트민스터 총회는 교리, 교회 예배, 권징, 정치와 관련해 전면적인 개혁을 담당해야 했다. 이에 따라, 총회는 엄숙 동맹의 결성 이후로 첫 10개월을 공동 기도서를 대체할 공중 예배 지침서의 편찬을 준비하는 데 보냈다.

엄숙 동맹의 한 축이었던 스코틀랜드 측에서 고유의 개혁주의 신앙고백을 가지고 있었던 데다가 잉글랜드국교회의 개정된 신조를 받아들이고 싶어 하지 않는 국민적 정서가 가득했고, 아울러 전면적인 개혁이 필요하다는 공감대가 끓어오르는 상황 속에서 웨스트민스터 총회는 완전히 새로운 신앙고백을 제정하는 방향으로 전환했다. 사실 엄숙 동맹이 맺어질 당시에 잉글랜드 측보다는 스코틀랜드 측에서 기존의 신앙고백으로는 연합이라는 목표를 이루기 어려우므로 새로운 신앙고백이 필요하다는 인식이 강하게 형성되었다.[3] 웨스트민스터 총회는 1644년 8월 20일에 새 신앙고백의 초안을 작성하는 작업을 개시했으며, 공동 신앙고백을 제정할 준비를 하기 위해 스코틀랜드 교회 위원들과 손을 잡고 공동 위원회를 결성했다.

이 준비 위원회에 참여한 잉글랜드 측 위원으로는 윌리엄 거지, 토마스 가테이커, 존 애로우스미스(John Arrowsmith), 토마스 템플(Thomas Temple), 제레미아 버로우즈(Jeremiah Burroughs), 리처드 바인즈(Richard Vines), 토마스 굿윈(Thomas Goodwin), 조슈아 호일(Joshua Hoyle)이 있었다. 이들로 구성된 초창기 준비 위원회는 같은 해 9월 4일에 토마스 템플 위원장을 통해 위원 수를 추가로 증원해

---

[3] 다음 참고문헌에서 스코틀랜드 측 위원이었던 Robert Baillie의 편지에서 인용한 부분을 보라. Warfield, *Westminster Assembly*, 54-55.

달라는 특별 요청을 웨스트민스터 총회에 전달하였다. 증원 요청 속에 기재된 명단은 허버트 팔머(Herbert Palmer), 매튜 뉴코멘(Matthew Newcomen), 찰스 헐(Charles Herle), 에드워드 레이놀즈, 토마스 윌슨(Thomas Wilson), 앤서니 터크니(Anthony Tuckney), 브라켓 스미스(Brocket P. Smith), 토마스 영(Thomas Young), 존 레이, 오바댜 세즈윅(Obadiah Sedgwick)이었다. 이에 웨스트민스터 총회는 증원 요청을 수락했다.[4] 증원된 준비 위원회 소속 가운데 윌리엄 거지, 토마스 가테이커, 존 레이는 이미 『잉글랜드 주석성경』의 편찬진으로 활동해오고 있었다. 주석성경 편찬진에서 선출된 편찬자와 신앙고백 제정 위원회 사이에는 (대단히 크지는 않아도) 상당한 크기의 공통분모가 존재했던 셈이다.

웨스트민스터 총회 측의 내부 사정 탓에 신앙고백 제정이 오래도록 연기되고 있던 1645년 4월에 잉글랜드 하원은 신앙고백 제정 작업을 재개하도록 총회에 공식 요청했다. 새 신앙고백의 초안 작성을 위해 구성된 준비 위원회와는 아마도 별개로 구성되었던 새 위원

---

[4] Mitchell and Struthers, *Minutes*, lxxxvii; he Whole Works of the Rev. John Lightfoot, D. D. Master of Catharine Hall, Cambridge, ed. John Rogers Pitman (13 vols. London: J. F. Dove, 1825), 305. 이들의 생애에 대해 알고 싶다면 다음 참고문헌을 보라. James Reid, *Memoirs of the Lives and Writings of those Eminent Divines who Convened in the Famous Assembly at Westminster, in the Seventeenth Century*, 2 vols. (Paisley: Stephen and Andrew Young, 1811-15; repr. Edinburgh: Banner of Truth, 1982). 또한 John Arrowsmith, Thomas Temple, Mr. Gattaker, Robert Harris, Charles Herle, Joshua Hoyle, William Whitaker의 생애에 대해 알고 싶다면 다음 참고문헌을 보라. Benjamin Brooke, *The Lives of the Puritans: Containing a Biographical Account of those Divines who Distinguished Themselves in the Cause of Religious Liberty from the Reformation under Queen Elizabeth, to the Act of Uniformity, in 1662*, 3 vols. (London: James Black, 1813; repr. Ligonier, PA: Soli Deo Gloria Publications, 1994).

회는 39개 신조에 대해 재검토해야 할 필요성을 4월 21일에 총회에 보고했다. 이에 대해 총회는 해당 위원회로 하여금 어떤 신조가 "총회가 새 신앙고백을 제정할 때까지…유익한지" 여부를 검토해달라고 요청했다.[5] 39개 신조에 대한 재검토를 담당한 위원회는 당일 모임이 잡혀 있었고, 새 신앙고백의 제정을 담당한 위원회는 돌아오는 수요일에 모임이 잡혀 있었다. 그러다가 5월 12일이 되어서야 마침내 하나로 재편된 새로운 성격의 위원회가 임명되었다.[6]

재편된 위원회는 성경을 주제로 삼은 장에 대한 신앙고백의 첫 초안을 작성했고, 7월 7일에 이를 놓고 논의 및 토론하는 자리를 가졌다. 논의는 7월 18일까지 이어졌다. 그 사이 세부적인 교리를 다루기 위해서 세 개의 하부 위원회가 조직되었다.[7] 그 후로 약 1년 동안 제정 작업을 거친 끝에 1646년 9월 25일에 신앙고백의 첫 열아홉 장이 제정되어 잉글랜드 하원에 검토용으로 전달되었다. 나머지 열다섯 장 역시 같은 목적으로 11월 26일에 전달되었다. 잉글랜드 의회는 신앙고백의 각 세부 조항을 성경 증거본문을 통해 설명해줄 것을 제정위원회에 요청했고, 이에 제정위원회는 1647년 4월까지 요청받은 작업을 수행했다. 그 후로 1년 동안 면밀한 검토과정을 거친 뒤에 새 신앙고백은 마침내 1648년 7월에 의회를 통해 잉글랜드에 반포되었다. 스코틀랜드 의회는 1649년에 새 신앙고백을 비준했다.

신앙고백을 구성하는 여러 주요 조항의 초안을 작성하는 과정에 대해 명확하고 정확하게 알려주는 증거자료가 남아 있다. 신앙고백

---

5 Mitchell and Struthers, *Minutes*, 83.
6 Ibid., 91.
7 Ibid., 114.

의 각 장에 대한 초안 작성을 진척시키기 위해서 1645년 5월 12일에 제정위원회 산하 소위원회가 임명되었다. 소위원회에 속해 각 장에 대한 초안을 맡아 작성한 위원은 토마스 템플, 조슈아 호일, 토마스 가테이커, 로버트 해리스(Robert Harris), 코넬리우스 버지스, 에드워드 레이놀즈, 찰스 헐이었다.[8] 7월 4일, "신앙고백의 각 장의 초안 작성을 맡은 소위원회는 성경에 관해 작성한 신앙고백 첫 장의 초안을 월요일 아침에 보고하라"는 웨스트민스터 총회의 요청에 따라 토마스 템플 박사는 "성경에 관하여"라는 제목을 붙인 신앙고백의 첫 장 초안을 1645년 7월 7일에 총회에 제출했다.[9] 제출된 첫 장의 초안에 대한 논의는 1645년 7월 7일부터 7월 18일까지 진행되었다.[10]

웨스트민스터 총회 회의록은 비록 웨스트민스터 총회원들의 입에서 직접 나온 의사표현과 수정제안이 기록으로 거의 남아 있지 않지만, 신앙고백 제정을 두고 이루어진 논의 진행과정에 대해서는 확실한 참고정보를 제공한다. 예를 들어, 에드워드 레이놀즈, 찰스 힐, 매튜 뉴코멘은 "총회 표결에 부쳐진 신앙고백의 문구 선택을 담당하고…스코틀랜드 위원들과 협의한 후에 표현상 적합한 대안이 있다고 판단될 때 총회에 보고하는" 역할을 맡았다.[11] 7월 11일부터 14일 사이에는 성경 본문의 뜻을 "이해하기 위한 내적 조명의 필요성"을 주제로 논의가 진행되었다. 7월 15일에는 신앙고백 1장 6조의 문구에 대해 재차 논의한 뒤에 "구원에 이르기 위해서"라는 문구를 삽

---

8 Ibid., 91.
9 Ibid., 109-10.
10 Ibid. 110, 115; Mitchell, *History*, 357-58. 이 위원회의 정체를 밝히는 문제와 관련해서 다음 참고문헌을 보라. Warfield, *Westminster Assembly*, 87-91, 93
11 Mitchell and Struthers, *Minutes*, 110.

입했다. 그 결과로 만들어진 신앙고백 문구는 "구원에 이르기 위해서 말씀에 계시된 바들을 이해하려면 하나님의 영이 비추시는 내적 조명이 반드시 필요하다는 사실을 인정한다"로 결정되었다.[12]

이 문구의 제정과 관련해서 이루어진 논의의 핵심은 성경 본문을 제대로 읽고 해석했을 때 구원에 필요한 모든 교리를 충분히 알 수 있다는 것, 성령의 조명은 말씀으로 기록된 객관적인 계시에다 새로운 계시를 더하는 것이 아니라는 것, 그렇지만 기록된 하나님의 말씀을 합당한 방법을 통해 배워 구원의 교리를 붙드는 데 성령의 조명은 필수불가결하다는 것 등이다. 총회 회의록은 연결해서 읽기 어려울 정도로 드문드문 기록되어 있지만, 의사표현이 기록되어 있지 않다고 해서 논의가 없었다는 뜻은 아니다. 길레스피(Gillespie)와 라이트풋과 같은 회원이 개인적으로 남긴 일지나 회상록을 통해 종종 전해지듯이, 문구 작성시 심지어 사소한 변경과 차이를 두고 장시간 논의가 이루어지기 일쑤였다. 하지만 공식 기록원이 기록해두지 않는 경우가 허다했다.[13] 유감스럽게도 라이트풋의 일지는 1644년 12월 31일에서 끝나고, 길레스피의 일지는 1645년 1월 3일에서 기록을 멈췄다. 어느 일지도 신앙고백과 관련해서 벌어진 논의의 실제 내용에 대해서는 아무런 정보도 제공하지 않는다.

---

12 Ibid., 111, 113; *Westminster Confession*, 1.6.
13 다음 참고문헌을 보라. Geroge Gillespie, *Notes of debates and Proceedings of the assembly of divines and other Commissioners at Westminster*, ed. David Meek from unpublished manuscripts, in *The Works of Mr. George Gillespie*, 2 vols. (Edinburgh: Ogle, Oliver, and Boyd, 1846), vol 2, separate pagination; John Lightfoot, *Journal of the Proceedings of the Assembly of Divines*, in *The Whole Works of the Rev. John Lightfoot, D. D. Master of Catherine Hall, Cambridge*, ed. John Rogers Pitman, 13 vols. (London: J. F. Dove, 1825), 13:1-344.

하지만 길레스피가 웨스트민스터 총회와 그 가르침을 염두에 두고 작성한 논문과 설교는 여러 편 남아 있다. 그 가운데 논문 한 편은 성경을 주제로 삼은 신앙고백의 첫 장과 직접적으로 관련 있다. 이 논문에서 길레스피는 다음과 같은 논지를 강변했다.

> 기록된 하나님의 말씀으로부터 도출된 마땅한 결론은 이론적인 측면에서 그 자체로 믿을 수밖에 없는 거룩한 진리로서 스스로 충분하고 빈틈없이 증거한다. 또한 실천적인 측면에서 그 결론은 반드시 지켜야 하는 거룩한 의무(*jure divino*)로서 스스로 충분하고 빈틈없이 증거한다.[14]

윌리엄 헤스링턴(William Hethrington)은 길레스피에 대한 회상록을 통해서 그의 저서『여러 단상』(*Miscellany Questions*) 가운데 성경에 대해 다룬 장을 포함해서 여러 장이 총회에서 이루어질 논의를 개인적으로 준비하기 위해 작성된 것이라는 사견을 밝혔다. 이에 대한 증거로서 헤스링턴은 『여러 단상』에서 다룬 여러 주제와 신앙고백의 주제 사이에 발견되는 연관성뿐만 아니라, 그 외 나머지 장들을 편집해서 교회 정치에 대해 다룬 논문 『아론의 지팡이』(*Aaron's Rod*)에 사용하였다는 점에 주목한다. 에라스티안주의 논란에 대한 최종 입장을 담은 『아론의 지팡이』는 1646년에 완성되어서 웨스트민스터 총회에 헌정되었다. 만약 헤스링턴의 관찰이 맞는다면, 몇몇 질문에 대한 길레스피의 답변은 신앙고백의 제정 이전으로 그 진술

---

[14] George Gillespie, *A Treatise of Miscellany Questions*, ch. 20, in Works, 2:100-103.

시기가 조정되어야 한다.[15]

하지만 헤스링턴은 그의 저서 『웨스트민스터 총회의 역사』에서 앞선 저술에서 펼친 주장을 계속해서 이어가지 않는다. 『여러 단상』의 본문 글이 관련 언급에 근거해서든 아니면 형식에 근거해서든지 간에 총회 회의에서 이루어진 논의와 연관되어 있음을 직접적으로 확인해주지 않는 이상은 그가 제기한 질문과 신앙고백이 다루는 주제 사이의 관련성은 기껏해야 총회에서 다루어졌던 논안의 성격에 대해 밝혀주는 부수자료일 뿐이다. 결론적으로 말해 『여러 단상』은 신앙고백에 대해 길레스피가 내놓은 주석이 결코 아니다.[16]

게다가 1645년 7월부터 1647년 1월까지 2년 반 동안[17] 신앙고백 본문은 검토 위원회를 거쳐 다듬어지고 편집되었다. 1645년 8월에 소집된 검토 위원회는 앤서니 터크니, 에드워드 레이놀즈, 매튜 뉴코멘, 제레미아 휘태커로 구성되었고, 1646년 6월 17일에 존 애로우스미스가 합류하였다.[18] 신앙고백 2장의 초안 보고에 이어 성경에 대해 추가로 벌인 논의에 대한 기록이 7월 18일자 회의록에 실려 있다. 그 다음 날 총회는 (아마도 터크니, 레이놀즈, 뉴코멘, 휘태커, 애로우스미스) 검

---

15 Hethrington, *Memoir of the Rev. George Gillespie*, in Gillespie, *Works*, 1:xxxiv.

16 Hethrington, *History of the Westminster Assembly, 281-85; Jack B. Rogers, Scripture in the Westminster Confession: A Problem of Historical Interpretation for American Presbyterianism* (Grand Rapids: Eerdmans, 1967), 333-39.

17 한 가지 참고할 점은 17세기 영국의 달력은 새해의 시작을 여전히 성모 영보 대축일(Lady Day)인 3월 25일로 표기해 두었다는 사실이다. 그렇다면 1645년 1월은 1645년 7월로부터 6개월 후의 시점이다(왜냐하면, 1645년 7월의 6개월 전 1월은 1644년이기 때문이다). 따라서 1645년 7월부터 1647년 1월 사이의 기간은 2년 6개월이다.

18 Mitchell and Struthers, *Minutes*, 168, 245.

토 위원에게 "신앙고백의 표현과 구성방식"을 최종적으로 결정하라는 요청을 전달했다.[19] 이후에 진행된 논의에서는 성경에 대한 주제를 제외한 다른 주제를 다룬 것으로 기록에 남아 있다.[20] 그러다가 신앙고백 제정위원회가 제출했던 증거본문을 두고 1647년 7월에 성경에 대한 논의가 재개되어서 1647년 1월까지 지속되었다.

2. 웨스트민스터 신앙고백과 요리문답이 제정된 신학적 배경

웨스트민스터 신앙고백과 요리문답이 제정된 신학적 배경에 대해 살펴보기 전에 이들 문서에 대해 20세기 신학자들이 내놓은 다양한 평가를 확인하는 과정이 중요하다. 성경을 두고 신학자들 사이에 논의가 벌어진 특정 주제는 비단 신앙고백과 요리문답에 표현된 성경론의 의미만이 아니다. 웨스트민스터 표준문서의 성경론이 종교개혁 및 정통 개혁주의와 어떤 관계를 형성하는가에 대한 주제 역시 높은 관심의 대상이 되었다. 워필드(Warfield), 샤프(Shcaff), 맥닐(McNeill)의 저술로 대표되는 구 학계는 신앙고백이 종교개혁가들의 신학사상을 계승하는 한편 당시의 정통 개혁주의와 스콜라 철학을 반영한다고 보았다.[21]

---

19 Ibid., 245.
20 Ibid., 114-15.
21 Warfield, *Westminster Assembly*, 155-333; Philip Schaff, *The Creeds of Christendom, with a History and Critical Notes*, 6th ed., 3 vols. (New York, 1931; repr. Grand Rapids: Baker Book House, 1983), 1:760-62, 766-68; John McNeill, *The History and Character of Calvinism* (New York: Oxford University Press, 1954), 325-26.

이들보다 후대에 활동한 로저스(Rogers)는 구 학계보다 공신력이 떨어지는 '칼빈주의자들과 다른 칼빈'(Calvin against the Calvinists) 진영에서 정통 개혁주의를 바라보는 기본적인 관점을 수용하면서도, 동시에 신앙고백의 가르침이 종교개혁의 신학을 계승하고 있다고 주장했다. 로저스의 판단으로는 신앙고백과 그 작성자들을 통해 투영된 영국(British) 개혁주의 신학이 당시 유럽대륙의 개혁주의에서 받아들였던 스콜라 정통주의와 기독교적 아리스토텔레스주의에 편승하지 않았다는 것이다.[22]

웨스트민스터 신앙고백과 요리문답과 관련하여 T. F. 토렌스와 J. B. 토렌스는 다른 의미에서 '칼빈주의자들과 다른 칼빈'이라는 문구를 자신들의 주장을 세우기 위해 사용한 것이 특징이다. 이들의 관점에서 보면 웨스트민스터 신앙고백과 요리문답은 다른 이유가 아닌 정통 개혁주의 시대에 속한 산물이라는 이유 때문에 원조 개혁자들의 사상과 뚜렷하게 단절되어 있다.[23] 저마다 짙은 신학적 색안경을 끼고 웨스트민스터 표준문서를 읽음으로써 생긴 로저스와 토렌스 측 모두의 오해는 종교개혁과 정통 개혁주의를 탈역사적으로 이해하려 한 그릇된 방법론을 보여준다. 앞으로 검토할 참고자료를

---

22 Rogers, *Scripture in the Westminster Confession, passim*; Jack B. Rogers and Donald K. McKim, *The Authority and Interpretation of the Bible: An Historical Approach* (San Francisco: Harper and Row, 1979), 200-218.

23 T. F. Torrance, *Scottish Theology: From John Knox to John McLeod campbell* (Edinburg: T. & T. Clark, 1996); James B. Torrance, "Calvin and Puritanism in England and Scotland-Some Basic Concepts in the Development of 'Federal Theology,'" in *Calvinus Reformator* (Potchefstroom: Potchefstroom University for Christian Higher Education, 1982), 267-77; idem, "Strengths and Weaknesses of the Westminster Theology," in *The Westminster Confession in the Church Today*, ed. Alisdair Heron (Edinburgh: Saint Andrews Press, 1982), 40-53."

통해 살펴보겠지만, 웨스트민스터 신앙고백과 그 작성자들에 대한 로저스와 토렌스의 평가는 지지받기 매우 어렵다.

　성경을 주제로 삼고 있는 신앙고백의 첫 장을 제정한 총회원의 신상과 그 내용을 파악하는 것이 그들이 속했던 개혁주의 전통을 이해하는 데 중요했던 만큼 신앙고백 전체를 이해하는 데도 분명히 중요하다. 웨스트민스터 신앙고백은 스콜라 방식을 따라 작성되지 않았고, 그 체계도 조직신학적으로 구성되어 있지 않다. 그럼에도 신앙고백에 담긴 논리, 변증법, 아리스토텔레스주의적 인과관계 같은 뚜렷한 구성요소들을 고려했을 때 정통 개혁주의와 스콜라주의라는 지적 토양으로부터 동떨어져 작성되었다고 볼 수 없다. 신앙고백 제정에 참여한 총회원 대부분은 케임브리지에서 수학했으므로 전형적인 후기 스콜라식 교과 과정을 거쳤다.[24]

　그리고 그들은 케임브리지 독서 목록 가운데 신학분야의 필독서 목록에 포함되어 있던 존 칼빈의 『기독교 강요』(*Institutes of the Christian Religion*)를 정독했다.[25] 이들은 또한 선대와 동시대 영국 신학자 및 다양한 중세 스콜라 철학자 그리고 유럽대륙을 대표하는 당대 신학자들의 저술을 읽고 고찰했다. 16-17세기에 영국과 유럽대륙 사이에 지적 교류가 꾸준하고 활발하게 이루어졌던 것도 사실이다. 퍼킨스(Perkins), 윌리엄 휘태커(William Whitaker), 에임스(Ames), 윔스(Weemes), 가테이커, 트위스, 오웬은 대륙 신학자들의 저술을

24　다음 참고문헌을 보라. William T. Costello, *The Scholastic Curriculum at Early Seventeenth-Century Cambridge* (Cambridge, MA: Harvard University Press, 1958).

25　다음 참고문헌을 보라. Charles D. Cremeans, *The Reception of Calvinistic Thought in England* (Urbana: University of Illinois Press, 1949).

폭넓게 섭렵했고, 동시에 이들의 저술 또한 유럽대륙에서, 특별히 화란과 스위스 개혁주의 진영에서 높이 평가받았다. 17세기 중반에 활동했던 잉글랜드 신학자들이 공유했던 '신학 도서 목록'은 웨스트민스터 총회 당시 잉글랜드 의회의 일원이었던 에드워드 레이의 저술에 인용된 여러 참고문헌을 통해 확인해볼 수 있다.[26]

또한 웨스트민스터 신앙고백은 성경과 삼위일체 하나님이라는 두 기초(*principia*) 위에 신학체계를 세우는 정통 개혁주의 신학의 면모를 보여준다. 다만 본론에서 다루려는 신학적 주제에 대한 기본 정의를 본론에 들어가기에 앞서 확인하는 서언(*prolegomna*)을 위한 과정이 생략되어 있다. 서언 과정이 생략된 이유는 이 문서가 소위 조직신학 서적이 아닌 신앙고백이라는 사실에 의해서 쉽게 설명 된다. 신앙고백의 처음 두 장을 통해 다루는 신학적 주제는 스콜라 체계에서 성경론(*loci de scriptura*)과 신론(*loci de deo*)을 통해 다루는 신학적 주제와 거의 일치한다. 즉 웨스트민스터 신앙고백은 정통 개혁주의가 체계적으로 발전하는 과정에서 스콜라주의 시대를 거치면서 그 형식과 내용을 드러낸 산물이며[27] 동시에, 조직신학과 신앙고백

---

26 다음 참고문헌을 보라. Edward Leigh, *A Treatise of Divinity* (London, 1646); idem, *A System or Body of Divinity* (London, 1662).

27 다음 참고문헌에서는 이와 상반되는 주장을 펼친다. Rogers, *Scripture in the Westminster Confession*; Rogers and McKim, *Authority and Interpretation of the Bible*. 이들 참고문헌에서 저자들은 잉글랜드 개혁주의 신학에서 스콜라주의가 시작된 시점을 총회 신앙고백이 제정된 이후로 판단함으로써, 그리고 신앙고백의 밑바탕에 깔린 철학적 기조가 스콜라주의가 아닌 플라톤주의라고 주장함으로써 신앙고백에 미친 스콜라주의의 영향력을 제거하려고 시도한다. 이에 대해 지나치다 싶지만 한편 뼈있는 비판을 시도한 다음 참고문헌을 보라. D. Woodbridge, *Biblical Authority: A Critique of the Rogers/McKim Proposal* (Grand Rapids: Zondervan, 1982). 다음 참고문헌에서는 대안을 제시하고 있다. Richard A. Muller, *After Calvin: Essays in the*

사이의 장르상 차이를 보여주는 것이기도 하다. 웨스트민스터 신앙고백의 제정위원회는 개혁주의 교리의 기본적인 정의를 필요한 만큼 기술했다고 판단되면 그 이상의 자세한 기술은 의도적으로 삼갔고 당시 조직신학계에서 다루던 여러 상세한 주제를 고려대상에서 철저히 배제했다.

당시 정통 개혁주의에서 구축한 신학 체계가 종교개혁가들의 신학을 더욱 체계화시키기 위한 노력의 결실이었다면, 웨스트민스터 신앙고백은 종교개혁 세기에 작성된 신앙고백들과의 연관성 속에서 당시 개신교 전통에서 스콜라주의를 통해 기독교 교리를 이해하기 위한 노력의 결실이었다. 웨스트민스터 총회가 제정한 요리문답은 앞서 정통 개혁주의 혹은 스콜라주의 시대에 제작된 문서 가운데 일련의 교리문답서에서 보여주는 논리적 체계와 구성적 체계를 현저하게 따르고 있다.[28] 그중에서 어셔(Ussher)의 『신앙요체』(*Body of Divinity*)가 있고, 또 보는 이에 따라서 볼레비우스(Wollebius)의 『신앙개요』(*Compendium*)가 꼽히기도 한다. 볼레비우스의 교리문답서는 웨스트민스터 총회가 소집될 무렵에 여러 라틴어 조판을 거듭하여 발행되었고, 총회 소집 후 얼마 지나지 않아 영어로 번역되었다.[29]

Development of a Theological Tradition (New York: Oxford University Press, 2004), 27. 아울러 다음 참고문헌을 보라. Richard A. Muller, *Post-Reformation Reformed Dogmatics*, 4 vols. (Grand Rapids: Baker Book House, 2003), 1-1.1, 1.3, 2.6, 4.1-2, 8.1, 8.3, 2-2.2-3, 7.4(C).

28 다음 참고문헌에서 모은 문서들을 살펴보되, 역사적 상황에 대한 소개와 신상정보에 유의해서 보라. Alexander Mitchell, *Catechism of the Second Reformation* (London: Nisber, 1886).

29 Johannes Wollebius, *Compendium theologiae* (London, 1642, 647, 1648, 1654, 1655, 1657, 1661); translated by Alexander Ross as *The Abridgement of Christian Divinity* (London, 1650, 1656, 1660); Schaffs, *Creeds*, 1:756.

정리해 보자면, 웨스트민스터 신앙고백은 어셔의 교리문답서를 표방했고, 소속 총회원들의 신학 저술에서 묻어나는 영성과 지성을 닮아있다.[30] 또한 딕슨(Dickson),[31] 빈센트(Vincent),[32] 플래블(Flavel),[33] 왓슨(Watson),[34] 리즐리(Ridgley)[35] 같은 신학자들은 총회 신앙고백이 출간된 이후에 정통 개혁주의 전통의 논리전개 방식을 따라 거시적인 신학 체계 안에서 총회 신앙고백을 세부적으로 나누어 다루었다. 이 모든 관찰은 영국 개혁주의가 개신교 스콜라주의 신학을 수용하여 발전시킨 과정의 중심에 웨스트민스터 신앙고백이 자리하고 있음을 가리켜 준다.

성경을 주제로 다루는 웨스트민스터 신앙고백의 첫 장은 16-17

---

30 예로서 다음 참고문헌을 보라. John Arrowsmith, *Armilla Catechetica; A Chain of Principles: Or, an Orderly Concatenation of Theological Aphorisms and Exercitations* (Cambridge, 1659); William Gouge, *A Short Catechism* (London, 1615); Thomas Gataker, *A Short Catechism* (London, 1624); idem, *Shadowes without Substance, or Pretended New Lights... Drivers Points of Faith and Passages of Scripture... Vindicated and Explained* (London, 1646); William Twisse, *A Brief Catecheticall Exposition* (London, 1645); idem, *The Scriptures Sufficiency* (London, 1656). 그리고 『잉글랜드 주석성경』을 참고하라. 『잉글랜드 주석성경』의 편찬자 가운데 웨스트민스터 소속 총회원으로는 John Ley, William Gouge, Francis Taylor, Edward Reynolds, Thomas Gataker, Daniel Featley가 있다.

31 David Dickson, *The Summe of Saving knowledge* (Edinburgh, 1671); idem, *Truth's Victory over Error* (Edinburgh, 1684).

32 Thomas Vincent, *An explicatory catechism, or, An explanation of the Assemblies Shorter catechism* (London: George Calvert et al., 1673).

33 John Flavel, *An Exposition of the Assembly's Cathechism, with Practical Inferences from Each Question*, in *The Works of John Flavel*, 6 vols. (1820; repr. Edinburgh: Banner of Truth, 1968), 6:138-317.

34 Thomas Watson, *A Body of Practical Divinity* (London, 1692).

35 Thomas Ridgley, *A Body of Divinity: Where in the Doctrines of the Christian Religion are Explained and Defended, being the Substance of Several Lectures on the Assembly's Larger Catechism*, 2 vols. (London, 1731-33).

세기 개혁주의 교의학에서 발견되는 거의 모든 성경론의 핵심을 정리해서 표현하고 있다. 다만 그 표현 형식이 교의학적 혹은 스콜라적이라기보다는 신앙고백적이다. 존 레이드(John H. Leith)는 신앙고백 첫 장에 대해 후속 장들과 마찬가지로 불필요하거나 사설적인 논거를 철저하게 배제함으로써 그 형태가 몹시 간결하다고 평한다. 첫 장에서 정경에 담긴 내용에 대한 간략한 서술을 접할 수 있을 뿐이지, 저자권에 대한 논의는 찾아볼 수 없다는 것이다. 또한 성경의 영감과 권위에 대한 확고한 진술만이 있을 뿐이지, 특정 영감설을 옹호하려는 노력은 찾아볼 수 없다는 것이다.[36] 웨스트민스터 신앙고백은 아일랜드 신조(Irish Articles)와 나란히 서서 초기 개혁주의 교리에서 견지했던 신학적 기본 전제를 유지한 채 이루어진 개혁주의 성경론의 발전상을 그대로 보여준다.

웨스트민스터 신앙고백은 국교회의 39개 신조를 거울로 삼아 작성되었지만, 구성과 내용 면에서 가장 닮은꼴은 아일랜드 신조이다. 워필드가 오래전에 언급하였듯이, 웨스트민스터 신앙고백은 잉글랜드 청교도의 신학이든지 아니면 유럽대륙 개신교 신학자들의 신학이든지 간에 16-17세기 정통 개혁주의 신학 노선 안에 완전히 자리 잡고 있다. 그렇기에, "개혁주의 신학의 원(元) 세기로부터 첫 75년에 걸쳐 발전된 개혁주의 성경론을 방대한 분량으로 정리한 특정인이 있어서 웨스트민스터 신앙고백의 관련 부분에서 그 사람의 성경론을 출처로 삼았다고 밝히는 일을 미연에 방지하기 위해서 그의 논증을 인용하지 않은 경우를 가능케 하는 그러한 특정한 주역은 없었

---

36 John H. Leith, *Assembly at Westminster: Reformed Theology in the Making* (Richmond, 1973), 75-76.

다고 봐도 무방하다."[37]

이러한 개혁주의 신학의 특징을 보여주는 예로서 워필드는 존 칼빈, 존 볼(John Ball), 굴리엘무스 부카누스(Gulielmus Bucanus)를 언급한다. 그런 다음에 헤페(Heppe)의 논술을 장문에 걸쳐 차용하면서 워필드는 자신의 주장을 변호해줄 증인으로서 아만두스 폴라누스(Amandus Polanus), 루도비쿠스 크로치우스(Ludovicus Crocius), 마커스 프리드리히 벤델린(Marcus Friedrich Wendelin), 다니엘 샤미에(Daniel Chamier), 프란츠 버만(Franz Burman), 요한 하인리히 하이데거(Johann Heinrich Heidegger)를 내세운다.[38]

실제로 웨스트민스터 총회 소속 성직자들과 그 비교 대상인 대륙의 정통 개혁주의자들 사이에는 교리와 신학적 측면에서 차이가 거의 없다. 특히, 유럽대륙의 개신교 신학자들이 스콜라식 방법론을 사용함으로써 믿음보다는 이성을 신학의 기초(*principia*)로 삼았다고 판단하는 어떤 주장도 이들 자료에 근거해서 일절 터무니없는 것으로 폐기되어야 마땅하다. '스콜라주의'가 이성에 먼저 근거하도록 신학을 이끌었다는 주장도, 혹은 성경을 읽을 때 이성적 논거보다도

---

37 Warfield, *Westminster Assembly*, 161.

38 Ibid.; John T. NcNeill, *History and character of Calvinism*, 325. Rogers는 Warfield의 주장과 상반되는 주장을 펼친다. Rogers, *Scripture in the Westminster Confession*; Rogers and McKim, *Authority and Interpretation of the Bible*. 웨스트민스터 신앙고백이 스콜리주의적 훈련을 한 이들의 산물이 아니라는 주장과 아울러 잉글랜드에서 개신교 스콜라주의의 시작이 John Owen의 중·후반기 저술에서 발견된다는 주장은 단순히 17세기 사상의 역사를 잘못 이해한 결과이다. 스콜라 개신교주의는 Perkins가 활동했던 시기에 이미 잉글랜드에서 만개했고, 웨스트민스터 신앙고백은 스콜라주의가 개신교주의에 헌정하는 한 송이 꽃이었다. 다음 참고문헌에서는 이와 상반되는 주장을 펼친다. Rogers and McKim, *Authority and Interpretation*, 202-3, 218-23.

믿음을 우선시하는 신학적 관점은 스콜라주의 및 아리스토텔레스주의와 대척된다는 주장도 모두 마찬가지이다.[39]

결론적으로 말해서, 웨스트민스터 표준문서는 훼너(Fenner), 퍼킨스, 카트라이트(Cartwright), 에임스, 롤락(Rollock), 휘태커 같은 신학자의 수고를 통해 잉글랜드 개혁주의 신학의 기초로 자리 잡게 된 산물이자, 17세기 전반기 동안 레이놀즈, 다우네임, 어셔, 버지스, 휘셔(Fisher), 휘틀리, 가테이커, 거지, 레이 등을 통해 설명된 믿음의 원리 혹은 기준이 신앙고백 형태로 성문화(成文化)된 산물이다. 게다가 이들 사상가 가운데 레이놀즈와 가테이커는 신앙고백 제정위원회의 일원이었고, 휘틀리는 1648년까지 웨스트민스터 총회의 일원이었으며, (아일랜드 신조를 작성한) 어셔는 총회에 참여하도록 요청받은 전례가 있었고, 레이는 1640년에 재 소집된 의회의 일원으로서 몇몇 제정 회의에 참석했던 것으로 보인다. 신앙고백과 요리문답은 또한 딕슨에 의해서 주석의 형태로, 혹은 왓슨, 빈센트, 플래블, 리즐리에 의해서 요리문답 강해 형태로 연구되면서 신학을 조직적으로 체계화하는 데 필요한 기초를 제공했다.

---

39 다음 참고문헌에서는 이와 상반되는 주장을 펼친다. Rogers and McKim, *Authority and Interpretation*, 106, 148, 165, 202-5. 해당 본문에서 Rogers와 McKim은 이성보다 믿음을 우선시하는 관점은 플라톤주의에 입각하고 있다는 주장을 근거자료도 없이 추측에 가깝다시피 내놓는다. 그런 다음에 또다시 아무 근거자료도 제시하지 않고서 당시 유럽대륙의 신학자들은 아리스토텔레스주의자로서 믿음보다 이성을 우선시했다고 주장한다. 이들은 마치 이들 특정한 철학적 관점을 통해 믿음과 이성의 관계가 모두 파악될 수 있다고 판단하는 듯하다. Philip Schaff, *Creeds*, 1:760. "웨스트민스터 신앙고백은 완연한 스콜라주의 체계 안에서 칼빈주의의 신학적 체계를 진술한다…그러한 점에서 웨스트민스터 신앙고백은 유럽대륙의 신학으로부터 수혜를 받았다." Warfield, *Westminster Assembly*, 159-69; Richard Muller, *Post-Reformation Reformed Dogmatics*, 1:8.1(C), 8.3(B), 2:2.1(B.4), 4.2-4.3.

신앙고백 제정위원회에 속한 위원들은 모두 웨스트민스터 총회의 성직자 회원들이다. 웨스트민스터 총회에 소집된 잉글랜드 상원 의원 혹은 잉글랜드 하원 의원 중 그 누구도 신앙고백 초안 작성에 참여하도록 요청받은 자가 없다. 게다가 제정위원회의 주요 위원은 신학자와 저술가로서 많은 존경을 받던 이들이었다. 성경주석에 관해서는 총회 최고의 전문가로 꼽히던 존 라이트풋과 윌리엄 그린힐(William Greenhill)은 비록 신앙고백 제정위원회에서 활동하지 않았음이 확실하지만 말이다. 아울러 의회로부터 임명받아『잉글랜드 주석성경』편찬에 참여한 편집자 가운데 그 누구도 신앙고백 제정위원회에서 활동하지 않았다.

3. 웨스트민스터 신앙고백 속에 나타난 성경론

웨스트민스터 총회의 기록은 제정위원회로부터 제출된 신앙고백 첫 장의 주제를 놓고 대논쟁이 벌어지지 않았다는 사실을 전한다. 웨스트민스터 신앙고백 이전의 개신교 역사에서 가장 중요하게 여겨지는 신앙고백으로 스위스 신앙고백(Helvetic Confessions), 제네바 신앙고백(Genevan Harmony), 아일랜드 신조(Irish Articles)가 있다. 이 신앙고백들은 개혁주의 전통에 속한 여러 주요 조직신학 방법론과 마찬가지로 성경을 신학의 출처로 삼아야 한다는 논제로부터 출발한다. 이와 다른 출발방식으로는 대개 성경계시로 들어가기에 앞서 '신학'에 대한 정의를 먼저 내린 뒤에 하나님을 아는 지식에 대해

증명하는, 조직신학 총론을 위한 방법론으로 부상한 방식이다.⁴⁰

그런 면에서 웨스트민스터 신앙고백은 두 번째 방식을 따라 하나님을 아는 자연 지식에 대해 간단히 평한 후에 그 불충분함을 지적하면서 성경의 필요성을 대두시키는 과정으로 시작된다. 웨스트민스터 신앙고백에 의하면 하나님을 아는 자연 지식을 얻을 수 있는 계시의 출처로 내적 출처인 "이성의 빛"과 외적 출처인 "창조하시고 섭리하시는 역사" 두 가지가 있다. 이들 계시 형태는 "하나님의 선하심과 지혜와 권능을 나타내어 사람으로 핑계치 못하게 하나, 하나님과 그 뜻을 알아 구원에 이르게 하는 지식을 충분히 드러내 주지 못한다."⁴¹

이성의 빛으로는 하나님을 바로 알지도 못하고 바로 예배하지도 못하는 인간의 무능력으로 말미암아 하나님은 인간을 위해 "자신

---

40 예를 들면, 갈리아 신앙고백(Gallican Confessions, 1559)과 벨기에 신앙고백(Belgic Confessions)이 있다. 다음 참고문헌을 보라. Johannes Wollebius, *Compendium theologiae christianae*, new ed. (Neukirchen, 1935); William Ames, *Medulla ss. theologiae* (Amsterdam, 1623; London, 1630); idem, *The Marrow of Theology*, trans. with intro. by John Dykstra Eusden (Boston: Pilgrim, 1966; repr. Durham, NC: Labyrinth Press, 1984); Lucas Trelcatius, Jr., *Scholastica et methodica locorum communium Institutio* (London, 1604), trans. as *A Briefe Institution of the Commonplaces of Sacred Divinitie* (London, 1610); Amandus Polanus von Polansdorf, *Syntagma theologiae christianae* (Geneva, 1617); idem, *The Substance of the Christian Religion* (London, 1595).

41 웨스트민스터 신앙고백 1장 1조. 참고로 웨스트민스터 대요리문답 [문 2]에 대한 [답 2]는 다음과 같다. "사람 안에 있는 이성의 빛과 하나님이 지으신 창조세계가 하나님의 존재를 명백하게 선포하고 있다. 하지만 인생으로 하여금 구원에 이르게 하도록 하나님을 충분하고 유효하게 알려주는 계시는 오직 하나님의 말씀과 성령뿐이다." 이 논문에서 사용된 웨스트민스터 신앙고백 본문은 다음 참고문헌에서 인용한다. Schaff, *Creeds*, 3:600-73. 이 논문에서 사용된 그 외 웨스트민스터 표준문서는 다음 참고문헌에서 인용한다. *Westminster Confession of Faith* (Glasgow: Free Presbyterian publications, 1994).

을 드러내시고 그의 뜻을 그의 교회에게 선포하셨다."⁴² 한 가지 주목할 만한 점은 웨스트민스터 신앙고백의 본문이나 16-17세기 개혁주의 신학에서 내놓은 문서들은 "스콜라주의적 신학"을 대표하는 "두 출처 계시론"과 종교개혁가들과 웨스트민스터 표준문서의 특징이 되는 "개인적 계시" 사이를 어떤 논문에서처럼 구분 짓지 않는다는 사실이다.⁴³ 그 논문에서 사용한 이러한 부류의 언어를 가지고 16-17세기 신학 문서를 해석한다는 것은 종교개혁가들과 그 계승자들의 가르침에 대해 지니고 있는 시대착오적인 전제를 부지불식간에 드러낼 뿐이다. 칼빈을 연구하든지, 혹은 청교도 및 개혁주의를 대표하는 스콜라 신학자의 신학을 연구하든지, 혹은 웨스트민스터 신앙고백 자체를 연구하든지 간에 이들 사이에 신학적으로 거의 비슷한 기본 전제를 발견하게 될 것이다.

그 중 첫 번째 전제는 자연 질서 속에 하나님의 특별 계시가 드러나 있고,⁴⁴ 이성적 존재인 모든 인간에게는 하나님에 대한 내재된 인

---

42 웨스트민스터 신앙고백 1장 1조 (Shcaff, *Creeds*, 3:600 et seq).

43 다음 참고논문에서 그렇게 구분 짓고 있다. Rogers and McKim, *Authority and Interpretation*, 203.

44 이번 각주와 이어지는 네 개의 각주에서는 다음과 같은 순서와 분류로 참고문헌을 인용한다. a) Calvin과 그 외 16세기 개혁주의 신학자; b) 대표적인 웨스트민스터 소속 총회원; c) 17세기 영국의 개혁주의 신학자로서 웨스트민스터 소속 총회원이 아닌 자; d) 유럽대륙의 정통 개혁주의 혹은 스콜라 개혁주의 신학자. 이러한 원칙을 따라 나열한 이번 각주의 참고문헌은 다음과 같다. a) John Calvin, *Institutes of the Christian Religion* (1559), ed. John T. McNeill, trans. F. L. Battles, 2 vols. (Philadelphia Westminster, 1950), 1.5.1-2, 9-10; 6.1; Wolfgang Musculus, *Loci communes sacrae theologiae* (Basel, 1560; 3rd., 1573), cap. i; Peter Martyr Vermigli, *The Common Places of Peter Martyr*, trans. Anthony Marten (London, 1583), 1.2.3; b) Anthony Burgess, *Spiritual Refining: or, a Treatise of Grace and Assurance* (London, 1652), 692-94; William Twesse, *The Riches of God's Love* (London, 1653),

식이 있으나,[45] 타락과 죄 때문에 둘 중에 어떠한 계시의 출처도 하나님을 아는 유효한 지식을 주지 못하니, 하물며 구원에 이르게 하는 지식은 말할 것도 없다는 것이다.[46]

두 번째 전제는 인간 존재가 믿음을 통해 하나님을 바르게 알기 위해서는 필연적으로 문자화된 제2의 계시 출처와 아울러 그리스도의 구원 사역으로 가능케 된 성령의 구속하시고 조명하는 역사가 필요하게 되었다 것이다.[47] 여기서 말하는 제2의 계시 출처란 바로 성경에 기록된 하나님의 말씀으로, 그 "기초"와 "목표"는 그리스도 혹

188-89; John Arrowsmith, *A Chaine of Principles* (Cambridge, 1659), 86-87; Edmund Calamy, *The Godly Mans Ark* (London, 1672), 90-93; c) Edward Leigh, *A Systeme or Body of Divinity* (London, 1662), 1-2, 10, 145; James Ussher, *A Body of Divinity, or the Sum and Substance of christian Religion* (London, 1670), 5-6; d) *Synopsis purioris theologiae, disputationibus quinquaginta duabus comprehensa ac conscripta per Johannem Plyandrum, Andream Revetum, Antonium Walaeum, Antonium Thysiumin* (Leiden, 1625), 1.8; Francis Turretin, *Institutio theologiae elencticae*, 3 vols. (Geneva, 1679-85; new ed., Edinburgh, 1847), 2.1.3-4.

45 a) Calvin, *Institutes*, 1.3.1-3; Vermigli, *Common Places*, 1.2.3; b) John White, *A Way to the Tree of Life: Discovered in Sundry Directions for the Profitable Reading of the Scriptures* (London, 1647)m 13m 25; Arrowsmith, *Chaine of Principles*, 128; William Bridge, *Scripture Light, the Most Sure Light* (London, 1656), 32-33; c) Leigh, *Body of Divinity*, 1-2, 145; Ussher, *Body of Divinity*, 3; d) *Synopsis purioris theologiae*, 1.8; Turretin, *Inst. theol. elencticae*, 2.1.3-4.

46 a) Calvin, *Institutes*, 1.5.11-15; Vermigli, *Common Places*, 1.2.8; b) burgess, *Spiritual Refining*, 692-94; c) Leigh, *Body of Divinity*, 146; Ussher, *Body of Divinity*, 6; d)Pierre Du Moulin, *A Treatise of the Knowledge of God* (London, 1634), 24-25, 36; Turretin, *Inst. theol. elencticae*, 1.4.3., 20.

47 a) Calvin, *Institutes*, 1.5.1-2; Musculus, *Loci communes*, i; Vermigli, *Common Places*, 1.4.15; b) White, *Way to the Tree of Life*, 25, 67-68; Arrowsmith, *Chaine of Principles*, 86-87, 128; Calamy, *Godly Mans Ark*, 90-93; c) Leigh, *Body of Divinity*, 101, 145-46; Ussher, *Body of Divinity*, 6-7; d) *Synopsis purioris theologiae*, 2.6-09; Turretin, *Inst. theol. elencticae*, 2.1-2.

은 그리스도 안에서 맺은 하나님의 언약이다.[48]

자연계시의 불충분성과 성경계시의 충분성을 나란히 놓을 때 하나님을 아는 자연 지식에 대한 이중적인 역설이 개혁주의 신학의 기본 전제 안에서 자연스럽게 생겨난다. 즉 "이성의 빛"과 "창조하시고 섭리하시는 역사"는 하나님의 선하심과 지혜와 권능을 나타내어, 사람으로 핑계치 못하게 하나, 인류를 구원에 이르게 하는 하나님의 계시를 충분히 드러내 주지 못한다는 역설이다. 이러한 개혁주의 신학의 기본 전제는 자연계시를 부인하지도 않고, 자연신학을 깎아내리지도 않는다. 다만 죄가 지성에 미친 영향력이 심히 커서 창조와 섭리 같은 자연 질서에 대한 기독교 교리조차 다른 무엇보다도 성경에 의존하게 된 것이다.

이것이 바로 칼빈이 신학을 하는 공식 원리 가운데 하나로서 분명하게 밝힌 "하나님을 아는 이중 지식"(duplex cognitio dei) 안에서 성립되는 명제 가운데 하나이다. 이는 또한 17세기 정통 개혁주의 신학자들이 견지한 명제이기도 하다.[49] (따라서 이 명제 자체가 종교개혁

---

48 a) Calvin, *Institutes*, 1,6,1-4; Bullinger, *Second Helvetic Confession*, 1.1-5; idem, *Decades*, 1.1.37-38; Musculus, *Loci communes, xxi*; Zacharias Ursinus, *Loci theologici*, in *Opera theologica*, 3 vols. (Heidelberg, 1612), 1, col. 426; b) Edward Reynolds, *An Explication of the Hundred and Tenth Psalm, wherein the Several Heads of the Christian Religion therein contained... are largely explained and applied* (1632), in *The Whole Works of the Right Rev. Edward Reynolds*, 6 vols. (London: B. Holdsworth, 1826), 2,5-6; Gillespie, *A Treatise of Miscellany Questions*, ch. 21, in Works, 2,105-6; c) Leigh, *Body of Divinity*, fol. C1 recto; 5, 7; d) Du Moulin, *A Treatise of the Knowledge of God*, 56-57; Witsius, *De oeconomia foederum Dei cum hominibus libri quattuor* (Utrecht, 1694), IV,vi,2; Turretin, *Inst. theol. elencticae*, 2,2,1. 성경의 "목표"에 대한 논의를 살펴보려면 다음 참고문헌을 보라. Muller, *PRRD*, 2.3.5.

49 Turretin, *Inst. theol. elencticae*, 2,1,5. 다음 참고문헌에서 다뤄진 논의를 함께 보라.

가들의 신학을 그들의 정통 계승자들의 신학과 분리해야 할 이유는 분명히 아니다.) 이 명제는 개혁주의 신학이 자연계시에서 초자연계시로 돌아서게 하는 기점 역할을 했다. 게다가 개인들에게 임한 불문(不文) 형태의 계시를 보존하기 어렵다는 관점에서 그리고 "자신의 뜻을 나타내기 위해" 하나님께 사용하셨던 "이전의 방식들"이 그쳤다는 관점에서 이 명제는 구약성경과 신약성경에 기록된 하나님의 말씀이 필요하다는 인식으로 개혁주의 신학을 이끌어 주었다.

그러므로 웨스트민스터 신앙고백은 옛적에 하나님의 백성에게 다양한 방법으로 임했던 하나님의 직접 계시와 그 계시의 성문화 사이를 구분 짓기에, 성경이 기록되기 전에는 하나님께서 "그 기쁘신 뜻대로 여러 부분과 여러 가지 모양으로 자신을 드러내시고 그의 뜻을 그의 교회에게 선포하셨다"[50]라고 고백한다. 이러한 구분은 기록되지 않은 말씀(*verbum agraphon*)과 기록된 말씀(*verbum engraphon*)을 구분하는 정통 개혁주의 전통과 일맥상통한다. 지속적인 "육신의 부패와 사탄과 세상의 악"만이 아니라 직접 계시의 중단 또한 하나님의 말씀을 신중하게 모아 엮을 필요성을 대두시켰다. "진리를 더 잘 보존하고 전파하며, 교회를 보다 확고히 세우기 위해서" 하나님은 "동일하게" 특별 계시를 "전체로 기록하게 하셨다." 이와 같은 고백은 『베른 10조항』(*Ten Theses of Bern, 1528*)이 작성된 시대로부터 스콜라 정통 개혁주의가 막을 내린 시대 가운데 개혁주의 신학 전통 안에서 작성된 문서 어디에서나 발견될 수 있는 부류의 고백이다.

이러한 고백은 불문 전통의 규범성과 아울러 기록된 말씀 위에

Muller, *PRRD*, 1.6.2-6.3.

50 웨스트민스터 신앙고백 1장 1조.

서 있는 기록되지 않은 말씀의 권위를 주장하는 로마가톨릭 교도의 주장에 대해 역사적으로 중요한 대척점을 형성했다. 가톨릭 전통의 입장에 대해 웨스트민스터 신앙고백을 통해 나타난 개신교 전통의 반응은 역사적인 관점에서 보았을 때 기록되지 않은 말씀이 기록된 말씀보다 시대적으로 앞서 계시된 점은 자명한 사실임을 인정한다. 하지만 기록된 말씀이 기록되지 않은 말씀을 대체한 데에는 그만한 합당한 이유가 있음을 또한 자명하게 선언한다. 에드워드 레이는 틀림없이 『베른 10조항』을 염두에 둔 듯이 다음과 같이 주장했다. "하나님의 말씀을…문자로 기록된 말씀으로" 간주할 때 "교회는 성경의 출현 전부터 존재했다." 하지만 "진상과 뜻 혹은 의미를" 고려할 때 "성경은 교회보다 더 오래전부터 존재했다. 왜냐하면, 교회는 성경으로 말미암아 형성되어 성경의 치리를 받기 때문이다."[51] 성경의 기록된 말씀이 표준이기에, 웨스트민스터 신앙고백서는, "자신의 백성에게 자신의 뜻을 드러내시는 하나님의 옛 방법이 지금은 그쳤다"라고 결론을 내릴 수 있었다.[52]

성경, 즉 다른 말로 정의하면 "기록된 하나님의 말씀"은 구약과 신약으로 이루어져 있다. 웨스트민스터 신앙고백은 신·구약 성경에 들어 있는 책의 목록을 일일이 열거하고 나서 별도의 부연설명 없이 다음과 같이 밝힌다. "이 모든 성경은 하나님의 감동으로 된 것으로 신앙과 생활의 법칙이다."[53]

---

51 Leigh, *Body of Divinity*, 1.2 (24).
52 웨스트민스터 신앙고백 1장 1조. 아울러 다음 참고문헌에서 다뤄진 논의를 함께 보라. Muller, *PRRD*, 2.3.3-4.
53 웨스트민스터 신앙고백 1장 1-2조. 참고로 웨스트민스터 대요리문답 [문 3]에 대한 [답 3]은 다음과 같다. "구약과 신약성경이 하나님의 말씀이며, 신앙과 행위의 유일한

종종 언급되듯이, 웨스트민스터 신앙고백은 영감설에 대한 특정 신학적 견해를 밝히지 않는다. 왜냐하면, 성령의 역사와 성경 저자의 역할 사이의 관계에 대해 당시 청교도 및 정통 개혁주의 신학자들의 저술에서 다양한 관점이 발견되기 때문이다.[54] 영감에 대한 정의가 빈약한 이유는 '고백서'라고 하는 장르의 특징에 기인한다. 고백서는 특성상 교리서만큼 상세하지 않고, 목적상 세부적인 조직신학적 논의에 관해 신앙을 고백하라고 요구하지 않는다. 그럼에도 웨스트민스터 소속의 여러 총회원이 내놓은 저술을 검토해 보면, 영감론에 대한 이들의 공식입장과 17세기 유럽대륙 신학자들이 내놓은 공식입장 사이에 연속성이 있다는 증거가 발견된다. 이 연속성에 대해 존 화이트는 다음과 같이 주장했다.

> 성령은 성문(聖文)을 기록하기 위해 붓을 든 사람에게 그들이 전해야 할 진리의 실체를 전하셨을 뿐만 아니라…거기에다 성경에 기록될 표현, 기록 방법, 기록 순서까지도 직접 알려주셨다.

그렇게 성경 본문에 들어갈 문자 하나하나 직접적으로 영감을 주시면서도 성령은 결코 "성경을 기록한 사람들에게 익숙했던 관습이나 교육과정 안에서 형성된 표현법이나 화법을 바꾸시지 않았다." 도리어 "그들에게 익숙한 방식을 더 높은 차원으로 이끄셔서 영감 받은 표현을 통해 해당 소재를 다루게 하셨다."[55] 이어서 화이트는

법칙이다."

54 다음 참고문헌을 보라. Muller, *PRRD*, 2.4.2.

55 White, *A Way to the Tree of Life*, 60-62; *Synopsis purioris theologiae*, 3.7; Picter,

아모스와 야고보에게서 발견되는 투박한 필체를 이사야와 바울에게서 발견되는 세련되고 유려한 필체 옆에 나란히 두고 극명하게 비교한다.[56]

이러한 부류의 영감설을 대표하는 관점으로는 말씀(*verba*)과 실체(*res*)를 병치함으로써 성경 원어 본문의 축자영감(逐字靈感)을 주장함과 아울러 문자에 의한 기표의 중요성을 동시에 강조한 관점이 있다. 즉 진리가 다름 아닌 성경 본문에 의해 전해진다는 영감설이다. 데이비드 딕슨은 1650년경에 (소요리문답을 염두에나 둔 듯이) 웨스트민스터 신앙고백에 대해 다음과 같이 언급했다.

> "성경," 즉 "하나님의 말씀"은 "문자 자체나 몇 마디 말"보다는 성경 본문이 담고 있는 내용인 "진리 혹은 하나님의 뜻"을 가리킨다.[57]

웨스트민스터 신앙고백에 따르면 이러한 정경의 특성은 외경이라고 하는 책들에는 적용되지 않는다. 왜냐하면, 외경은 "하나님의 감동으로 된 것이 아니므로 하나님의 교회에서 어떤 권위도 없기" 때문이다.[58] 웨스트민스터 신앙고백은 정경의 목록을 일일이 열거

Theol. chr., 1.7.2; Mastricht, *Theoretico-practica theologia*, 1.2.12; Witsius, *De Prophetis et prophetia*, in *Miscellanea sacra libri IV* (Utrecht, 1692), 1.3.3; 4.1. 아울러 다음 참고문헌에서 다뤄진 논의를 함께 보라. Muller, *PRRD*, 2.4.2.(B).

56 White, *A Way to the Tree of Life*, 62.
57 Dickson, *Truth's Victory Over Error*, 6. 참고로 웨스트민스터 소요리문답 [문 2]에 대한 [답 2]는 다음과 같다. "구약과 신약성경에 기록된 하나님의 말씀은 우리가 어떻게 그를 영화롭게 하고 즐거워할지를 가르쳐주는 유일한 법칙이다."
58 웨스트민스터 신앙고백 1장 3조.

하지만 가톨릭 교회의 트렌트 공의회(1545) 이후에 제정된 개혁주의 진영의 신앙고백들과 달리 외경의 목록은 열거하지 않는다.[59] 정경을 "기록된 하나님의 말씀"으로 규정한 것은 이전 개혁주의 신앙고백에서 발견되는 "하나님의 말씀"에 대한 넓은 의미를 계속해서 유지한 증거이다. 이 증거는 신앙고백 첫 장의 결론부에서 다음과 같이 표현된다.

> 신앙 문제의 모든 논란을 결정하고…최종 선고를 내리는 최고의 재판관은 오직 성경 안에서 말씀하시는 성령뿐이시다.[60]

정경과 그 본문은 순전한 하나님의 말씀이나, (정경보다 먼저 계신 로고스로서) 하나님의 말씀과 성령이 성경을 통해서 역사하심 또한 사실이다.

성경의 권위를 확정하는 과정에서 교회의 역할을 두고 벌어진 개신교 신학자와 로마가톨릭 신학자 사이의 논쟁을 끌어들이면서 웨스트민스터 신앙고백은 다음과 같은 선언으로 정통 개혁주의 신학의 체계를 거반 드러낸다.

> 반드시 믿어야 하고 반드시 순종해야 하는 성경의 권위는 어느 개인이나 교회의 증거에 달린 것이 아니라, 진리 그 자체이시며 성경의 저자이신 하나님께 전적으로 달려 있다. 성경은 그 하나

---

59 예를 들어, 아일랜드 신조 3조항을 보라.
60 웨스트민스터 신앙고백 1장 2-3조, 10조.

님의 말씀이므로 우리는 성경을 받아들여야 한다.[61]

즉 성경의 권위는 인간의 증언이 아니라 하나님의 저자되심에 근거하고 있다는 말이다.[62] 웨스트민스터 신앙고백은 또한 성경의 권위에 대한 이러한 식의 단정적인 진술에다 성경 본문이 하나님의 감동으로 지어졌다는 부수적인 증거들을 제공함으로써 균형을 유지한다. 하지만 본문 자체의 증거들을 제시할 때 "권위"라는 단어는 생략되어 있다. 웨스트민스터 신앙고백은 성경을 어떻게 읽고 해석해야 할지에 대한 논의를 펼치면서 이와 비슷한 방법으로 교회의 증거, 하나님의 말씀인 객관적인 증거, 추가적인 주해 분석에다 성경의 권위에 대해 믿도록 성령이 마음에 주시는 내적 확신과 내적 조명을 나란히 붙여 균형을 맞춘다.

그렇기에, 성경의 권위가 "어느 개인이나 교회의 증거에 달려 있는 것이 아니라" 해도, 분명한 점은 사람들은 교회의 증거를 듣고 "설득되고 이끌리어…성경을 높고 중하게 여기게" 된다는 사실이다.[63] 신앙고백이 말하는 논지는, "교회의 도움이 없었더라면 복음을 믿지 못했을 것이다"라는 어거스틴의 발언을 두고 개혁주의 전통 안에서 벌어진 논의를 떠올리게 한다. 성경의 권위를 세우기 전에 그리고 세우기 위해서 (종교개혁가들이 인용하기를 즐겼던 교부인) 어거스틴이야말로 교회의 권위를 먼저 인정했다고 로마가톨릭 측 신학자들은 주장했다. 이에 대해 개신교 측 신학자들은 어거스틴이

---

61 Ibid., 1.4; Turretin, *Inst. theol. elncticae*, 2.4.1.
62 웨스트민스터 신앙고백 1장 4조.
63 웨스트민스터 신앙고백 1장 5조.

확실히 교회의 도움으로 말미암아 성경을 연구하게 되었음을 인정하면서도 그가 그렇게 말한 의도는 문자적 뜻 그대로일 뿐이었다는 식으로 응수했다.[64] 즉 어거스틴을 성경으로 이끈 것은 교회였지만, 그에게 권위를 행사한 것은 성경 자체였다는 말이다. 성경의 권위는 종교개혁이 갖는 보편성(catholicity)을 위해서, 그리고 조금 더 확대해서 적용하면 웨스트민스터 신앙고백이 갖는 보편성을 위해서 중요한 대목이다. 성경의 권위는 성경이 그 저자이신 하나님의 말씀이라는 신앙고백에 기인한다고 주장함으로써 웨스트민스터 총회원들은 사실상 웨스트민스터 신앙고백이 모든 시대의 교회와 관련되어 있음을 주장한 것이다. 동시에 그들은 교회의 위치와 성경 본문 자체의 증거를 살폈다.

성경의 성문성에 대한 신앙고백은 성경의 권위에 대한 신앙고백과 마찬가지로 그 끝에 오직 하나님 한 분만을 홀로 가리킨다. 하지만 이 신앙고백을 밑받침하는 외적 증언 혹은 증거 역시 객관적으로 제시되어야 했다. 재차 확인하자면 지금 우리는 칼빈과 함께 서 있고, 아울러 17세기 영국 및 대륙의 개혁주의 신학자들과 함께 서 있다. 스콜라 정통 개혁주의 신학자들을 분명히 포함한 개혁주의 사상가 중에 그 누구도 하나님이 친히 성경을 지으셨음을 나타내는 실증적 증거 자체에 성경 본문의 권위를 맡겨두지 않았다. 그러면서도 동시에 성경 본문의 성문성을 입증하는 객관적인 자료를 밝히는 작

---

64 Musculus, *Loci communes*, 21 (Commonplaces, 365-67); Calvin, *Institutes*, 1.7.3; Leigh, *Treatise*, 1.2(28). 다음 참고문헌에서 다뤄진 논의를 함께 보라. Muller, *PRRD*, 2.5.5(A-B).

업 또한 중요하게 인식했다.[65]

세상을 지은 분이 하나님이신 것과 마찬가지로 성경을 지은 분도 하나님이시라면 그분의 작품 속에 그분의 저자 되신 혹은 장인 되신 흔적이 객관적으로 드러나야 한다는 말이다. 그렇다면, (특히 모든 것을 알고 있는) 단일 저자가 스스로 앞뒤가 맞지 않는 말을 할리는 없기에 하나님이 성경 전체의 저자이시라는 신앙고백은 필연적으로 "모든 부분의 일치"를 그 증거로 요구하게 된다. 성경 전체가 하나님 본인이 직접 쓰신 자신에 대한 계시이므로 성경 "전체가 지향하는 목표" 혹은 초점은 따라서 "하나님께 모든 영광"을 돌리는 것이다. 같은 논리에서, 성경이 다루는 실체 혹은 "사안"은 "신성함"을 드러내고, 이 신성한 말씀이 전해주는 교리는 구원을 위한 "효력"을 지닌다.[66] 유사한 근거에서, 성경의 성문성을 입증해주는 "그 필체의 장엄성"과 그 외 여러 증거는 독자로 하여금 성경을 하나님의 말씀으로 받아들이도록 인도한다. 하지만 어디까지나 성경이 하나님의 말씀인 것을 "온전히 믿는 사건은" 오직 성령의 내재하시는 역사로 말미암아 이루어진다.[67]

---

65 Calvin, *Institutes*, 1.8.1-13; Johannes Maccovius, *Loci Communes theologici* (Amsterdam, 1658), 2(25-26); Turretin, *Inst. theol. elencticae*, 2.6.6.-7, 13; Johann Heinrich Heidegger, *Corpus theologiae* (Zurich, 1700), 2.12-15. 다음 참고문헌에서 다뤄진 논의를 함께 보라. Muller, *PRRD*, 2.4.3(C).

66 웨스트민스터 신앙고백 1장 5조.

67 웨스트민스터 신앙고백 1장 5조. 참고로 웨스트민스터 대요리문답 [문 4]에 대한 [답 4]는 다음과 같다. "다음과 같은 증거에 의해서 성경 자체가 하나님의 말씀임을 스스로 나타낸다. 성경 자체의 존엄성과 순수성이 하나님의 말씀임을 나타낸다. 전체 안에서 이루어지는 모든 부분의 일치와 그 전체가 지향하는 목표가 하나님께 모든 영광을 돌리는 것이라는 점이 하나님의 말씀임을 나타낸다. 죄인들을 확신시키고 회개시키며, 위로하고 온전케 하여 구원에 이르게 하는 그 빛과 능력이 하나님의 말씀임을

창조질서에 속에 깃들어 있는 하나님의 계시와 마찬가지로 성경이 하나님의 계시임을 입증하는 이들 성경의 내적 증거들은 믿음 혹은 구원을 위한 충분한 근거가 결코 될 수 없다. 타락한 인간이 하나님이 행하신 역사를 가리켜 주는 객관적인 증거를 이해할 수 있는 것조차 성령께서 그 마음을 직접 일깨워 주셔야 가능하다. 그런 이유에서 웨스트민스터 신앙고백은 성경의 귀중한 가치를 증거하는 교회의 역할에 대해 언급하고, 아울러 성경 자체의 필체와 내용 그리고 목표와 통일성이 성경이 지닌 부인할 수 없는 완전성과 함께 하나님의 저자되심을 증거한다고 밝힌 뒤에 다음과 같이 선언한다.

> 그럼에도 우리가 성경이 무오한 진리요 하나님의 권위임을 온전히 믿고 확신하게 되는 것은 우리 마음 속에서 말씀을 가지고 말씀을 통해 증거하시는 성령의 내재하시는 역사로 말미암아 이루어진다.[68]

성경의 권위에 대해 고백하는 아일랜드 신조의 접근법은 웨스트민스터 신앙고백과 정반대인 점에서 흥미롭다. 아일랜드 신조는 "성경이 하나님의 감동으로 지어진 것을 믿으며, 그렇기에 성경은 가장

나타낸다. 그러나 사람의 마음 속에서 성경과 더불어 증거하시는 하나님의 영만이 성경이 하나님의 말씀임을 온전히 받아들일 수 있게 하신다."

[68] 웨스트민스터 신앙고백 1장 5조. 참고로 웨스트민스터 대요리문답 [문 155]에 대한 [답 155]은 다음과 같다. "하나님의 영은 말씀을 읽는 방편, 특별히 말씀을 전하는 효과적인 방편을 통해 죄인들을 조명하시고 확신시키며 겸손하게 낮추셔서 그들을 자기 자신으로부터 끌어내어 그리스도께로 가까이 이끄신다."

신뢰할 만하며 가장 큰 권위가 있다"라고 선언한다.[69] 웨스트민스터 신앙고백에 따르면 성경의 권위는 영감에서 비롯되는 것이 아니라, 저자되신 하나님의 말씀이라는 성경의 본질에서 비롯된다. 그러한 점에서 웨스트민스터 표준문서는 정통 개혁주의가 하나님의 말씀을 강조하던 종교개혁에서 떠나 영감론에 근거해서 성경의 권위를 강조하는 방향으로 나아갔다는 헤페의 논제를 반박한다. 헤페의 논제에 의하면 17세기 정통 개혁주의 신학에서는 하나님의 말씀과 권위와 영감이 쉽게 구분되었다는 말이나 다름없다.[70]

웨스트민스터 신앙고백은 또한 성경의 성문성을 입증해주는 증거로서 외적 혹은 실증적 증거보다 내적 증거인 성령을 강조했던 종교개혁가들의 관점을 그대로 유지한다. 사실 성령에 근거해서 성경의 권위를 세우는 논증 방식은 칼빈이나 불링거같은 종교개혁가들에게만 해당되는 표준이 아니라, 17세기에 활동한 정통 개혁주의 혹은 스콜라 개혁주의 신학자들에게도 해당되는 표준이기도 했다. 즉 이들에게 있어 성경의 권위란 영감으로부터 필연적으로 도출되는 결론이 아니었다. '권위'란 무엇보다도 '저자'가 누구인가에 달린 문제이며, 그러한 관점에서 영감론은 저자이신 하나님이 성경을 저작하신 방법에 관한 담론이다. 소위 개혁주의 전통 안에서 말하는 '성경이 하나님의 말씀임을 입증하는 증거'라 함은 성도 된 자들이 믿을 수 있도록 성령께서 역사하신 필연적인 결과이지 믿기 위한 실증

---

69 아일랜드 신조 2조항.

70 Heinrich Heppe, *Reformed Dogmatics Set Out and Illustrated from the Sources*, rev. and ed. Ernst Bizer, trans. G. T. Thomson (1950; repr. Grand Rapids: Baker, 1978), 16-17.

적 증거는 아니다.[71]

정경의 성문성과 권위에 대한 기본 교리를 밝힌 후에 웨스트민스터 신앙고백은 성경의 내용과 그 해석으로 초점을 옮긴다. 성경계시가 온 세상의 구원을 위해 충분하고 완전하다는 교리가 개혁주의 전통 안에서 제정된 이전의 어떤 신앙고백보다도 웨스트민스터 신앙고백에서 다음과 같이 정확하고 명확하게 진술된다.

> 하나님의 영광과 인간의 구원과 신앙과 생활에 필요한 모든 것에 관한 하나님의 뜻은 전부 성경에 분명하게 진술되어 있거나, 조리 있고 합당한 이치에 따라 성경에서 추론할 수 있다. 아무것도 아무 때나 성경에 추가할 수 없으니, 이러한 법칙은 성령의 새로운 계시나 인간의 전통을 불문하고 변함없이 적용된다.[72]

즉 성경계시는 인류를 구원하기에 충분하다는 것이다. 한편, 웨스트민스터 신앙고백은 인류 구원을 성경계시의 목표 중 일부로 본다.

영감설과 관련해서 웨스트민스터 신앙고백이 전하려는 진의는 축자적으로 영감을 받아 작성된 성경 본문은 무오한 진리를 담고 있다는 것이다. 그렇지만 성경 본문의 무오한 진리는 하나님 자신이 알고 계신 무한한 진리와 혼동될 수 없다는 것이다. 이러한 점에서

---

71 Muller, *PRRD*, 2:4, 3(B-C).
72 웨스트민스터 신앙고백 1장 6조. 웨스트민스터 대요리문답 [문 5]에 대한 [답 5]는 다음과 같이 더욱 단순명료하게 진술한다. "기본적으로 성경은 인간이 하나님에 대하여 믿어야 할 바가 무엇인지와 하나님이 사람에게 요구하시는 의무가 무엇인지에 대해 가르쳐 준다."

도 웨스트민스터 신앙고백의 성경론은 스콜라 개혁주의의 신학체계를 반영하되, 그 중에서도 특별히 성경과 관련된 신학체계를 세워나가는 가장 기본적인 전제를 반영한다. 하나님 안에 있는 진리는 분명 무한하지만 성경 안에 있는 진리는 무오할지라도 그 특성과 필요상 유한성을 취하고 있다는 전제가 그것이다. 요약하면, 성경 속 진리는 '모형'(模型, ectype)이라는 말이다. 성경은 무한하지 않으나 그럼에도 그 목적을 성취하기에 충분하고 완전하다. 그러한 면에서 웨스트민스터 신앙고백의 성경론은 다시 한 번 정통 개혁주의 신학과 전적으로 소통하고 있는 모습을 보여준다. 성경은 모든 것에 관한 구체적인 지식을 담고 있지 않지만, 하나님의 영광과 "인간의 구원"을 위해 "필요한 모든 것"을 담고 있다. 성경은 실로 "인간을 구원하는 유일한 길에 대한 완전한 발견"을 보여준다.[73]

에드워드 레이는 웨스트민스터 신앙고백에 사용된 어휘를 그대로 사용해서 다음과 같이 선언할 수 있었다.

> 성경은 우리의 영원한 구원에 필요한 믿음과 선행에 관련된 모든 교리를 충분히 담아 전해준다.[74]

이 말에는 "하나님을 예배하는 일과 교회의 정치에 관한 일"과 같이 성경에 직접적으로 명시되어 있지 않은 다양한 "경우"도 포함된다는 뜻이 담겨 있다. 바로 "일반 이성과 성도의 지혜로 처리되어야 할 경우"이다. 이러한 경우들에 대해서, 심지어 신앙과 관련 있는

---

73 웨스트민스터 신앙고백 1장 6조.

74 Leigh, *Treatise*, 1.8(141); Mastricht, *Theoretico-practica theologia*, 1.2.19.

경우라 할지라도 성경이 모든 세세한 지침을 줄 것이라 기대할 수는 없으나, 다만 "어느 때든지 말씀이 제시하는 일반적인 법칙을 따라야 한다"라고 웨스트민스터 신앙고백은 선언한다.[75] 웨스트민스터 신앙고백에서 드러난 성경론은 견고한 이성주의가 그 둘레를 보호하고 있으며, 그 안으로는 철두철미한 성경 엄수주의에 근거해서 교회 생활에서 일어나는 이러저러한 '아디아포라'(adiaphora)에 대해서 성경의 법칙을 세세하게 적용한다.

웨스트민스터 신앙고백은 성경을 해석하는 데 이성을 사용하고 자연과 역사를 살펴볼 여지를 많이 남겨둔다는 면에서 종교개혁가들의 신학 및 정통 개혁주의 신학을 상당히 닮아있다. 또한 웨스트민스터 신앙고백의 성경론은 성경이 당시 고대 세계의 전반에 대해서나, 아니면 성경 자체에 서술된 사건에 대해서조차 상세한 정보를 전달하지 않음을 그리고 전달할 필요가 없음을 당연시한다. 그러한 면에서도 17세기 개혁주의 신학적 관점과 일치하는 부분이 크다.

아울러 성경의 유한성이 개신교 성경론에서 오랫동안 견지해온 축자영감설과 대립하지도 넘어뜨리지도 않는다는 점을 인식하는 것이 중요하다. 도리어 축자영감설 안에 속해 감싸여 있다. 즉 성령께서 성경 본문을 써 내려가시는 과정에서 어휘와 사고방식과 다양한 성경 저자들의 배경을 사용하셨다는 것이다. 틀림없이 성경 저자들은 스스로 오류에 빠지는 일이 없도록 성령의 보호하심을 받았을 것이나, 그렇다 해서 기술하는 본문과 아무 관련 없는 정보들로 그들의 생각이 채워져 있지는 않았을 것이다.[76]

---

75 웨스트민스터 신앙고백 1장 6조.
76 Muller, *PRRD*, 2:4.3(B.2-3).

웨스트민스터 신앙고백은 또한 성경의 충분성과 완전성에 대한 교리에다 성경이 전하려는 뜻이 모든 본문에서 명확하고 이해하기 쉬운 것은 아니라는 전통적인 단서조건을 건다.[77] 그럼에도 웨스트민스터 신앙고백은 계속해서 "구원에 이르기 위하여 반드시 알아야 하고 믿어야 하고 지켜야 하는 것들은" 이쪽 본문 안에 명확하게 기록되어 있지 않으면 저쪽 본문에는 명확하게 기록되어 있다고 진술한다. 그런 다음에, 그렇기에 "학식 있는 자만이 아니라 평범한 자라도 적당한 방법을 적절히 사용하면 본문의 뜻을 충분히 이해하게 될 것이다"[78]라고 진술한다.

성경의 명확성 및 충분성과 완전성 사이의 상관성과 아울러 일반 성도가 성경 번역본을 소유하고 읽을 수 있는 권리는 개신교 정통주의에서 견지한 성경론의 핵심이다. 성경의 명확성과 충분성에 대한 웨스트민스터 신앙고백의 선언은 사실 성경은 모든 성도의 것이라는 선언과 다름없고, 이는 성경해석을 성직자에게만 허용하던 로마 가톨릭 교도와 선을 긋는 차별화 선언이다. "적당한 방법을 적절히 사용"한다는 표현 자체가 구원으로 인도하는 가르침은 모든 사람에게 열려 있다는 점을 가리킨다.

사실 특별히 난해한 본문에서 발견되는 히브리어와 헬라어의 미

---

77 웨스트민스터 신앙고백 1장 6조.
78 웨스트민스터 신앙고백 1장 7조. 웨스트민스터 대요리문답 [문 156]에 대한 [답 156]은 다음과 같다. "비록 아무나 회중 앞에서 공적으로 성경을 봉독하는 것이 허용되지는 않으나, 개인적으로 그리고 가족들과 함께 성경을 읽어야 할 의무가 모든 사람에게 있다. 이를 위해 원어 성경은 각 나라 백성의 방언으로 번역되어야 한다." 『가정 예배서』 419조항은 다음과 같은 지침을 내리고 있다. "가정마다 글을 읽을 수 있는 사람이 있거든 평상시 가족들에게 성경을 읽어줘야 한다." Leigh, *Treatise*, 1.8(140-41).

묘한 구문법은 오로지 소수 전문가만이 이해할 수 있을 것이다. 하지만 그렇기에 주석성경의 사용을 정당화하고 더 나아가 권장할 이유가 된다는 점에서 전문적인 성경 주해 및 번역의 필요성은 웨스트민스터 신앙고백의 배경이 되는 신학사상을 잉글랜드 의회에서 장려한 신학분야의 주요 과업과 이어주는 중요한 연결고리가 된다.

다른 말로 하면, 웨스트민스터 신앙고백 1장 6항은 성경 주해와 교리 사이, 성경해석과 요리문답 사이, 설교와 조직신학 사이에 이루어진 교회적 차원의 담론을 다루고 있다. 17세기 개혁주의 신학에서는 이들 담론이 건강한 신앙 공동체를 세우기 위해서 반드시 필요한 과정으로 인식되었으나, 오늘날에는 마땅한 유례를 찾아보기 어려운 실정이 되어버렸다. 웨스트민스터 신앙고백에 담긴 신학과 당시 범(汎) 개혁주의 교리체계에 담긴 신학 사이에 발견되는 유사성을 인식하는 작업이 매우 간단한 과정인 것과 마찬가지로 신앙고백으로부터 초점을 당시 설교문으로 옮겨서 둘 사이의 유사성을 찾는 작업 역시 매우 손쉬운 과정이다. 설교문으로부터 여러 주석서로, 그런 다음에 다시 조직신학서로 초점을 옮기면서 상호 유사성을 찾는 작업 역시 다를 바 없다. 난이도는 분명히 다르겠지만 당시에 나온 신학적 표현들이 모여 형성하는 스펙트럼 안에서 일반 성도의 경건생활과 전문 신학자의 신학 사이를 가로막는 괴리 혹은 성경 주해와 신학적 명제 사이를 가로막는 괴리는 발견되지 않는다.[79]

이어지는 조항에서 웨스트민스터 신앙고백은 종교개혁가들과 정통 개혁주의의 발자취를 따라서 성직자와 교회 전통을 성경해석

---

79 Muller, *PRRD*, 2:7.5(B).

의 표준에서 제외한 채 성경 자체가 성경을 해석하는 표준이라고 선언한다. 이러한 관점은 성경이 기독교 교리의 궁극적인 표준이라는 선언 안에 내재되어 있다. 한편, 웨스트민스터 신앙고백 이전에 개혁주의 전통 안에서 제정된 어떤 위대한 신앙고백에서도 이러한 관점을 이보다 더 확실하게 명시한 경우는 없었다. 웨스트민스터 신앙고백에서 제시하는 '성경의 유비'(Analogia Scripturae)라는 해석학적 원리는 이전까지는 조직신학적 차원에서만 발전된 개념이었지만 이후로부터 신앙고백적 차원도 지니게 되었다.

> 신앙과 삶에 대한 무오한 법칙인 성경은 또한 그 자체로 성경을 해석하는 무오한 표준이다.[80]

이 말은 성경에서 그 뜻을 이해하기 어려운 본문은 더 분명한 뜻을 전달하는 다른 본문과의 대조해석을 통해서 풀이되어야 한다는 뜻이다. 그리고 기독교 교리의 요체는 본문에 대한 해석 작업을 통해 결론을 끌어내는 방식으로 세워져야 한다는 뜻이다. 그렇다고 해서 적당한 대조 본문을 찾아 대놓으면 성경의 모든 본문이 쉽게 풀이된다고 말하려는 것이 웨스트민스터 신앙고백이 말하려는 진의는 아니다. 다만 기독교의 기본 진리는 성경 본문으로부터 직접 끌어낼 수 있거나 아니면 유추를 통해서 손쉽게 얻을 수 있고, 또한 성경이 통일체로서 가리키는 거시적 목표와 목적이야말로 의미가 불분명한 특정 본문을 이해할 수 있도록 독자를 이끌어주는 가장 탁월하고 가

---

80 웨스트민스터 신앙고백 1장 9조.

장 믿을 수 있는 선생이라고 말하려는 것이 그 진의이다.

비록 많은 성경 본문의 뜻이 난해한 상태로 남아 있다 해도, 성도 된 자는 이 난해함이 그들의 구원을 위태롭게 만들지 않을까 하여 염려할 필요가 없다. 웨스트민스터 신앙고백이 제시하는 성경해석의 방식은 성경이 "모든 것에 관한 하나님의 뜻"이라는 단 하나의 본질적인 의미를 말씀하고 있다는 사실에 근거해서 한결 더 지지받는다. 웨스트민스터 신앙고백은 성경의 "온전한 뜻은…여럿이 아니라 하나이다"라고 선언한다.[81] 그렇다고 해서 성경 본문에 대한 합리적인 해석 자체가 구원을 야기하지 않는다. 게다가 살면서 겪는 여러 상황에 대해서 성경이 직접적인 지침을 내리고 있지 않은 경우도 있다. 웨스트민스터 신앙고백은 말씀에 계시된 바들을 역사적 혹은 이성적 차원과 구별된 "구원에 이르기 위한" 차원에서 "이해하려면" 성령의 내적 조명에 의지하라고 권고한다.[82]

성경 본문으로부터 타당한 결론을 끌어내는 웨스트민스터 표준 방식에 대해 길레스피가 다룬 논의를 살펴보더라도 표준 권위로서 인정받지 못한 이성을 향해 도움을 요청하는 태도라든지, 아니면 논리적 추론 과정을 거치면 성경 밖에서도 표준 진리가 세워질 수 있다는 식으로 주장하는 개념은 발견되지 않는다. 길레스피는 결론을 도출하기 위한 도구로 사용된 이성이 "믿음이나 의식의 근거 자체가 될 수 있다는" 입장을 구체적으로 반박한다. 믿음의 근거는 이성

---

[81] 웨스트민스터 신앙고백 1장 9조; 1장 6조. 그렇기에 웨스트민스터 대요리문답 [문 4]에 대한 [답 4]는 다음과 같다. "[성경] 전체가 지향하는 목표가 하나님께 모든 영광을 돌리는 것이라는 점이 [성경이] 하나님의 말씀임을 나타낸다."

[82] 웨스트민스터 신앙고백 1장 6조.

적 사고 과정이 아니라 결론 자체가 스스로 증거하는 진리라는 것이다. 그렇기에 결론은 이성적 사고자의 생각이 만들어내는 산물이 아니라, 사고 자체의 언어 안에 내재되어 있는 진리가 다만 이성에 의해 인식된 결과인 것이다. 길레스피는 더 나아가 "자연계와 물리계 법칙으로부터 출발한 이성적 사고과정을 통해 논증하는 방법으로는 하나님과 관련된 사안에 대해" 합당한 결론을 내릴 수 없다고 주장한다. 그것은 "그리스도에게 복종하도록 사로잡혀 무릎 꿇은 이성만이" 할 수 있는 일이라는 것이다.[83] 이러한 길레스피의 논지는 성경을 해석하고 성경의 권위를 인정하기 위해서는 성령의 조명이 필수라고 선언하는 웨스트민스터 신앙고백 및 관련 신학자들의 관점과 유사하다.

이 시점에서 웨스트민스터 신앙고백의 성경해석학이 소위 '전비평적 해석학'(precritical hermeneutic)에 입각하고 있음을 밝히는 것이 중요하겠다. 즉 웨스트민스터 신앙고백이 취한 성경해석학은 성경 본문과 그 뜻을 대하는 방식 면에서 종교개혁가들과 그리고 어느 정도는 초대 교회 및 중세시대의 주해가와 공통된 그러나 근대 역사-비평적 주해와는 차별화된 관점을 취한다.

웨스트민스터 신앙고백에 나타난 영감론은 하나님을 성경의 본 저자로 인정하면서 성경 본문을 작성한 여러 인간 저자를 하나님의

---

83 Gillespie, *Miscellany Questions*, 101; Dickson, *Truth's Victory Over Error*, 12-13; Gataker, *Shadowes without Substance*, 82; Zanchi, *Praefatiuncula in locos communes*, in *Operum theologicorum*, 8 vols. (Geneva, 1617), vol. 8, cols. 417-18; William Whitaker, *A Disputation on Holy Scripture, against the Papists, especially Bellarmine and Stapleton*, trans. and ed. William Fitzgerald (Cambridge: Cambridge University Press, 1849), 9.5(470-71); Leonhard Riissen, *Summa theologiae didactico-elencticae* (1965; frankfurt and Leipzig, 1731), 2.12, 17.

대필자로 본다. 그러한 점에서 웨스트민스터 신앙고백의 영감론은 당대 영국 및 유럽대륙의 개혁주의 사상가들의 가르침과 유사한 목소리를 내면서 종교개혁가들의 관점과 들어맞는다. 이중 저자권을 견지함으로써 웨스트민스터 신앙고백의 제정위원들과 그 지지자들은 성경 저자들이 보여주는 다양한 스타일과 관점 그리고 심지어 제한적인 시야에 대해서 설명할 수 있게 된다. 그러는 동시에 성경의 본 저자이신 하나님이 의도하신 본문의 궁극적인 뜻은 성경 각 권 또는 본문 단락이 삼고 있는 원래 역사적 정황만으로는 완전히 설명될 수 없다는 견해를 밝힌다.[84] 본문의 뜻은 물론 본문에 기록된 문자 그대로의 뜻 안에 담겨 있다. 하지만 문자 그대로의 뜻 자체는 성경의 본 저자로부터 주어진 것이기에 그 궁극적인 뜻은 정경 전체와의 관계를 바탕으로 해당 본문이 삼고 있는 목적 및 증거대상에 의해서 결정된다.

웨스트민스터 신앙고백이 성경 번역의 필요성과 아울러 평범한 이들 또한 성경을 읽도록 적절한 방법을 사용할 것을 주장했다면, 다른 한편으로는 히브리어와 헬라어 원어로 기록된 성경 원전이 갖는 권위를 세워줌으로써 이들 고대 원어를 통해 교회에 전해진 성경 본문 안에 궁극적으로 권위를 둔다. 히브리어로 기록된 구약과 헬라어로 기록된 신약이야말로 "하나님의 직접적인 감동으로 기록된 것이며, 또한 그의 특별하신 보호와 섭리로 말미암아 만세에 순결하게

---

84 David C. Steinmetz, "The Superiority of Precritical Exegesis," in *A Guide to contemporary Hermeneutics: Major Trends in Biblical Interpretation*, ed. Donald K. McKim (Grand Rapids: Eerdamans, 1986), 65-77; "Theology and Exegesis: Ten Theses," in *ibid.*, 27. 17세기 성경 주해에 대한 이론 및 실제에 대해 알아보려면 다음 참고문헌을 보라. Muller, *PRRD*, 2:7.3-4.

간직되어" 있기 때문에 "진정한" 성경으로 본다.⁸⁵ 그렇기에 신앙생활에서 발생하는 모든 문제에 대해서 교회는 결국 번역 성경이 아닌 원어 성경에 "최종 호소"해야 한다.

이 주제에서도 다시 한 번 이전의 다른 신앙고백에 비해 웨스트민스터 신앙고백이 갖는 세부성을 확인하게 된다. 그렇다고 해서 웨스트민스터 신앙고백이 교리서 성격을 띤다고 볼 수는 없다. 당시 이루어진 조직신학적 논의에서나 발견할 수 있었던 '말씀'(verba)과 '실체'(res) 사이의 세심한 구분을 웨스트민스터 신앙고백에서는 찾아볼 수 없다. 다만 웨스트민스터 신앙고백에서도 본문의 문자 뒤에 놓인 뜻 혹은 실체에 대해서 지속적으로 언급하기는 한다. 물론 '원본'의 사본들의 언어인 헬라어와 히브리어에 권위를 부여하는 17세기의 논증에서도 '원본'에 대한 논의는 없으며, 또한 교리적 논증을 위해 더는 존재하지 않는 이들 원본을 거론하는 경우도 없다. 다만 웨스트민스터 신앙고백은 지금까지 교회에 알려진 원래의 언어로 기록된 사본이 지닌 우위성을 강조함으로 조직신학에서 다루는 더 상세한 관련 논증들과 보조를 맞춘다.⁸⁶

웨스트민스터 신앙고백은 "성경 안에서 말씀하시는 성령"은 "신앙과 관련된 모든 문제"에 대해 최종 판단을 내리시는 "최고 재판관"이시라고 성경론과 관련해서 최종적으로 선언한다.⁸⁷ 이 최종 선언 안에 "종교회의의 모든 결정과 선대 신학자들의 의견과 인간의 가르침과 개인적인 주관"은 모두 성경의 법칙 아래 종속된다. 그리

---

85 웨스트민스터 신앙고백 1장 8조.

86 Muller, *PRRD*, 2:6.2(A).

87 웨스트민스터 신앙고백 1장 10조.

고 이 선언과 함께 웨스트민스터 신앙고백은 처음 출발점인 성경의 권위에 대한 논의로 돌아옴으로써 성경 본문의 성문성을 입증하는 외적, 객관적 증거와 성령으로 말미암은 내적 증거를 구분하던 이전 조항에서의 논의를 아울러 떠올리게 한다. 객관적 증거 속에 입증된 '성경'(sacra pagina) 자체가 신앙과 생활을 위한 최종 법칙이나, 이는 오직 성령의 말씀하심을 신실하게 듣는 자들에게 해당되는 법칙이기도 하다.

성경의 성문성은 또한 성경의 영감설과 관련 있다. 성령은 본문의 문자를 통해 말씀하시는데, 왜냐하면 본문의 문자는 비록 인간 저자들의 어휘와 사고방식을 거쳐 선택되었을지라도 동시에 하나님이 자신의 말씀으로 친히 선택하신 문자이기 때문이다. 유사한 논리를 성경해석에 적용한다면 웨스트민스터 성경론의 최종 선언은 또한 앞서 밝힌 성경해석의 유구한 방식, 즉 난해한 본문은 보다 평이한 본문과의 대조를 통해서 그 뜻을 밝힌다는 방식과 직접적으로 관련 있다. 이러한 해석 방식을 취해야 하는 이유는 "성경 어느 부분의 참되고 온전한 뜻"은 정경 전체에 걸쳐 기록된 다른 본문을 통해서 알 수 있고 또한 알아야 하기 때문이며, 또한 성경의 본문은 여러 뜻이 아니라 한 뜻을 말하기 때문이다.

요약하자면, 웨스트민스터 성경론은 본문의 뜻이 교회를 향해 계속해서 선포되는 정경 전체 안에 담겨 있다고 최종적으로 선언한다. 즉 성경 본문은 고고학적 검증을 요구하는 죽은 본문이 아니라, 본문 안에서 그리고 본문을 통해서 성경의 본 저자이신 하나님께서 성령으로 말씀하시는 살아있는 본문이라는 것이다. 재차 밝히지만, 웨스트민스터 신앙고백은 당시의 신학과 성경해석학을 모두 반영한다.

4. 결론

　결론적으로 정리하자면, 웨스트민스터 신앙고백에 나타난 성경론은 개혁주의 성경론의 전통과 더불어 성경 본문은 신앙과 삶에 필요한 기초 진리 혹은 표준 진리를 제공한다는 이해를 반영한다. 웨스트민스터 신앙고백에 반영된 개혁주의 성경론의 전통은 교회 전통이라는 이차적 표준 권위 위에 성경을 일차적 표준 권위로 두는 종교개혁가들의 초기 신학사상에 뿌리를 내린 상태에서 성경 본문에 대한 철학적 이해와 아울러 기록된 문자적 의미대로 해석할 것을 강조하는 방향으로 성장했다. 기독교 교리체계를 세워나가는 데 필요한 올바른 신학적 결론은 성경이 제공하는 표준 진리로부터 도출되어야 한다는 관점이 이러한 성경론에 근거해서 후기 중세 신학과 종교개혁 신학을 거치면서 웨스트민스터 신앙고백 안에도 형성된 것이다.

　웨스트민스터 성경론이 견지하고 있는 기본적인 입장은 웨스트민스터 신앙고백이 종교개혁가들이 견지했던 성경론과 연속성을 유지한다는 증거이다. 이는 또한 17세기 영국과 유럽대륙을 막론하고 당시 정통 개혁주의 사상 안에서 성경론과 성경의 권위 및 해석을 두고 이루어진 훨씬 세부적인 논의와도 연속성을 유지한다는 증거이다. 그러한 점에서 로저스같이 웨스트민스터 신앙고백을 그 토양이 되는 스콜라주의 및 정통 개혁주의로부터 뽑아내려는 일부 저술가들의 노력은, T. F. 토렌스가 웨스트민스터 표준문서와 정통 개혁주의 신학사상 모두를 웃음거리로 만들기 위해 웨스트민스터 신앙고백과 종교개혁 사이의 연결고리를 끊으려 했던 시도와 마찬가지로 하나같이 소기의 목적을 달성하기에 부족해도 한참 부족하다.

덧붙여서, 웨스트민스터 신앙고백을 통해 드러난 17세기 신학의 면모를 보면서 신학 저술마다 속한 장르에 따라 구별되게 나타나는 고유한 시대적 특징을 파악할 수 있다. 웨스트민스터 신앙고백은 당시 성경 주해와 교의학 간에 이루어진 대화를 통해 지속적으로 맺어진 선순환적 관계를 보여준다. 하지만 웨스트민스터 신앙고백이 당시 성경 주해서에서 다루었던 세부적인 내용을 답습한 모방물이 아닌 것과 마찬가지로 교의학에서 다룬 세부적인 내용 역시 그대로 답습하지 않는다. 당시 대학 교육을 통해 스콜라식 방법론에 숙달한 성직자와 주해가 그리고 신학자들이 웨스트민스터 신앙고백을 제정하였으나, 이들은 자신이 사용하는 방법론의 한계를 인식하면서 신앙고백을 제정하는 과정에서 무분별하게 사용하지 않았다.

스콜라주의적 혹은 논리적 배경이 웨스트민스터 신앙고백을 형성한 지적 토양인지는 그 정의와 개념이 분명하게 정립될 때에만 입증될 것이다. 또한 그렇게 정립된 바가 비교연구를 통해 당시 교리나 조직신학을 다룬 논문에서 전달하는 내용과 일치할 때에만 입증될 것이다. 아울러 비교를 통한 입증은 웨스트민스터 신앙고백이 제정되었던 당시에 작성된 성경 주석서와의 비교를 통해 비로소 확증될 것이다. 달리 말하자면, 웨스트민스터 신앙고백은 당시 영국 교회에 전무후무한 영향력을 미쳤으며, 당시 정통 개혁주의 전통 안에서 세워진 고유의 신학적 정의와 개념을 오늘날까지 전해주고 있다. 웨스트민스터 신앙고백은 또한 교회적 차원에서 이루어진 신학적 연구과 주해적 연구를 신앙고백 형식으로 종합한 모범사례로 남아 있다. 다음 장에서는 마지막에 언급한 주제를 다루려 한다.

제4장

"하나님의 뜻은 전부 성경에 분명하게 진술되어 있거나, 조리 있고 합당한 이치에 따라 성경에서 추론할 수 있다"

『잉글랜드 주석성경』과 웨스트민스터 신앙고백에 나타난 성경 주해와 교리제정

1. 서론

16-17세기 해석학과 웨스트민스터 표준문서들의 관계를 알아보기 위해, 그 문서들과 긴밀하게 연관된 세 교리들, 즉 하나님의 작정, 섭리, 행위 언약(혹은 생명 언약)을 살펴보고자 한다. 우선 웨스트민스터 표준문서가 작성될 당시의 『잉글랜드 주석성경』 초판을 살필 것이다. 본 목적을 위해서, 필자는 하나님의 작정과 섭리에 관한 부분들과 행위 언약을 기록한 부분을 살필 것이다. 그리고 다른 주석들이나 그 웨스트민스터 표준문서의 기고자들의 다른 글들과 당대의 저술들 역시 개혁주의 해석 전통 안에서 『잉글랜드 주석성경』과 웨스트민스터 표준문서의 관계를 드러내기 위해 검토될 것이다.

이 글이 전개되면서 밝혀질 사실이지만, 『잉글랜드 주석성경』과 웨스트민스터 표준문서 사이에 단순한 일대일 대응관계는 애당초 존재하지 않는다. 『잉글랜드 주석성경』의 편찬진과 웨스트민스터

신앙고백의 제정위원회 사이에 인사적인 차원에서 직접적인 관련이 없는 이상 그러한 호응관계를 기대하는 것은 무리다. 주석 편찬자와 신앙고백 제정위원 양쪽을 막론하고 이들 모두 신학적으로 그리고 주해적으로 두터운 스펙트럼을 지닌 개혁주의 전통 안에 속해 있었음을 고려했을 때도 마찬가지 결과이다. 게다가 당시 코넬리우스 버지스를 위시해서 여러 성직자들이 『잉글랜드 주석성경』이 웨스트민스터 총회의 공식 문서가 아니며, 승인을 받기 위해 총회에 제출된 적도 없다는 점을 상당히 구체적으로 밝힌 문헌자료가 존재한다. 캘러미 2세가 이를 기정사실로 재차 확인해주고 있다.[1] 『잉글랜드 주석성경』은 잉글랜드 교회에서 어떠한 규범적 영향력도 행사하지 않았을 뿐더러, 웨스트민스터 표준문서가 진술하는 의미를 확인해주는 해석적 참고자료도 아니었다. 그럼에도 『잉글랜드 주석성경』은 웨스트민스터 신앙고백 안에 발견되는 신학적 개념과 관련 성경적 증거를 뽑아 나란히 대조, 대열해볼 수 있을 정도로 매우 유사한 해석적 기준을 제시한다.

2. 하나님의 작정에 대한 신앙고백과 성경 주해적 근거

"하나님의 영원한 작정"에 대해 다루고 있는 웨스트민스터 신앙고백 3장은 매우 간결하면서도 신중하게 아로새긴 문구로 개혁주의

---

1 Cornelius Burgess, *No Sacrilege nor sin to purchase Bishops Lands*, 2nd ed. (London: J. C., 1659) cap. iv (87-88); Edmund Calamy the Younger, *Nonconformist Memorial*, 2nd ed. (London, 1677), 1:346.

제4장 "하나님의 뜻은 전부 성경에 분명하게 진술되어 있거나, 조리 있고 합당한 이치에 따라 성경에서 추론할 수 있다"

예정론을 정립하고 있으며, 이를 뒷받침하기 위해 상당한 분량의 성경 본문을 제시하고 있다. 3장의 처음 세 조항에서는 하나님의 작정과 더불어 이중 예정론에 대한 기본적인 정의에 대해 진술하고 있다. 이를 위해 할당된 열네 줄짜리 본문에 일곱 개의 주석이 달렸으며, 그 안에 인용된 성경 본문이 자그마치 열아홉 개나 된다. 하나님의 선택에 대해 다루고 있는 6조항은 열 줄짜리의 본문에 다섯 개의 주석이 달렸으며, 그 안에 인용된 성경 본문이 열여섯 개다. 웨스트민스터 신앙고백의 다른 조항들도 거의 이와 비슷한 양상을 보이고 있음을 고려하면, 주석에 인용된 성경 본문은 정확히 말해서 관련 신앙고백을 뒷받침하는 대표적인 증거 본문으로 봐야 한다. 그 말은 관련된 성경 본문이 모두 인용되었더라면 신앙고백의 분량은 꽤 길어졌을 것이라는 뜻이다. 이해를 돕기 위해서, 처음 네 조항의 본문에다 근거가 되는 해당 성경 본문을 [ ] 안에 인용하여 신앙고백을 재구성해 보도록 하겠다.

> 1조항. 하나님은 영원 전부터 그분 마음에 기뻐하시는 대로 세우신 지극히 지혜롭고 거룩한 계획을 따라 앞으로 일어날 모든 일을 변치 않게 정해놓으셨다[a: 엡 1:11; 롬 11:33; 히 6:17; 롬 9:15, 18]. 그렇다고 해서 하나님이 죄의 창시자는 아니시며[b: 약 1:13, 17; 요일 1:5], 피조물의 의지가 강요 당하는 것도 아니다. 또한 하나님 이외의 행위자가 지닌 자유나 임의가 박탈되는 것이 아니라 도리어 확립된다[c:행 2:23; 마 17:12; 행 4:27-28; 요 19:11; 잠 16:33].

2조항. 하나님은 가능한 모든 조건에서 일어날 여지가 있고, 또 일어날 수 있는 모든 일을 아신다[d:행 15:18; 삼상 23:11-12; 마 11:21, 23]. 하지만 미래나 혹은 어떤 조건에서 일어날 일을 예지하셨기 때문에 그렇게 되도록 예정하신 것은 아니다[e:롬 9:11, 13, 16, 18].

3조항. 하나님의 작정을 따라 그분의 영광을 나타내기 위하여 사람과 천사 중 얼마는 영원한 생명에 들어가도록 예정되었고[f:딤전 5:21; 마 25:41], 나머지는 영원한 사망에 들어가도록 예정되었다[g:롬 9:22-23; 엡 1:5-6; 잠 16:4].

6조항. 하나님은 그 택하신 자를 영광에 이르도록 지명하신 것과 마찬가지로 그 마음의 영원하고 지극히 기뻐하시는 뜻을 따라 거기에 이르는 모든 방편을 미리 예비하셨다[m:벧전 1:2; 엡 1:4-5; 2:10; 살후 2:13]. 그러므로 아담 안에서 타락하였다가 선택 받은 사람은 그리스도로 말미암아 구속함을 받고[n:살전 5:9-10; 딛 2:14], 때를 따라 역사 하시는 성령으로 말미암아 그리스도를 믿도록 효력 있는 소명으로, 칭의와 양자와 성화를 입으며[o:롬 8:30; 살후 2:13], 믿음으로 말미암아 구원에 이를 때까지 하나님의 권능 속에 보호 받는다[p:벧전 1:5]. 오직 선택 받은 자들 외에는 그 누구도 그리스도로 말미암는 구속함과 효력 있는 소명과 칭의와 양자와 성화와 구원을 받지 못한다[q:요 17:9; 롬 8:28; 요 6:64-65; 10:26, 8:47; 요일 2:19].

제4장 "하나님의 뜻은 전부 성경에 분명하게 진술되어 있거나, 조리 있고 합당한 이치에 따라 성경에서 추론할 수 있다"

웨스트민스터 신앙고백 3장에서 인용된 성경 본문 가운데 잠언, 욥기, 사무엘상을 제외하면 모두 신약성경 본문이다. 그 가운데 대다수는 바울서신 본문이다. 한편, 복음서와 요한일서도 상당 부분 인용되었다. 마태복음과 사도행전으로부터 각각 두 본문이 인용되었고, 야고보서에서는 본문 하나가 인용되었다. 하나님의 계획과 작정에 대해 증거하고 있는 구약성경 본문이 다수 있는데, 그중에서도 시편과 이사야가 두드러진다. 하지만 웨스트민스터 신앙고백 3장에서는 두 책 가운데 어느 하나도 대표적인 증거본문으로 인용되지 않았다. 인용된 성경 본문 중에서도 교리의 중심점 혹은 구심점 역할을 하는 본문이 분명히 있다. 특별히 로마서 8-9장과 에베소서 1장이 그렇다.

3조항에서 디모데전서 5:21과 마태복음 25:41을 인용한 진의는 선택 받은 천사와 (선택 받지 못한 천사와) 관련된 신앙고백의 논지를 전하기 위한 것으로 보인다. 이 두 인용 본문과 선택이라는 신앙고백의 주제 사이의 유일한 관련성은 마태복음 25:41에서 사용된 "나를 떠나"라는 구절로부터의 유추에 근거한다. 이 마태복음 구절은 그리스도의 "형제"(마 25:40)를 업신여기거나 핍박함으로써 그리스도를 부인한 자들에게 임할 형벌을 가리킨다. 하지만 인간과 천사 모두의 예정과 관련해서 그러한 자들은 영원한 사망에 들어가도록 결정되었다고 선언하는 3조항 후반 절의 신앙고백을 직접적으로 뒷받침하지는 않는다.

웨스트민스터 신앙고백의 경우는 그렇다 치고, 1645년 판 『잉글랜드 주석성경』에서 복음서를 담당한 존 레이는 디모데전서 5:21과 마태복음 25:41에 대해 어떠한 상세한 언급도 남기지 않았다. 하지만 1657년 판에서는 구원과 영벌(damnation)과 관련해서 마태복음

25:41이 주는 가르침에 대해 상세히 언급했다. 그중에서 영벌은 하나님의 편재성(omnipresence)이 거두어진 절대적인 부재 상태가 아니라, 하나님의 "복된 임재"가 결핍된 상태를 가리킨다고 언급했다.[2]

3조항의 후반 절은 예정에 대한 하나님의 이중 작정에 대해 가르치면서, 놀라울 것도 없이 "멸하기로 준비된 진노의 그릇"과 "영광 받기로 예비하신바 긍휼의 그릇"이라는 표현이 기록된 로마서 9:22-23을 인용한다. 관련해서 인용된 일련의 성경 본문 맨 앞자리에 로마서를 넣은 취지는 하나님의 이중 작정이 명백하게 증거된 단일 증거본문을 먼저 제시하기 위함이다. 이어서 영광에 이르는 예정에 대해 암시하는 본문 하나와 영벌이 정해졌음을 암시하는 또 다른 본문을 제시함으로써 로마서 본문을 보좌한다. 로마서 본문을 뒤따르는 첫 번째 인용 본문은 에베소서 1:5-6로, 그리스도 안에서 양자됨을, 또 다른 인용 본문인 잠언 16:4은 "여호와께서 온갖 것을 그 쓰임에 적당하게 지으셨나니 악인도 악한 날에 적당하게 하셨느니라"고 영벌에 대해 증거한다.

『잉글랜드 주석성경』은 웨스트민스터 신앙고백에서 정립하고 있는 이중 작정론을 뒷받침해줄 명쾌한 주해적 기초를 제공한다. 로마서 담당자였던 휘틀리는 로마서 9:22에 대해 간략하게 주석을 단다. 단지 바로 앞 절에 등장하는 구절인 "하나는 귀히 쓸 그릇을, 하나는 천히 쓸 그릇"에 대한 주석을 참고하라고 언급해 두는 정도다. 이 구절을 두고 휘틀리는 "인류의 전적인 타락 후에 하나님은 자유

---

2 *English Annotations* (1645), Matt. 25:41 and 1 Tim 5:21, in loc.; *English Annotations* (1657). 참고로 딤전 5:21에 대해 1657년 판에 실린 주석은 1645년 판과 비교해서 변함이 없다.

의지를 가지고 권능을 발휘하셔서 그 결과 어떤 이는 영원한 영광으로, 또 다른 이는 영원한 부끄러움과 수치로 그 종말이 정해졌다"라고 주석을 달았다. 즉 하나님의 작정이 인류의 타락 후에 이중적으로 이루어졌다는 해석적 관점을 보여준다.[3] 에베소서 1:5-6에 대한 주해에서도 휘틀리는 고백주의적 개혁주의 전통의 관점을 견지한다.[4] 잠언 16:4에 대해 프랜시스 테일러는 "여호와께서 온갖 것을 그 쓰임에 적당하게 지으셨나니" 하는 구절 앞에 "자신의 영광을 위해서"라는 언급을 덧붙인다. "악인도 악한 날에 적당하게 하셨느니라"는 후반 절에 대해서는 "하나님은 악인들이 세상에 날마다 태어나게 하셔서, 그들이 받는 유죄선고를 통해 자신의 공의를 영화롭게 빛내신다…"는 해설을 단다.

잠언 16:4에 대한 『잉글랜드 주석성경』의 주석은 매우 간략하지만 디오다티의 주석은 포괄적이고 명쾌한 해설을 통해 신앙고백의 제정자들이 잠언 본문을 끌어들이는 용례와 매우 밀접한 연관성을 보여준다. 더욱이 잠언 본문을 해석하기 위해 여러 성경 본문 중에서 로마서 9:22-23을 참고 본문으로 삼는다.

> 하나님은 악한 존재가 아니시며, 그분이 지으신 창조세계 속에서 발생하는 악의 창시자도 또한 유발자도 아니시다. 그렇기에 이 잠언 본문은 다음과 같은 관점에서 이해되어야 한다. 모든 인류가 아담 안에서 타락하였지만, 그럼에도 하나님은 그들을 보존하시고 번성케 하신다. 하나님은 그 가운데 선택 받은 자들

---

3 *English Annotations* (1645), Rom. 9:22-23, in loc.
4 Ibid., Eph. 1:5-6, in loc.

을 불러내어 구원받게 하시며, 선택받지 못한 자들은 원죄로 말미암은 타락 속에 내버려 두신다. 하나님은 악한 상태에서 악한 행실로 살아가는 자들에게 엄정한 유죄선고를 내리심으로써 자신의 공의를 영화롭게 빛내신다. 로마서 9:22-23, 베드로전서 2:8, 유다서 4를 참고하라.[5]

개혁주의 주해 전통 안에서 해당 로마서, 베드로전서, 유다서 본문은 함께 묶여 이해된다. 어떤 이들은 그리스도 안에서 양자되고 또 다른 이들은 "악한 날"을 위해 준비되는 현재의 섭리를 따라 긍휼의 그릇과 진노의 그릇이라는 이미지를 통해서 드러난 하나님의 영원한 계획이 성취될 것이라는 결론을 세 본문으로부터 종합적으로 유추할 수 있다.

웨스트민스터 신앙고백 1장 6조는 선택, 구원의 서정을 그 주제로 삼는다. 6조항의 첫 문구에서 다음과 같이 선언한다.

> 하나님은 그 택하신 자를 영광에 이르도록 지명하신 것과 마찬가지로 그 마음의 영원하고 지극히 기뻐하시는 뜻을 따라 거기에 이르는 모든 방편을 미리 예비하셨다.

이 신앙고백은 "곧 하나님 아버지의 미리 아심을 따라 성령이 거룩하게 하심으로 순종함과 예수 그리스도의 피 뿌림을 얻기 위하여 택하심을 받은 자들"이라고 기록된 베드로전서 1:2의 첫 구절에 근

---

[5] Diodati, *Pious and Learned Annotations*, Prov. 16:14, in loc.

거하고 있다. 사도 베드로는 인사를 전하면서 선택 받은 자들을 "성령이 거룩하게 하심"과 "순종함"과 "예수 그리스도의 피 뿌림"을 입은 자들이라고 부른다. 하나님의 선택은 예비하신 방편을 통해 일어난다는 신앙고백의 선언은 베드로전서 본문과 매끄럽게 연결된다. 하지만 베드로전서 본문을 신중한 해석 없이 읽으면 자칫 하나님의 영원한 선택이 예지에, 특별히 개개인이 이룰 공로에 대한 예지에 근거한다는 결론에 이를 수 있다.

『잉글랜드 주석성경』은 이와 같은 잘못된 결론에 대한 관심과 아울러 웨스트민스터 신앙고백 1장 6조의 근거가 되는 베드로전서 본문이 말하려는 의도를 직시한다. 『잉글랜드 주석성경』의 편찬진 가운데 누가 베드로전서에 대한 주석을 담당했는지는 분명하지 않다. 캘러미 2세는 존 다우네임 아니면 존 레딩이라고 제안한다. 아무튼, 해당 본문에 대한 『잉글랜드 주석성경』의 주석은 본문에 대해 선대 개혁주의자들이 시도한 주해 작업을 연상시킨다.[6]

먼저, 베드로전서 1:1에서 베드로가 수신자들을 향해 소아시아의 여러 지역에 "흩어진 나그네"라고 부른 표현은 헬라어로 "택함 받은 나그네"라는 뜻을 지니고 있다고 언급한다. 이는 다음 구절에 등장하는 "하나님 아버지의 미리 아심을 따라…선택 받은 자들"이라는 호칭을 이해하기 위한 기초가 된다. 게다가 다음 구절에 등장하는 "선택 받은 자들"이라는 어휘에 대해 문맥상 "세상으로부터 격리된 그리고 분리된 자들"이라는 주된 뜻이 있다고 언급한다. 여기서 그치지 않고, 요한복음 15:9과 요한계시록 17:14를 끌어들여서

---

6 Calvin, *Commentaries on I Peter*, 1:1-2, in loc. (CTS 1 Peter, 24).

"선택 받은 자들"이라는 어휘는 "소명 받은 자들" 그리고 "진실한 자들"과 동의어로 볼 수 있다고 보다 구체적으로 밝힌다. "따라서 여기서 사용된 '선택 받은 자들'이라는 어휘는 효력 있게 소명 받은 자들, 혹은 복음에 순종한 자들로 이해하게 된다."[7] 이와 비슷한 주해적 관점이 적용된 훨씬 더 긴 분량의 주석이 『화란 주석성경』에서 발견된다. 해당 베드로전서 본문에 대한 『화란 주석성경』의 주석은 하나님의 선택을 하나님의 계획을 따라 "여러 무리" 가운데서 특정인을 불러내고 있는 현재의 실효 법령으로 본다.[8]

"미리 아심"으로 번역된 어휘에 대한 주해를 보더라도 『잉글랜드 주석성경』은 다음과 같이 분명한 관점을 견지한다. 즉 "미리 아심 혹은 미리 정하심이란 결국 하나님이 이전에 작정하셨다는 뜻이다"라고 밝힌다. 더 나아가 『잉글랜드 주석성경』은 이전 개혁주의 주해 전통에서 말해온 바를 강하게 메아리 울려준다. 칼빈은 베드로전서 1:2에 근거해서 하나님이 개개인의 공로를 미리 알아 선택하신다고 주장하는 "궤변가들"을 향해 경종을 울린 적이 있다. 그러면서 칼빈은 해당 본문에서 말하는 "미리 아심"은 단순히 "세상이 창조되기도 전에 하나님은 누가 구원받기로 선택되었는지를 알고 계셨다"는 뜻이라고 풀이했다.[9] 디오다티 주석성경과 『화란 주석성경』도 본문에 대해 칼빈과 비슷한 해석적 관점을 보여준다.[10] 이들과의 연속선상에서 『잉글랜드 주석성경』은 또한 방편에 대한 논의를 다룬 것이다.

---

7 *English Annotations* (1645), I Pet. 1:1-2, in loc.
8 *Dutch Annotations*, I Pet. 1:1-2, in loc.
9 Calvin, *Commentaries on I Peter*, 1:1-2, in loc. (CTS 1 Peter, 24).
10 Diodati, *Pious and Learned Annotations*, 1 Pet. 1:2, in loc.; *Dutch Annotations*, 1 Pet. 1:2, in loc.

제4장 "하나님의 뜻은 전부 성경에 분명하게 진술되어 있거나, 조리 있고 합당한 이치에 따라 성경에서 추론할 수 있다"

길레스피의 증언을 들어보자.

> 여기서 베드로는 선택 받은 자들을 향해 효력 있는 소명이 일어나는 주요 원인에 대해 밝히고 있다. 즉 성령의 거룩하게 하심이다.[11]

웨스트민스터 신앙고백 1장 6조에서 해당 베드로전서 본문과 함께 인용된 에베소서 1:4-5과 2:10 그리고 데살로니가후서 2:13 또한 구원의 방편에 대해서, 적어도 구원의 부차적인 원인에 대해서 증거한다. 이는『잉글랜드 주석성경』에서 에베소서를 담당한 휘틀리가 달은 주석에서 밝힌 논지이다. 에베소서 1:5-6에 대해서 휘틀리는 양자됨을 다가올 영광의 "시작"이자 영광에 대한 "기대"로 이해한다. 에베소서 2:10에 대해서는 인간은 첫 번째 창조에서만 아니라 중생으로서 이해되는 두 번째 창조에서도 "그가 만드신 바라"고 발언한다.[12]

해당 에베소서 본문에 대한 디오다티의 주석은 어쩌면『잉글랜드 주석성경』의 편찬진보다는 웨스트민스터 신앙고백의 제정위원회 측에 가까운 해석적 관점을 보여준다. 디오다티는 에베소서 1:5-6이 구원의 삼대 원인을 보여준다고 평한다. 첫째는 작용인으로 하나님의 기뻐하심이다. 둘째는 질료인으로 그리스도이다. 셋째는 목적인으로 하나님의 존귀와 영광이다. 칼빈 또한 해당 에베소서

---

11 Gillespie, *Miscellany Questions*, 101.

12 *English Annotations* (1645), Eph. 2:10, in loc.

본문이 구원의 원인에 대해 증거한다고 이해했다.[13] 에베소서 2:10에 대해서 디오다티는 "선행은 우리가 받은 구원의 효과이자 일부"로, 우리 안에 하나님께서 역사 하신 결과이자 또한 우리의 행위라며 다음과 같이 진술한다.

> 하나님은 변함없는 한 뜻과 한 계획을 따라 구원의 결국과 아울러 그 결국을 이루는 방편을 정하셨다.[14]

데살로니가후서 2:13에 대해 휘틀리는 "성령의 거룩하게 하심"은 믿음으로 말미암아 인간의 영이나 마음이 거룩해진 상태를 뜻할 수도, 아니면 "하나님의 성령"에 의해 사람 안에 거룩함이 입혀진 상태를 뜻할 수도 있다는 정도로 매우 간략하게 언급한다.[15] 정리하자면, 『잉글랜드 주석성경』에서는 구원의 방편과 관련해서 별다른 논의가 이루어지지 않았다. 다만 성령의 거룩하게 하심으로 발생하는 효과에 대해 매우 확고한 근거를 가지고 다음과 같은 결론을 제시한다. 하나님은 그저 영원한 선택을 단순히 작정만 하신 것이 아니라, 소위 양자, 중생, 성화라는 방편을 통해서 현재도 자신의 선택을 이루어 가고 계신다.

웨스트민스터 신앙고백이 성경 주해를 신앙고백 차원에서 활용하기 위해 속한 전통에서 제공하는 필요한 주해적 기초가 다른 논제를 다루는 부분에서도 많이 발견된다. 앞서 살펴본 해당 성경 본문

13　Calvin, *Commentary on Ephesians*, Eph. 1:5-6, in loc. (CTS Ephesians, 20-21).
14　Diodati, *Pious and Learned Annotations*, Eph 2:10, in loc.
15　*English Annotations* (1645), 2 hess. 2:13, in loc.

에 대해 개혁주의 주해 전통에서 내놓은 주석에서 구원의 방편에 대한 개념과 구원의 부차적인 인과관계를 다루고 있는 부분이 특히 그렇다.

디오다티는 성령의 거룩하게 하심이란 방편에 대해서 웨스트민스터 신앙고백보다 훨씬 더 명쾌하게 다뤘다. "따라서 성령의 거룩하게 하심은 구원의 이차적인 원인을 뜻하는 것으로, 하나님의 택정이라는 영원한 계획을 이루는 방편이다"라고 디오다티는 진술한다.[16] 칼빈은 디오다티에 비해 다소 불분명하게 성령의 거룩하게 하심에 대해 규정하면서, 우리 안에 이루어진 성화를 증거로 살펴볼 수 있다면 선택에 대한 하나님의 작정을 조사해볼 필요는 없다고 밝힌다.[17]

『제네바 신약성경』(The Geneva New Testament)은 데살로니가후서 2:13에 대해 "하나님의 선택은 다음과 같은 증거를 통해 확인된다. 성화로 말미암아 믿음이 더해지고, 믿음으로 말미암아 진리에 이르며, 복음 선포를 통한 소명으로 말미암아 진리를 믿게 된다. 이로써 마침내 영화로워질 것에 대한 확실한 소망을 가지게 된다"[18]고 명시한다.

웨스트민스터 신앙고백에서 그리스도의 사역이 미치는 효력이 선택 받은 자에게만 제한적으로 나타난다는 신앙고백의 근거로 인용된 성경 본문을 주해적으로 분석해보면 누구나 비슷한 결론에 이르게 된다. 효력의 제한성을 뒷받침하기 위해 웨스트민스터 신앙고

---

16 Diodati, *Pious and Learned Annotations*, 2 Thess. 2:13, in loc.

17 Calvin, *Commentary on II Thessalonians*, 2:13 in loc. (CTS Thessalonians, 343).

18 *New Testament* [Beza-Tomson], 2 Thess. 2:13 n10.

백에서 처음으로 제시한 증거 본문은 "내가 비옵는 것은 세상을 위함이 아니요"라는 구절이 포함된 요한복음 17:9이다.[19]

『잉글랜드 주석성경』에서 해당 본문에 대한 존 레이의 주석은 퉁명스럽다 싶을 정도로 간단하다. 요한복음 17:6에 기록된 구절 "아버지의 것"에 대해서 레이는 "영원한 선택으로 말미암아 하나님의 것이 된다는 뜻이다"라고 밝힌다. 요한복음 17:9에 기록된 같은 구절에 대해서는 그저 "하나님의 선택 받지 못한 자들은 하나님과 상관없는 자들이다"라는 정도로만 언급한다.[20]

여기서 반드시 밝혀두어야 할 것은 예수님이 요한복음 17:9에서 자신의 중보를 받는 대상을 친히 제한적으로 구분하신 것이 특정적 구속(particular remeption)을 주장할 수 있는 기본 준거 중의 하나라는 점이다. (이러한 관점은 그나마 칼빈의 사상에서 해당 요한복음 본문에 대해 보편적 속죄론을 유추하는 성경 주해를 한다고 주장하는 일부 현대 주해가들의 터무니없는 관점과 대조된다.)[21] 그리스도의 구속이 선택 받은 자들에게만 제한적으로 미친다는 교리가 자신에게 속한 자들을 위해서 친히 기도하시는 그리스도의 중보 속에 나타나고 근거하는 것으로 해당 요한복음 본문을 예로 드는 오랜 주해적 전통을『잉글랜드 주석성경』이 대표하고 있는 셈이다. 칼빈은 해당 요한복음

---

19   웨스트민스터 신앙고백 3장 6조.
20   *English Annotations* (1645), John 17:6, 9, in loc.
21   John Calvin, *Commentary on John*, 17:9, in loc. (CTS John, 2:172-73). 다음 참고문헌에서는 이와 상반되는 주장을 펼친다. R. T. Kendall, *Calvin and English Calvinism to 1649* (Oxford Claredon Press, 1979), 16-17. 이 참고문헌에서는 선택 받은 자들만을 위해 드리는 그리스도의 중보기도가 우주적 속죄론의 특징이라고 왜곡시켜 설명하고 있다.

본문을 『잉글랜드 주석성경』과 같은 관점으로 명확하게 이해했다.[22] 톰슨 신약성경에 수록된 주석을 작성한 베자 역시 그랬고, 디오다티도 마찬가지였다.[23]

특정적 구속에 대해 웨스트민스터 신앙고백이 내린 결론은 "오직 선택 받은 자들 외에는 그 누구도 그리스도로 말미암는 구속함과 효력 있는 소명과 칭의와 양자와 성화와 구원을 받지 못한다"는 것이다. 이 결론은 선택 받은 자들에게만 제한적으로 구속을 베푸시는 하나님의 의도를 나타낼 뿐만 아니라, 더 나아가 제한하시는 하나님의 의도를 소명, 칭의, 양자, 성화로 이어지는 구원의 서정과 연관시킨다. 이 구원의 서정을 따라 요한복음 17:9에 이어 인용된 성경 본문은 로마서 8:28-39이다. 해당 로마서 본문은 웨스트민스터 신앙고백이 속한 오랜 주해 전통에서 대개 "황금 사슬"(the golden chain)로 명명되곤 했다.

『잉글랜드 주석성경』에서 이 본문을 담당한 주석가는 고독한 국교도였던 다니엘 휘틀리였다. 휘틀리는 총회 초기에 열렸던 회의에 참석한 후 탈퇴했고, 엄숙 동맹에 반대했다는 이유로 결국 투옥되었다. 교회적으로는 국교도이자 정치적으로는 왕정파였던 휘틀리는 신학적으로는 철저하게 개혁주의자였다. 조직적 혹은 교조적 성향을 띠었던 그의 신학 연구물에는 이중 예정론에 대한 신학적 정리 및 당시 '펠라기우스주의자'로부터 개혁주의 신앙을 변증한 논문 다

---

22 John Calvin, *Commentary on John*, 17:9, in loc. (CTS John, 2:172-73).
23 Beza, *Annotations in Novum Testamentum*, Jn. 17:6-9 in loc.; *New Testament* [Beza-Tomson], in loc., nn3, c, d; Diodati, *Pious and Learned Annotations*, in loc.

수가 포함되어 있다.²⁴

그의 개혁주의 사상은 로마서 8장의 후반부를 주해하는 방식에서 분명하게 드러난다. 해당 로마서 본문을 두고 휘틀리는 논증학과 수사학에서 소위 연쇄식(連鎖式) 혹은 "황금 사슬"이라고 일컫는, 즉 부차적 논증을 차례로 엮어나가면서 결론에 이르는 논증 방식이라고 주석을 달았다. 그리고 로마서 8:29에 대해서는 절 전체의 논지를 "…한 자들"이 지칭하는 대상과 연관 지어서 제시한다. 즉 휘틀리가 보기에 선택 받은 자들을 향한 영원한 작정으로부터 궁극적인 영화에까지 이르는 구원의 서정은 "하나님의 전능하심으로 결속되어 있기에 그 어떤 연결부위도 벌어지지 않는 사슬"이다.²⁵

로마서 8:30에서 휘틀리는 인간의 구원이 "예수 그리스도의 죽으심과 부활하심 그리고 전능하심에" 달려 있다는 주석을 덧붙이면서, 그렇기에 ('칭의에 대한 논문'이라고 부제를 단) 로마서 후반부의 논결로서 하나님의 자녀는 흔들리지 않는 구원의 확신을 받은 자들이라고 주석을 덧붙인다.²⁶ 이로써 웨스트민스터 신앙고백에서 가르치는 바를 확증해주는 성경의 한 본문을 확인했을 뿐 아니라, 웨스트민스터 신앙고백에서 해당 성경 본문으로부터 도출하여 주장하는

---

24 Daniel Featley, *The Hand-Maid to Private Devotion: the Second Part; Delivering the summe of saving knowledge, in 52 sections, answerable to the numbers of the Sundayes throughout the Yeere* (London: G. M. and R. B. for Nicholas Boorne, 1625); idem. *Parallelismus nov-antiqui erroris Pelagiarminiani* (London: Miles Flesher, 1626); idem, *A parallel: of nevv-old Pelgiarminian error* (London: Robert Milbourne, 1626); idem, *Pelagius redivivus. Or pelagius raked out of the ashes by Arminius and his schollers* (London: Robert Mylbourne, 1626).

25 *English Annotations* (1645), Rom. 8:29, in loc.

26 Ibid., Rom. 8:30, in loc.

바를 확증해주는 주해적 논거 또한 확인하게 된 셈이다.

1645년 판 『잉글랜드 주석성경』은 요한복음 6:64-65, 8:47, 10:26에 대한 주석을 제공하지 않기에, 이들 본문에 근거해서 도출한 웨스트민스터 신앙고백의 신앙고백과 직접적으로 연관 지어볼 만한 주석을 『잉글랜드 주석성경』에서 찾을 수 없다. 다만 성경 전체 본문에 대해 주석을 수록하기 위한 목적을 위해 1645년 이후 차례로 개정된 『잉글랜드 주석성경』에 추가로 수록된 주석을 중심으로 살펴보면, 해당 신앙고백은 웨스트민스터 총회가 속한 주해 전통에서 해당 요한복음 본문을 이해하는 방식을 따라 도출된 결론임이 분명해진다. 요한복음 6:65에 대해 1657년 판 『잉글랜드 주석성경』은 예수님의 말씀의 일부분을 바꾸어서 다음과 같이 의역한다.

> 예수님께서 이렇게 말씀하시는 듯하다. 내 아버지께서 너희로 구원받도록 나를 믿는 믿음을 주시지 않았기 때문에 너희의 믿음 없음으로 말미암아 너희 마음이 상하는 것이다.

이와 비슷하게, 1657년 판 『잉글랜드 주석성경』은 요한복음 8:47에 대해서 "너희는 하나님의 아들이 아니므로 믿지 않는구나"라고 의역을 달았고, 요한복음 10:26에 대해서는 "믿음은 오직 자신에게 속한 자에게만 주시는 하나님의 선물이기 때문이다. 에베소서 2:8을 보라. 하나님의 말씀을 듣지 못하는 영적 귀머거리의 상태는 믿지 않은 결과이다"라고 주석을 달았다.[27]

---

[27] *English Annotations* (1657), John 6:64; 8:47; 10:26, in loc.

그렇다 해서 『잉글랜드 주석성경』의 편찬진이 웨스트민스터 신앙고백에 대한 신학적 반응으로써 확장판을 통해 추가 주석을 내놓았다는 식으로 봐서도 안 된다. 웨스트민스터 신앙고백이 제정되기 이전에 편찬된 주요 주석서와 주석성경을 살펴보면 성경 본문과 주요 개혁주의 신앙고백 사이의 관계가 개혁주의 주해 전통 안에서 오랫동안 형성되어 왔음을 금방 확인할 수 있다.

예를 들어, 칼빈은 은혜란 단순히 "누구 하나 예외 없이 모든 이에게 베풀어지는 것"이 아니며, 믿음이란 내적 조명 혹은 "성령의 은밀한 계시"로부터 발생한다는 것이 요한복음 6:65의 메시지라고 확신했다.[28] 요한복음 8:47과 10:26에 대해서 칼빈은 "너희가 내 양이 아니므로"라는 구절이 "유기된 자" 혹은 "타락한 자"로서 그리스도를 믿기를 거부한 자들을 가리킨다고 설명한다.[29] 칼빈의 시대보다 웨스트민스터 신앙고백의 시대에 더 가까운 1606년에 발행된 톰슨 신약성경에 실린 주석을 따르면 요한복음이 말하는 믿음이란 오직 선택 받은 자에게만, 혹은 그리스도의 "양"에게만 주어지는 선물이다.[30] 디오다티의 주석성경 역시 해당 요한복음 본문에 대해서 웨스트민스터 신앙고백의 해석을 지지하는 비슷한 부류의 주해적 견해를 제시한다.[31]

요한일서 2:19에 대해 『잉글랜드 주석성경』의 날개여백에 수록된 주석은 "우리에게 속하지 아니하였나니"라는 구절이 가리키는

---

28 Calvin, *Commentary on John*, 6:65, in loc. (CTS John, 1:276).
29 Ibid., 8:47; 10:26, in loc. (CTS John, 1:354, 414).
30 *New Testament* [Beza-Tomson], John 6:63 n. 14; 10:26,i.
31 Diodati, *Pious and Learned Annotations*, John 6:64; 8:47; 10:26, in loc.

대상은 교회에 속해 있으나 "오직 육으로만 속해 있고 영으로는 속해있지 않는" 믿음 없는 자들이라고 밝힌다. 그리고 성도는 그런 자들이 구원의 길에서 떠날 때에 따라서 흔들려서는 안 된다는 사실을 가르쳐준다고 다음과 간략히 명시한다. "참된 성도는…구원의 길에서 떠날 수 없다."[32] 요한복음과 요한일서의 해당 본문은 특정적 구속에 대해 로마서 8:28-39 만큼 직접적으로 증거하지 않는다. 하지만 개혁주의 전통 안에 자리 잡은 여러 주해가들이 해당 본문을 해석한 사례를 살펴보았듯이, 해당 본문은 웨스트민스터 신앙고백이 표현하려는 논지를 강화해준다.

칼빈의 해석을 따르면, 해당 본문은 유효한 하나님의 소명을 받았다는 전제하에서 하나님의 선택이 갖는 "일관성"과 성도의 견인이 갖는 확실성에 대해 확증해준다. 해당 본문은 또한 "구원의 길에서 떠나는" 자들에게는 애초부터 유효한 소명이 없었음도 확인해준다.[33] 해당 본문을 바라보는 이러한 해석적 관점은 베자와 디오다티의 주석과 아울러 『잉글랜드 주석성경』 및 웨스트민스터 표준문서에 인용된 성경 본문에까지 미친다.[34]

---

32 *English Annotations* (1645), 1 John 2:19, in loc.
33 Calvin, *Commentary on 1 John*, 2:19, in loc. (CTS 1 John, 192).
34 Beza, *Annotations in Novum Testamentum*, 1 John 2:19, in loc.; with Diodati, *Pious and Learned Annotations*, 1 John 2:19, in loc.

3. 웨스트민스터 신앙고백과
『잉글랜드 주석성경』에 나타난 행위 언약

언약, 특히 행위 언약과 관련해서 웨스트민스터 신앙고백이 써 내려가는 교리적 진술은 심지어 교조적이라고까지 말할 수 있을 정도로 신학적 농도가 짙은 수많은 논의의 중심을 차지해왔다. 게다가 웨스트민스터 신앙고백의 선언에 대해 비판적인 신학자들이 제시하는 성경적 근거들을 살펴보면 이상하다 싶을 정도로 주해적 실체가 없는 경우가 많다. 하지만 웨스트민스터 표준문서가 제정되기 이전 시대에 활동한 주요 신학자들과 그들의 저술을 참고해 보면 뚜렷한 주해 방식이 드러난다. 웨스트민스터 표준문서에서 드러난 주해방식은 아전인수격 본문증명 방식이 아니라, 성경 본문으로부터 교리적 논지를 도출하는 과정을 위해 16-17세기에 사용되었던 해석적 방법론을 엄격하게 적용한 방식이다.

당시 행위 언약을 정립한 신학자들과 웨스트민스터 신앙고백을 제정한 위원들이 기본적으로 공유하고 있었던 해석적 정서를 참작해 보면, 타락 전 언약은 16세기 후반부터 17세기 동안 교리적으로 정립되고 있는 과정 중에 있었음을 인식하는 것이 가장 중요하다. 아울러 타락 전 언약에 대해 웨스트민스터 신앙고백에 진술된 간략한 정의는 더 이상의 수정을 불허하는 확정된 교의를 선언한 것이 아니라, 역사를 거치면서 계속해서 발전되고 있던 교리 정립 과정의 일로를 보여준 것이다. 당시 행위 언약의 정립자들은 용어사용과 개념정립 면에서 폭넓은 다양성을 보여 주었다. 그리고 이들은 행위 언약이 성경의 단일 본문으로부터 직접 도출된 교리가 아니라, 성경

전체로부터 추론하여 도출한 교리임을 일관성 있게 주지했다.[35]

행위 언약의 초기 개념을 정립한 신학자로는 더들리 페너(Dudley Fenner), 아만두스 폴라누스(Amandus Polanus), 윌리엄 퍼킨스(William Perkins)가 있다. 개념정립 초기에 이들은 창세기 2:7을 주로 살펴보다가, 더 나아가 바울의 서신서 중에서 특히 로마서와 갈라디아서의 여러 본문을 주목해 보게 되었다. 페너가 행위 언약을 설명하기 위해 인용한 성경 본문은 창세기 2:17, 로마서 3:19-20, 7:7-11, 11:32, 갈라디아서 3:8-10, 15-17, 23, 5:23이다.[36] 폴라누스는 창세기 2:17과 갈라디아서 3:19-20 및 7:7-11을 참고했다.[37] 퍼킨스는 갈라디아서 4:24-25을 내세웠으나,[38] 로마서 10:5과 7:14도 그에 못지않게 중요한 성경 본문으로 삼았다.[39] 로버트 롤락(Robert Rollock)은 행위 언약을 도출하게 되는 주요 성경 본문으로 창세기 2:17, 갈라디아서 3:10, 12, 로마서 10:5을 삼았다.[40] 이들 4인의 초

---

35 다음 참고문헌을 보라. Ernest F. Kevan, *The Grace of Law: A Study in Puritan Theology* (London: Carey Kingsgate Press, 1964), 111-12.

36 Dudley Fenner, *Sacra theologia, sive Veritas quae est secundum pietatem* (London, 1585), 2.2(88).

37 Amandus Polanus von Polansdorf, *Partitiones theologiae christianae*, pars. 1-2 (London: Edmund Bollifant, 1591), 1.33(53); in translation, *The Substance of the Christian Religion* (London: R. F. for Iohn Oxenbridge, 1595), 1.33(96-97).

38 William Perkins, *A Commentarie, or Exposition upon the five first Chapters of the Epistle to the Galatians... continued with a Supplement upon the sixth Chapter*, by Ralfe Cudworth (London: John Legatt, 1617), Gal. 4:24-25, 6:8 in loc. (303-7, 502). 로마서 본문에 대한 논의는 Cudworth에 의해 다루어졌음을 확인한다.

39 William Perkins, *A Golden Chaine, in The Workes of... Mr. William Perkins*, 3 vols. (Cambridge: John Legatt, 1612-19), 1:32(cap. 19). Perkins는 행위 언약과 은혜 언약의 차이점과 본질에 대해 논증하면서 렘 31:31-33, 롬 10:5, 딤전 1:5, 눅 16:27, 롬 7:14을 인용한다.

40 Robert Rollock, *Quaestiones et responsiones aliquot de foedere Dei, deque*

기 행위 언약 정립자에게서 발견되는 분명한 입장은 타락 전 언약이 성경의 단일 본문으로부터, 예를 들어 논란의 여지가 있는 호세아 6:7 같은 단일 본문으로부터 도출된 교리가 아니라, 다양한 성경 본문이 이루고 있는 신학적 상관성으로부터 종합된 교리라는 것이다.

웨스트민스터 총회가 성사되기 직전에 활동했던 신학자 세대에 이르러서는 행위 언약과 은혜 언약에 대한 교리가 명확하게 정립되었다. 존 볼(John Ball)이 밝히듯이, 행위 언약에 대해 포괄적이면서 구체적으로 증거해주는 특정 성경 본문은 없다는 인식이 이들에게서도 발견된다. 볼이 판단하기에 이 기준에 가장 근접한 성경 본문은 "행위 언약으로 볼 수 있는 행위의 법이 은혜 언약으로 볼 수 있는 믿음의 법과 대립하는 로마서 3:27이다."[41]

앤서니 버지스(Anthony Burgess)는 볼과 비슷한 어감으로 다음과 같이 설명한다. "하나님이 타락 전의 아담과 맺으신 언약은 타락 후 맺으신 은혜 언약에 비해서 희미하게 나타나 있다." 즉 타락 후 언약들은 성경에 구체적으로 명시되어 있는데 반해, 타락 전 언약은 "오직 성경 전체에서 추론한 바를 종합한 결과"라는 것이다.[42] 이에 덧붙여서 버지스는 성경으로부터 합당하게 추론한 결론이 성경 자체의 증언만큼 진리라는 사실을 인식한다면 "융통성 없이" 하나님이

---

    sacramewnto quod foederis Dei sigillum est (Edinburgh: Henricus Charteris, 1596), fol. A3 verso-A4 recto.

41 Ball, *Treatise of the Covenant of Grace*, 1.2(9).

42 Anthony Burgess, *Vindiciae legis, or, A vindication of the morall law and the covenants, from the errours of Papists, Arminians, Socinians, and more especially, Antinomians. In XXX. lectures, preached at Laurence-jury, London* (London: James Young, for Thomas Underhill, 1647), 123.

아담과 언약 관계를 맺는 "특정 장면을 굳이 찾으려" 할 필요는 없다고 밝힌다. 창세기 2장에서 하나님이 아담에게 주신 약속과 강령으로부터 일종의 언약을 추론할 수 있는데, 이후로는 아마도 아담과 그리스도를 비교 논의한 로마서 5장에서 아담 언약이 가장 분명하게 나타난다. 로마서 5장에서 구원은 그리스도 안에서 대안적으로 맺어진 연대로 소개된다.[43]

여기서 흥미로운 점은 행위 언약을 다룬 신학자들이 주요 성경적 근거를 창세기 2:17 외에 바울서신에 속한 로마서와 갈라디아서에서 찾고 있다는 사실이다. 이들은 호세아 6:7을 언약적 관점으로 해석하는 오랜 주해 전통에 대해 알고 있었으나, 행위 언약을 위한 성경적 근거로서는 고려하지 않았다.[44] 행위 언약과 관련해서 웨스트민스터 신앙고백과 요리문답에 인용된 성경 본문을 살펴보는 과정에서 유사한 논증 방식이 발견될 것이다. 그리고 웨스트민스터 신앙고백에서 성경 본문증명이 사용된 주해적 배경을 살펴보는 과정에서 이러한 논증 방식과 행위 언약 자체를 뒷받침하는 설명이 명확해질 것이다. 이들이 가장 신경을 기울인 부분은 아마도 성경에 충실한 교리적 결론을 도출하는 작업과 또한 근거로 삼은 여러 성경 본문을 대조해 나가는 방식으로 교리의 기초를 정립해 나가는 작업이었을 것이다.[45]

행위 언약을 이해하는 웨스트민스터 신앙고백의 관점과 그 관점

---

43 Burgess, *Vindiciae legis*, 123-24.

44 Richard A. Muller, "The Covenant of Works and the Stability of Divine Law in Seventeenth-Century Reformed Orthodoxy: A Study in the Theology of Herman Witsius and Wilhelmus à Brakel," *Calvin Theological Journal* 29 (1994): 89-90.

45 Muller, *Post Reformation Reformed Dogmatics*, 2:7.4(C.5); 7.5(B.1-3).

을 형성시킨 주해적 배경을 살펴보는 참에 행위 언약을 다루고 있는 장의 제목이 "인간과 맺으신 하나님의 언약에 대하여"로 다소 포괄적이라는 점을 짚고 넘어가는 것이 중요하다. 또한 하나님이 인간과 맺으신 각각의 언약에 대해 구체적으로 논하기에 앞서 하나님의 목적을 위해서 언약이 어떤 역할을 맡고 있는가에 대한 총괄적인 진술로 해당 장의 도입부를 수놓고 있다는 점도 주목할 만하다.

> 하나님과 피조물 사이의 격차는 지극히 커서, 이성을 지닌 피조물이 자기의 창조자이신 하나님께 순종할 의무가 있음에도 하나님으로부터 축복과 보상을 받을 만한 어떠한 결과도 스스로 이루지 못한다. 다만 하나님 편에서 친히 낮아지셔야만 이루어질 수 있는데, 하나님은 언약이라는 방법으로 자신의 낮아지심을 나타내기를 기뻐하셨다[a: 사 40:13-17; 욥 9:32-33; 삼상 2:25; 시 113:5-6; 100:2-3; 욥 22:2-3; 35:7-8; 눅 17:10; 행 17:24-25].[46]

7장의 도입부는 언약과 행위 그리고 은혜를 모두 포괄하려는 의도를 분명하게 보여준다. 그 의도 속에 심지어 행위 언약 아래에서 조차도 철저히 공로만 놓고 판단했을 때 인간에게 영원한 보상이 주어질 수 있다는 어떤 일말의 개념도 사실상 배제하고 있다. "하나님 편에서 친히 낮아지심"이 아니고서는 최후의 축복과 영원한 보상을 받을 어떤 가능성도 인간에게는 없다.[47]

---

46 웨스트민스터 신앙고백 7장 1조.
47 당시 개혁주의 신학자 대부분은 타락 전부터 하나님의 은혜가 편만 했다는 생각을

제4장 "하나님의 뜻은 전부 성경에 분명하게 진술되어 있거나, 조리 있고 합당한 이치에 따라 성경에서 추론할 수 있다"

행위 언약과 은혜 언약이 공유하고 있는 기초를 설정한 뒤에 웨스트민스터 신앙고백은 다음과 같이 행위 언약의 정의를 진술한다.

> 하나님이 인간과 맺으신 첫 번째 언약은 일종의 행위 언약이었다[b: 갈 3:12]. 이 행위 언약 안에서 아담에게 그리고 아담 안에 있는 후손에게 생명이 약속되었는데[c: 롬 10:5; 5:12-20], 약속의 조건으로 완전하고 전인적인 순종이 요구되었다[d: 창 2:17; 갈 3:10].[48]

행위 언약에 대한 웨스트민스터 요리문답의 진술은 웨스트민스터 신앙고백의 관련 진술과 뚜렷한 차이를 보여준다. 두 문서 모두 타락 전 언약을 '생명 언약'으로 밝히지만, 대요리문답의 경우 "이 언약의 확실한 보증은 생명나무이다"라는 진술을 덧붙인다. 생명 언약과 관련하여 웨스트민스터 요리문답에 인용된 성경 본문은 신앙고백에 인용된 성경 본문과 비슷하다. 소요리문답은 갈라디아서 2:17을 인용한다. 대요리문답은 생명 언약에 대한 언급과 함께 로마서 10:5을, 생명나무에 대한 언급과 함께 창세기 2:9을 인용목록에 추가한다. 그러한 점에서 행위 언약을 도출할 수 있는 성경적 근거로서 (퍼킨스나 볼보다는) 롤락이 살펴본 성경 본문이 생각난다.[49] 개

기본적으로 지니고 있었음을 염두에 두자. 다음 참고문헌을 보라. Kevan, *Grace of Law*, 112, 113-26, passim; Muller, "The Covenant of Works and the Stability of Divine Law," 91-93.

48 웨스트민스터 신앙고백 7장 2조.
49 웨스트민스터 대요리문답 [문 21]. 참고로 "행위 언약"이라는 용어가 등장하는 웨스트민스터 대요리문답 [문 30]. 소요리문답 [문 12].

별 표준문서에서 인용한 성경 본문의 차이를 넘어서 이들 인용 본문이 모여서 일정한 흐름을 형성한다. 관련 신학자와 웨스트민스터 표준문서의 진술 모두 행위 언약에 대해 논증하기 위해서 따르는 흐름으로써, 창세기 2:17에 기록된 아담에게 부여된 순종의 의무부터 바울의 관련 증언에 대한 논증까지 이어지는 흐름이다.

우선 웨스트민스터 신앙고백과 요리문답에서 인용하고 있지 않지만, 본문증명으로 사용될 가능성이 있는 성경 본문에 대해 언급해 두는 것이 좋겠다. 최근 연구 동향에서 감지되듯이, 웨스트민스터 신앙고백은 행위 언약과 관련해서 지금까지 호세아 6:7, 즉 "그들은 아담처럼(혹은 사람처럼) 언약을 어기고…"를 인용하지 않는다.[50] 게다가 웨스트민스터 요리문답이나 신앙고백이나 마찬가지로 호세아 6:7과 빈번히 결부되어서 호세아 본문에서 사용한 히브리어 '아담'이 보통 인간을 가리키는 통칭이 아니라 처음 창조된 인간을 가리키는 특칭임을 대비적으로 증거해주는 성경 본문 또한 인용하지 않는다. 이러한 성경 본문으로 "내가 언제 아담처럼 내 악행을 숨긴 일이 있거나…"하는 욥기 31:33, "네 시조가 범죄하였고…"하는 이사야 43:27이 있다.

여기서 호세아 6:7에 대한 성경 주해의 역사를 끄집어내려는 것은 아니다. 다만 웨스트민스터 신앙고백에서 호세아 본문을 인용하지 않은 것 자체가 이전까지의 성경 주해 전통에서 해당 본문을 타락 전에 아담과 맺은 하나님의 언약을 증거하는 본문으로 해석하는 이해가 부족했음을 뜻하는 바가 아니라는 정도만 확인하고 넘어가

---

50 David A. Weir, *The Origins of the Federal Theology in Sixteenth-Century Reformation Thought* (Oxford: Clarendon Press, 1990), 14-15.

제4장 "하나님의 뜻은 전부 성경에 분명하게 진술되어 있거나, 조리 있고 합당한 이치에 따라 성경에서 추론할 수 있다"

려 한다. 사실 호세아 6:7은 이전까지의 성경 주해 역사에서 아담과 맺은 하나님의 언약에 대해 증거하는 본문으로 이해되었던 것이 사실이다. 아울러 웨스트민스터 신앙고백의 제정위원들에게 익숙했던 『화란 국역성경』과 디오다티의 주석성경 그리고 『잉글랜드 주석성경』에서도 실제 그러한 식으로 해석되곤 했다.[51]

다소 흥미로운 대목이 아닐 수 없다. 웨스트민스터 신앙고백의 제정위원들은 호세아 6:7을 행위 언약을 뒷받침하는 기본적인 성경 증거로 인용할 수도 있었다. 잉글랜드 의회가 위탁한 『잉글랜드 주석성경』에서도 웨스트민스터 신앙고백의 관련 진술을 지지하는 방향으로 해당 호세아 본문을 해석하고 있으니 확인해 보라고 독자들에게 자신 있게 권하면서 말이다! 그렇다면 어째서 신앙고백의 제정위원들은 행위 언약과 관련된 자신들의 논지를 뒷받침하기 위한 증거로서 해당 호세아 본문을 제쳐놓고 다른 성경 본문을 인용했을까? 아쉽지만 이 질문에 대한 답을 들을 수 없다. 하지만 추측해볼 수는 있다. 세 가지 정도로 이유를 추려볼 수 있다.

첫째, 호세아 6:7에 대한 전통적인 해석에 반론의 여지가 제기되었기 때문이다.

둘째, 『잉글랜드 주석성경』에서 호세아 6:7을 행위 언약에 대해 증거하는 본문으로 이해하는 해석을 선호했음에도 이러한 주해적 제안은 정작 흠정역(AV) 성경 본문란이 아닌 날개여백란에 기록되어 있기 때문이다. 흠정역 성경의 해당 본문란은 "사람처럼"이 버젓이 차지하고 있다.

---

51 *English Annotations* (1645), Hos. 6:7, in loc. 다음 참고문헌도 함께 보라. Muller, PRRD, 2:436-41.

셋째, 호세아 6:7이 타락 전에 언약이 존재했음을 증거한다고 볼 수 있는 여지를 얼마든지 남기고 있음에도, 해당 본문이 그 언약을 순종 혹은 '행위'를 조건으로 성립되는 언약으로 규정하고 있지 않기 때문이다.

앞서 살펴보았듯이, 행위 언약은 웨스트민스터 총회가 소집되기 이전 시대에 활동했던 다수의 개혁주의 신학자들이 정립한 교리이다. 그들은 창세기 2:17 옆에 바울서신를 주요한 대조 성경 본문으로 두고, 언약을 하나님과 인간 사이의 온전한 관계가 성립되기 위해서 반드시 충족되어야 할 조건인 하나님의 친히 낮아지심을 표현한 형태로 바라보는 관점으로 관련 성경 본문을 읽었다. 행위 언약과 관련해서 웨스트민스터 신앙고백에 인용된 성경 본문이 바로 이들 바울서신와 아울러 창세기 2:17이다.

웨스트민스터 신앙고백의 행위 언약이 도출된 주해적 배경을 이해하기 위해서 신앙고백에 인용된 성경 본문인 창세기 2장, 갈라디아서 3장, 로마서 5장과 10장 본문에 대한 『잉글랜드 주석성경』의 주석을 참고해볼 수 있다. 첫 본문인 창세기 2장은 웨스트민스터 신앙고백과 요리문답 모두에서 인용하고 있다. 창세기 2:17은 세 표준문서에서 모두 인용하고 있고, 창세기 2:9은 대요리문답에서 인용한다. 창세기 2장은 웨스트민스터 신앙고백과 요리문답에서 최초의 행위 언약 혹은 생명 언약에 대해 진술하는 지점에서 참고자료로 인용되지 않고, "완전하고 전인적인 순종"이라는 조건 아래 아담과 그의 후손에게 주어진 생명의 약속을 밝히는 지점에서 인용된다. 창세기 본문이 인용된 지점은 웨스트민스터 표준문서가 당시의 주해 전통과 맺고 있었던 일반적인 관계와 아울러 『잉글랜드 주석성경』과 맺고 있었던 구체적인 관계를 살펴보는 관점을 조율해준다.

『잉글랜드 주석성경』에서 창세기를 담당했던 편찬자는 존 레이로, 그는 웨스트민스터 신앙고백의 초안 제정을 담당한 하부 위원회 소속은 아니었지만, 웨스트민스터 총회원이었다. 창세기 2장에 대해서 레이는 선악과 먹는 것을 금지한 하나님의 명령은 "자신이 지은 피조물을 마음대로 다스리고…창조주인 자신에게 복종하게 하는 하나님 자신의 고유한 권리에 대해 증거한다"라고 주석을 단다. 순종에 대해서는 생명으로 돌려주고, 불순종에 대해서는 형벌로 돌려주겠다는 하나님의 명령이 없다면 선악과는 "아무 의미 없는" 사물일 뿐이라고 밝혀둔다.[52]

1645년 판 『잉글랜드 주석성경』에서는 창세기 본문을 두고 언약과 관련된 어떠한 구체적인 언급도 발견되지 않는다. 다만 행위 언약에서는 순종이라는 조건이 반드시 요구된다는 웨스트민스터 신앙고백의 주 논점을 당시 개혁주의 주해 전통이 지지하고 있다는 증거가 발견된다. 1645년 판 『잉글랜드 주석성경』은 생명나무에 대한 대요리문답의 이해에도 비록 맹목적이거나 무조건적이진 않아도 어느 정도 힘을 실어준다. 생명나무라고 부르는 두 가지 이유가 있다고 『잉글랜드 주석성경』은 밝히고 있다.

첫째, 어떤 면에서 생명나무는 죄를 범하기 이전의 아담과 하와에게 영양분을 공급해 줌으로써 그들을 질병으로부터 건강하게 지켜주었을지도 모르기 때문이다.

둘째, 또 다른 면에서는 다음과 같다.

---

[52] *English Annotations* (1645), Gen. 2:9, in loc.

생명나무는 하나님께 순종하는 사람은 그로 말미암아 강건할 것이고, 질병과 죽음이 없는 상태에서 더 나아가 에녹과(창 5:24) 엘리야처럼(왕상 2:11) 천국에서 누리는 영생의 상태에 들어갈 것을 성례적으로 표현했다. 또한 (생명나무라는 이름을 주신 하나님은 인간이 겪을 불행과 그리스도 안에서 이루어질 구속이라는 해결책을 미리 보셨기에) 생명나무는 요한계시록 22:2에 기록된 생명나무라고 일컬어질 만한 (또한 실제로 그러하신) 분으로서, 생명과 불사를 가져다주신 그리스도를 가리키는 모형이자 예시로 볼 수 있다.[53]

가태이커의 수고가 묻어있는 1655년 확장판에 실린 추가 주석에는 다음과 같은 간략한 주석으로 생명나무에 대한 성례적 관점이 부각되고 있다. "생명나무라 불리는 이유는 자연적으로도 생명이 풍성하지만 성례적으로는 더 풍성하기 때문이다."[54] 대요리문답에서는 생명나무의 성례적 의미를 간략하게 진술했지만, 1655년 판 『잉글랜드 주석성경』에서는 어느 정도 장문으로 진술했다. 대요리문답에서 생명나무를 언약의 표지로 밝히는 부분이 있는데, 『잉글랜드 주석성경』 또한 더 나아가 생명나무를 성례적 표지로 규정함으로써 아무리 못해도 어거스틴까지 그 명맥이 거슬러 이어지는 주해 전통에서 견지한 전형적인 관점 및 17세기 언약 신학의 특성을 보여준다.

『잉글랜드 주석성경』은 행위 언약에서조차 하나님 편에서 먼저 자애로움을 나타내셨다는 웨스트민스터 신앙고백의 진술을 간접적

---

53 Ibid.

54 *Choice Observations*, Gen. 2:9, in loc.

으로나마 지지한다. 게다가 타락 전에 하나님과 인간이 맺은 관계를 생명 언약으로 규정하는 대요리문답의 관점 역시 지지한다. 재차 언급하지만 타락 전 언약에 대해 특정적으로 증거하는 성경 본문은 하나도 없다. 다만 『잉글랜드 주석성경』의 나머지 관련 부분과 개혁주의라는 폭넓은 주해적, 신학적 전통 안에서 에덴동산에 심겨져 있던 선악나무와 생명나무를 포함하는 성례성이 언약의 표지로 이해되었다는 점을 확인할 수 있다.[55]

『잉글랜드 주석성경』에서 바울서신에 대한 주석은 다니엘 휘틀리의 손때가 묻어 있다. 갈라디아서 3장은 16-17세기 주해 전통 안에서 언약에 대해 증거하는 주요 본문으로 인식되었으며, 여러 주석서에서는 행위 언약과 은혜 언약에 대한 논의가 이루어지고 있는 본문으로 인식되었다. 앞서 밝혔듯이, 왕정파 국교도였던 휘틀리는 신학적으로는 확고한 개혁주의자였다. 비록 그의 저서 『구원에 이르는 지식』(*Summe of Saving Knowledge*)에서는 언약에 대해 다루고 있지 않지만, 『잉글랜드 주석성경』에 실린 그의 주해를 보면 언약에 대한 그의 관심을 확인할 수 있다. 갈라디아서 3장 12절에 대한 휘틀리의 주석은 율법 아래 의롭게 여겨짐과 믿음으로 말미암아 의롭게 여겨짐 사이를 다음과 같이 간략하게 대비시킨다.

> [율법은 믿음에서 난 것이 아니니…] 율법은 준수하는 자에게 생명이 약속된다. 따라서, 율법을 준수하는 자가 의롭다 여김을 받고 생명을 얻는다. 하지만 성경은 율법과 상관없이 믿음에

55　John Calvin, *Institutio christianae religionis* (Geneva: Stephanus, 1559), 4.14.18.

속한 자에게 의와 생명을 약속한다. 믿음에 속한 자가 다른 누군가의 의를 덧입음으로 말미암아 의롭게 여겨진다면, 율법에 속한 자는 자기 스스로 행하는 행위로 말미암아 의롭게 여겨진다.[56]

율법을 준수하는 자들에게, 즉 (웨스트민스터 신앙고백의 표현으로 바꾸면) "아담과…그의 후손에게" 생명이 약속되었다는 문구는 로마서 10:5과 5:12-20에 근거한다.

로마서 10:5에 대해 휘틀리가 남긴 주석은 다음과 같다.

율법의 조건에 의하면 율법대로 행하는 자는 살게 될 것이다. 하지만 행해야 할 율법을 전부 행하지 않는 자는 정죄 받게 될 것이다. 신명기 27:26을 참고하라.[57]

개혁주의 주해 전통의 초기에 편찬된 다른 주석서, 특히 『화란 주석성경』에서도 이와 비슷한 방식으로 율법과 믿음을 하나님과의 연합에 이르는 각기 다른 길로서 나란히 두고 대비시킨다.

율법은 믿음으로 말미암아 의롭다고 여겨진 사람이 아니라, 율법을 완전하게 지킨 사람에게 생명을 약속한다. 그 누구도 율법을 완전하게 지키지 않을뿐더러 또 지킬 수도 없지만 말이다.[58]

---

56 *English Annotations* (1645), Gal. 3:12, in loc.
57 *English Annotations* (1645), Rom. 10:5, in loc.
58 *Dutch Annotations*, Rom. 10:5, in loc., collating with Rom. 3:9ff.

제4장 "하나님의 뜻은 전부 성경에 분명하게 진술되어 있거나, 조리 있고 합당한 이치에 따라 성경에서 추론할 수 있다"

해당 로마서 본문에 대한 롤락과 피스카토르의 주해도 거의 똑같은 목소리를 낸다.[59]

로마서 5장 12-20절에서는 바울의 눈에 비친 아담과 그리스도를 비교하는데, 휘틀리는 이 본문을 근거로 원죄론과 아울러 아담이 "모든 인류의…머리이자 근원"이라는 교리를 확인한다.[60] 로마서 5장 12-20절이나 로마서 10장 5절 혹은 갈라디아서 3장 12절에 대한 주석에서 휘틀리는 '행위 언약'이라는 문구를 사용하지 않는다. 휘틀리는 그렇다 쳐도, 롤락 역시 이들 본문을 다룬 주석서에서 행위 언약에 대해 길게 언급하지 않는다. 사실 롤락은 그의 저서 『언약』(De foedere)에서 행위 언약에 대해 증거하는 성경 본문으로 해당 로마서 본문을 보다 강조해서 인용한다. 게다가 롤락은 행위 언약과 은혜 언약에 대해 본격적으로 주해적 논의를 펼치기 위한 본문으로 로마서 5장 대신 8장을 꼽는다.[61] 로마서 5장 12-20절에 대해서 베자는 아담과 그리스도 그리고 율법과 믿음 사이를 대비시키는 데서 더 나아가 아담이 "자연법칙"을 이해했다는 논의를 추가한다.[62]

덧붙여 언급하자면, 휘틀리가 로마서 5장을 주해한 방식은 앤서니 버지스가 창세기 2장 17절에 대한 해석과 연결해서 타락 전 언약에 대한 증거 본문으로 로마서 5장을 사용한 방식과 유사점이 매우

---

59 Robert Rollock, *Analysis dialectica... in pauli Apostoli Epistolam ad Romanos* (Edinburgh: Robrert Waldegrave, 1593), 10:5, in loc. (246-47); Johannes Piscator, *Analysis logica omnium Epistolarum Pauli* (London: George Bishop, 1608), Rom. 10:5, in loc. (125).

60 *English Annotations* (1645), Rom. 5:12, in loc.

61 Rollock, *Analysis... in Epistolam ad Romanos*, 161-63.

62 Beza, *Annotationes in Novum Testamentum*, Rom. 5:13-14, in loc.

많다. 버지스는 창세기 2장에서 언약의 존재를 가리켜주는 증거 하나는 바울이 명시했듯이 아담의 후손이 아담이 범한 죄 안에 속하게 되어서 아담과 같은 형벌에 처하게 되었다는 점이라고 다음과 같이 밝힌다.

> 사도 바울의 로마서 5장에 따르면 거룩한 자들이 그리스도 안에 있는 것 같이 모든 사람은 아담 안에 있다. 이제 믿는 자는 영접받기 위해 그리스도에게로 나아가나 이는 자연스러운 귀결이 아니다. 왜냐하면, 믿는 자들은 그리스도께서 취하신 인성을 받아 소유한 자들이기 때문이다. (모든 사람이 구원받아야 하나) 오직 그리스도와의 연대를 통해서 (구원을) 받게 된다.[63]

웨스트민스터 신앙고백에서 인용된 갈라디아서 3장 본문 가운데 갈라디아서 3장 20절은 발견되지 않지만, 1645년 판 『잉글랜드 주석성경』에 실린 해당 본문에 대한 주석은 행위 언약의 발전에 크게 이바지한다.

> [그 중보자는 한 편(혹은 한 언약)만 위한 자가 아니나…] 이 구절의 뜻은 두 방향으로 추론해볼 수 있다. 한 가지 가능한 뜻은 그 중보자는 한 편만 위한 중보자가 아니라, 서로 반목하는 두 편 사이의 중보자라는 말이다. 이러한 방향의 주해를 따르면 본문이 말하려는 바는 율법이 주어졌을 때 인간이 율법을 어겼기 때

---

63 Burgess, *Vindicae legis*, 124. 122쪽에 진술된 아담과 그리스도 사이의 대비를 보라.

제4장 "하나님의 뜻은 전부 성경에 분명하게 진술되어 있거나, 조리 있고 합당한 이치에 따라 성경에서 추론할 수 있다"

문에 하나님과 인간 사이가 벌어지고 멀어지게 되었다는 것이다. 다른 가능한 뜻은 그 중보자는 오직 한 언약의 중보자가 아니라, 행위 언약의 중보자이듯이 또한 은혜 언약의 중보자라는 말이다.[64]

휘틀리는 본문이 성경 전체의 목적이 되시는 그리스도를 부각시키고 있기에 주해적으로 보면 본문이 행위 언약을 가리키고 있을 수 있다고 결론 내리고, 그 정당성을 다음과 같이 논증한다.

[하나님은 한 분이시니라] 누군가 언약을 체결한 하나님과 인간 양편이 필요에 따라서 새로운 언약을 추가할 수 있다고 말하거나, 혹은 이전 언약은 파기되었다고 말하지 못하도록 못 박기 위해서 사도 바울은 이렇게 말한 것이다. 사도 바울이 말하려는 바는 항상 한 분이시고 동일하신 하나님에게 그러한 경우는 해당되지 않는다는 것이다. 그리고 사도 바울은, 하나님은 행위 언약과 은혜 언약 안에서 모두 같은 목표와 목적을 가지고 계신다고 말하려고 한다. 왜냐하면, 그리스도는 율법의 완성이시기 때문이다. 그게 아니라면, 누군가 하나님은 율법의 행위로 의롭다 여김을 받으려는 범죄자들과 자신 사이에 거리를 두고 계시기 때문에 여전히 동일하시다고 말하지 못하도록 못 박기 위해서 사도 바울은 이렇게 말한 것이다.[65]

64　*English Annotations* (1645), Gal. 3:20, in loc.

65　Ibid.

분명한 사실은 "그 중보자는 한 편(혹은 한 언약)만 위한 자가 아니나…" 구절에 대해 한 편만 위한 중보자가 아니라고 하는 식의 이해가 통상적으로 받아들여지는 주해라는 점이다. 게다가 이 통상적인 주해가 당시 대부분의 주석서에서 본문에 대한 유일한 주해로 여겨졌음이 분명하다. 그 예를 찾아볼 수 있는 대표적인 주석서로는 롤락의 주석서,[66] 피스카토르의 주석서,[67] 퍼킨스의 주석서,[68] 『화란 주석성경』,[69] 디오다티의 주석성경,[70] 딕슨의 주석서가 있다.[71]

그런데 행위 언약을 그리스도와 관련지어서 이해하는 관점은 『잉글랜드 주석성경』만이 지닌 특이성은 아니다. 흥미롭게도 해당 갈라디아서 본문에 대한 칼빈의 주석에서 이미 감지되는 관점이다. 칼빈은 "분쟁 중인 '양편' 사이의 유일한 중보자는 그리스도이시다"라는 식으로 읽는 것이 해당 본문에 대한 통상적인 주해라고 밝힌다. 하지만 "양편"이라 했을 때 칼빈은 후대에서 사용한 바와 다르게 하나님과 인간을 염두에 두지 않았다. 그는 다음과 같이 밝힌다.

---

66 Robert Rollock, *Analysis Logica in Epistolam Pauli ad Galatas* (London: Felix Kingston, 1602), Gal. 3:20, in loc. (63).

67 Piscator, *Analysis... Epistolarum Pauli*, Gal. 3:20, in loc. (415).

68 William Perkins, *A Commentarie, or Exposition upon the five first Chapters of the Epistle to the Galatians* (London: John Legatt, 1617), 3:20 (192).

69 *Dutch Annotations*, Gal 3:20, in loc.

70 Diodati, *Pious and Learned Annotations*, Gal. 3:20, in loc.

71 David Dickson, *Exposition Analytica omnium Apostolicarum Epistolarum* (Glasgow, George Anderson, 1647), Gal. 3:20, in loc. (322); idem, *An Exposition of all St. Pauls Epistles, together with an Explanation of those other Epistles of the Apostles, St. James, peter, John, & Jude* (London: R. I. for Francis Eglesfield, 1659), Gal. 3:20, in loc. (99).

그리스도는 한 편을 위한 중보자가 아니시다. 왜냐하면, 그리스도의 중보를 통해 하나님과 언약 관계를 맺은 사람들 사이에 외적으로 다른 모습이 발견되기 때문이다.[72]

즉 칼빈이 의미한 양편은 구약에 속한 유대인과 신약에 속한 그리스도인을 가리킨다.

아울러 『잉글랜드 주석성경』보다 2년 앞서 1643년에 발행된 토비아스 크리스피(Tobias Crisp)의 『홀로 존귀하신 그리스도』(*Christ Alone Exalted*)에서 비록 다른 본문을 대상으로 삼긴 했어도 휘틀리의 관점과 거의 흡사한 관점과 만나게 된다.

하나님이 인간과 맺으신 대표적인 언약은 두 가지이다. 그 중 하나는 첫 언약, 혹은 옛 언약으로 불리는 행위 언약이다. 이 언약의 기조는 "이렇게 행하면 살리라"는 것이다. 다른 하나는 예레미야 선지자와 히브리서를 쓴 사도가 8장에서 새 언약이라고 명한 언약이다. 이 언약은 첫 번째보다 나은 언약으로 은혜 언약이다. 첫 언약이자 옛 언약인 행위 언약의 기조는 "이렇게 행하면 살리라"이다. 확실치 않지만, 심지어 행위 언약이라도 그리스도께서 인간을 위한 첫 언약이었다는 사실은 매우 개연성이 있다. 비록 두 번째이자 새 언약인 은혜 언약이 아니기는 하나, 다른 피조물을 관련지어 생각해 보면 행위 언약도 은혜 언약으로 간주할 만하다. 모든 피조물이 하나님께서 그들 편에서

---

72 Calvin, *Commentaries on Galatians*, 3:20, in loc. (CTS Glatians, 103).

감당하라고 부여하신 "이렇게 행하라"는 법 아래 속해 있다. 하지만 다른 어떤 피조물도 "이렇게 행하면 살리라"는 은혜의 특권은 누리지 못한다. 첫 언약의 바탕을 잠언 8:31에서 확인할 수 있다. 하나님이 세상의 만물을 지으셨을 때 지혜이신 그리스도는 하나님 아버지의 기뻐하신 바가 되었으며, 인자들을 기뻐하셨다.[73]

이와 상반되게, 1659년에 발행된 주석서에서 제임스 퍼거슨(James Ferguson)은 갈라디아서 3장 20절에 대한 『잉글랜드 주석성경』의 주해 관점에 대해 알고 있지만 수긍할 수 없다는 견해를 표한다. 퍼거슨이 보기에 타락 전에 하나님과 인간의 관계는 사실 "하나였다"고 할 만큼 화평했기에, 하나님과 인간이 행위 언약을 맺을 당시 중보자는 없었다는 것이다. 중보자는 두 편을 위한 자이지, 한 편 만을 위한 자가 아니지 않은가! 해당 갈라디아서 본문은 중보자의 필요성을 가리키고 있다는 점에서 서로 다른 두 편 사이에 맺어진 언약을 암시하고 있다. 그러한 점에서 퍼거슨은 본문에서 말하는 언약은 은혜 언약일 수밖에 없다고 본 것이다.[74]

행위 언약을 두고 웨스트민스터 신앙고백과 당시 개혁주의 주해 전통 사이를 이어주는 상관성에 대해 내릴 수 있는 전반적인 결론은 무엇일까? 그리고 이 결론으로부터 유추해서 행위 언약을 내세우는

---

[73] Tobias Crisp, *Christ Alone Exalted. In fourteene Sermons* (London: Richard Bishop, 1643), sermon 6 (155-56).

[74] James Ferguson, *A Brief Exposition of the Epistles of Paul to the Glalatians and Ephesians* (Edinburgh: Christopher Higgins, 1659), Gal. 3:20, in loc. (48).

초기 개혁주의 사상에 대해 내릴 수 있는 전반적인 결론은 무엇일까?

첫째, 웨스트민스터 신앙고백은 당시 개혁주의 주해 전통 안에 거하면서 행위 언약과 은혜 언약의 초기 정립자들과 대체로 일치된 관점을 견지하고 있다. 행위 언약과 은혜 언약을 위한 성경 근거로 창세기 2:17과 바울서신을 주로 든다는 점에서 그렇다.

둘째, 타락 전에 맺어진 행위 언약(아니면 "자연 언약" 또는 "생명 언약")에 대한 근본 개념은 에덴동산에 심어진 두 나무에 대한 성례적 이해와 아담에게 요구된 순종에 대한 성경의 증언 이외에도 바울이 설정한 아담과 그리스도 사이 그리고 율법과 믿음 사이의 대비 관계에 기초한다. 즉 앞서 몇몇 참고문헌을 통해 살펴보았듯이 그리스도와 믿음과 은혜 언약이 서로 엮여 이루는 일련의 조합이 아담과 율법과 행위 언약이 이루는 조합과 나란히 놓여 대비된다. 달리 말하면, 앞서 살펴본 해당 대조 본문으로부터 도출된 필연적인 결론에 근거해서 정립된 타락 전 언약이 타락 후 언약과 병치 된다. 언약에 대해 진술하는 시점에서 웨스트민스터 신앙고백은 사실상 개혁주의 성경해석론에 대해 내놓은 자체 진술을 입증하기 위한 예시를 언약을 통해 보여주고 있는 셈이다.

개혁주의 성경해석론이라 함은 다름이 아니라 기독교 교리는 성경에 분명하게 진술된 증거 위에 세워지거나, 아니면 "조리 있고 합당한 이치에 따라" 성경에서 추론한 결론 위에 세워진다는 것이다.[75] 초기 정통 개혁주의 신학자들은 웨스트민스터 신앙고백에서 표방하는 해석론을 토대로 창세기 2:17과 바울서신의 여러 본문을 주해하

---

75 웨스트민스터 신앙고백 1장 6조.

면서 타락 전의 언약에 대한 신학적 이해를 발전시켜 왔다. 그 유산이 웨스트민스터 신앙고백과 요리문답을 진술하는 방법론으로 남은 것이다.[76]

4. 결론

17세기 개혁주의 주해 전통을 일변하는 『잉글랜드 주석성경』과 웨스트민스터 신앙고백에서 공통으로 인용된 성경 본문을 살펴보았다. 두 문서 사이의 상관성은 다양하며 또한 뚜렷하다. 이번 장의 도입부에서 밝혔듯이, 관련 참고문헌이나 저자들의 견해를 살펴보면서 두 문서 사이에 단순한 일대일 호응관계를 애당초 기대한 것은 아니었다. 웨스트민스터 표준문서의 관점이 『잉글랜드 주석성경』의 관점과 정확히 맞아떨어진다든지, 아니면 『잉글랜드 주석성경』을 형성하는 다양한 주해적 제안들이 웨스트민스터 신앙고백이 표방하는 신학적 입장을 하나하나 검증해 나가는 점검목록이 된다든지 하는 성격의 상관성은 두 문서 사이에 존재하지 않는다. 두 문서 사이의 관계는 그보다 훨씬 더 미묘하고 다채롭다.

한편으로, 웨스트민스터 표준문서에서 성경 본문을 근거로 인용하는 방식은 일부에서 웨스트민스터 표준문서와 17세기 정통 개혁주의 전통 안에서 생산된 저술을 상대로 문제점으로 제기되는 지나친 아전인수격 본문증명 방식이 아니었다. 도리어 웨스트민스터 신

---

76 Muller, *PRRD*, 4:7.4 (C.5).

제4장 "하나님의 뜻은 전부 성경에 분명하게 진술되어 있거나, 조리 있고 합당한 이치에 따라 성경에서 추론할 수 있다"   153

앙고백과 요리문답은 교회사의 초기 5세기 동안 활동했던 교부들에게까지 거슬러 올라가는 주해 전통에서 성경을 인용했던 기준을 대부분 따르며, 16세기와 17세기 초에 발전된 개혁주의 전통에서 밟아 나간 성경해석 방식을 매우 일관되게 따르고 있다.

다른 한편, 『잉글랜드 주석성경』은 베자, 디오다티, 『화란 국역성경』을 편찬한 화란 주석가 같은 선배들이 남긴 유산을 소중히 누리면서 개혁주의 전통을 이어간다. 그렇기에 『잉글랜드 주석성경』은 웨스트민스터 총회 당시 성경 본문을 해석하던 방식을 알려주는 지표로서 빈번히 사용되곤 한다.

이번 장을 통해 웨스트민스터 신앙고백과 당시 개혁주의 주해 전통 사이의 상관성을 검증한 결과, 적어도 자세히 살펴본 바에 한정해서 몇 가지 밝혀볼 수 있다. 웨스트민스터 표준문서의 제정위원들은 자신들이 정립한 교리적 진술이 진정 성경의 가르침을 대변한다고 확신할 수 있었을 것이다. 그리고 매우 확실한 결론으로써, 웨스트민스터 표준문서에 인용된 성경 본문은 신앙고백과 요리문답의 독자들을 성경의 가르침으로 안내하는 길을 열어주었다. 게다가 『잉글랜드 주석성경』은 성경을 읽는 일관된 길잡이가 되어 줌으로써, 개혁주의 주해 전통 속에 깊이 내린 뿌리로부터 웨스트민스터 표준문서에서 표방하는 신앙고백을 세워준다. 또한 『잉글랜드 주석성경』은 신앙고백을 추론할 수 있는 성경 본문이나, 혹은 직접적으로 교리를 명시하고 있는 성경 본문과 함께 웨스트민스터 신앙고백과 요리문답을 위한 주해적 기초를 제공한다.

웨스트민스터 예배모범

로우랜드 S. 워드

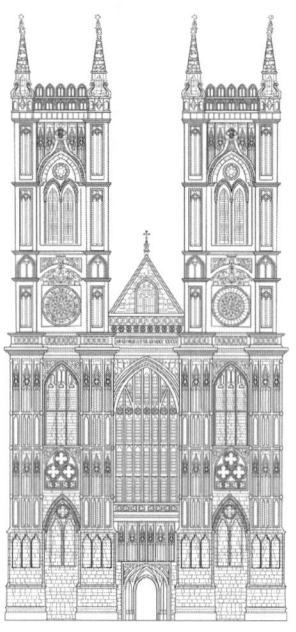

Scripture and Worship:

Biblical Interpretation and the Directory for Public Worship

제5장

제정 배경과 원칙[1]

1. 웨스트민스터 총회

개혁주의 전통에서 세워온 기념비적 업적 가운데 각양각색의 신화로 회자되는 부분이 있다. 흠정역 성경(King James Version of the Bible)은 하나님의 섭리로 구별되게 세워진 거룩한 성인들이 빚어낸 작품이기에 어떠한 비평의 여지도 없다고 생각하는 이들이 더러 있다. 그런 이들은 흠정역 성경이 심지어 청교도 학자들이 아닌 대부분 '고교회파 성공회교도'(high and dry Anglicnas) 학자들이 내놓은 산물이라는 점을 미처 알지 못하는 듯하다. 그런 학자들이 내놓은 흠정역 성경은 일반인들에게 많은 사랑을 받았던 제네바 성경(Geneva Bible)을 한 세대가 다 지나도록 대체하지 못했다. 흠정역 성경의 도서관 보관 판에 실린 장문의 서문에 기록되어 있듯이, 흠정

---

[1] 본 글은 필라델피아 웨스트민스터신학교의 개교 75주년을 맞아 2004년 10월 21에 기획된 기념 강연에서 발표한 내용을 출판에 맞게 교정한 것이다.

역 성경의 번역진은 후세대가 이 성경을 높이 떠받드는 행태를 전면 거부했다.

마찬가지로 웨스트민스터 총회를 두고 국교에 반대하는 몇몇 독립파 및 일부 에라스투스파(Erastian)의 틈새 속에서 고생했던 열심(keen) 장로교도들로 이루어진 회합으로 생각하곤 하는 이들이 있다. 위대한 목회자였으나 위대한 신학자는 아니었던 리처드 백스터(Richard Baxter, 1615-91)는 웨스트민스터 총회가 소집되었던 시대와 관련된 배경을 다음과 같이 설명했다.

> (비록 중도 국교도파이자 예전의 지지자일지라도) 신령한 예배를 사모하는 자, 신앙고백에 합당하게 사는 자라면 이전에는 청교도로, 지금은 통상적으로 장로교도로 분류되었을 것이다. 단 독립파나 재세례파라든지, 혹은 더 끔찍한 꼬리표가 따라다니게 될 어떤 다른 교파에 속하지 않았다면 말이다.[2]

백스터의 분류기준이 옳다면 그가 이해한 '장로교도'란 지성과 영성 모두에서 주목받았다는 점을 제외하면 오늘날 일반적으로 생각하는 장로교도와는 거리가 있다. 웨스트민스터 총회원 가운데 한 사람을 제외하면 모두 국교회로부터 성직자로 임명받은 자들이었다. 게다가 웨스트민스터 총회는 앞서 소집되었던 도르트 회의나 니케아 공의회와 다르게 공식적 성격의 교회회의가 아니라 행정당국 관할 하에 소집된 회합이었다. 웨스트민스터 총회는 121명의 성직

---

2 Matthew Sylvester, ed., *Reliquiae Baxterianae, or Mr Richard Baxter's Narrative of the Most Memorable Passages of his Life and Times* (London 1696), 278.

자와[3] 30명의 의회원들로 구성되었는데, 평균 참석 인원은 60명에서 80명 가량이었다. 이들은 스코틀랜드 측에서 파견되어 참석했던 자들과 다르게 장로제의 전반을 두루두루 경험하지 못했다. 예배형식에 대한 다양한 관점만큼이나 장로제에 대한 이들의 이해도와 헌신도 역시 각양 지차였다.

오늘날 웬만한 규모의 기독교 교단에 속한 모든 목회자를 합친 것 보다 더 많은 잉글랜드 청교도들이 당시의 교회 제도에 대해 전면적으로 반대했다. 성직과 심지어 해석학적 방법에 대한 목소리도 높아지면서 성경주의자일수록 독립파에 가까운 경향을 보였다. 교회와 성도에 대한 폭넓은 관심 속에서 독실한 기독교인들은 더욱 철저한 개혁을 이룰 기회를 엿보고 있었는데, 특별히 고위 성직 및 그것과 관련된 병폐 그리고 예배 현장에서 일어나는 전횡을 바로잡는 것에 대해 관심이 높았다. 이들은 기존의 주교제가 복음에 위반되며, 반면 독립파는 혼란을 야기할 것으로 보았다. 따라서 개혁을 염원하는 주요 다수는 복음의 진보를 추구하는 주교제로의 개혁을 주장했을 것이다. 하지만 당시 잉글랜드는 암흑기였고, 북방에서 오는 도움을 바라고 있었다.

웨스트민스터에 체류하고 있던 6인의 스코틀랜드인은 웨스트민스터 총회원은 아니었고, 스코틀랜드와 그 교회를 대표해서 잉글랜드 의회와 맺은 동맹협정을 위해 파견된 대위원들이었다. 이들의 역

---

[3] 정확한 인원수는 파악하기 어렵다. 잉글랜드 의회로부터 소집 요청을 받은 총인원은 121명이었으나, 약 20명 정도가 이들 가운데 사망하거나 참석하지 않은 사람들을 대신해서 임명받았다. 잉글랜드 측 총회원 41명 전원에다 6명의 스코틀랜드 측 총회원 그리고 여러 기타 총회원에 대한 신상 정보를 다음 참고문헌에서 확인할 수 있다. William S. Baker, *Puritan Profiles* (Fearn: Mentor, 1996).

할은 1643년에 맺어진 '엄숙 동맹'(Solemn League and Covenant)을 통해 합의된 일치의 정신을 공고히 다지는 것이었다. 이들 스코틀랜드 대위원은 국교도가 아닌 장로교도였으며, 장로제에 깊이 헌신 되었으며 또한 이해가 높은 자들이었다. 이상이 웨스트민스터 총회에 대한 개괄적 이해이다.[4]

2. 웨스트민스터 예배모범의 기원과 연혁

오늘날 소위 '예배 전쟁'(worship wars)이라는 말을 많이 한다. 웨스트민스터 총회 당시 잉글랜드 내전과 아울러 예배 전쟁도 발발했다. 이 두 전쟁 사이의 상관성은 실제로 밀접하다. 들끓어 오르던 종교적 현안들을 정리해야 할 필요성이 대두되고 있던 상황이었다. 당시 잉글랜드에서 사용되던 '1559/1604년 판 공동 기도서'(the Book of Common Prayer)는 잉글랜드인들의 생활에 깊이 스며들어 있었는데 이는 법령의 효과이기도 했다. 이 기도서가 실제 생활에서 활용되는 정도는 여건별로 편차가 컸다. 하지만 대주교 로드의 비호 아래 잉글랜드에서 활개치고 있던 국교도 고위 성직자들은 공동 기도서의 사용을 엄격하게 요구했으며, 스코틀랜드에까지 압력을 넣었다.

---

4 다음 참고문헌에서는 1640년대 영국에 존재했던 기독교 교파에 대해 매우 해박한 정보를 제공한다. R. S. Paul, *The Assembly of the Lord* (Edinburgh: T & T Clark, 1985), 101-32. 다음 참고문헌을 통해 이루어진 초기 연구는 웨스트민스터 총회에 대한 개괄적 이해 면에서 결함을 보여준다. J. R. DeWitt, *Jus Divinum: The Westminster Assembly and the Divine Right of Church Goverment* (Kampen: Kok, 1969). 하지만 다음 참고문헌을 통해 그 결함을 인정한다. John L. Carson & David W. hall, eds., *To Glorify and Enjoy God* (Edinburgh: Banner of Truth, 1994), 150.

당시 스코틀랜드인들은 존 낙스가 제네바에 머무르고 있었을 때 자신의 추종자들과 사용했던 '1556년 판 기도서'(Book of Prayers)를 전신으로 삼는 '1564년 판 공동 예배 예식서'(Book of Common Order)를 활용하고 있었다. 스코틀랜드인들은 이 예식서를 흔히 '낙스 예전'(Knox's Liturgy)이라고 불렀다. 예전이라 해도 고정된 전체 순서 안에서 정해진 기도순서에 맞추어 하는 자유재량 기도를 인정했다는 점에서 그 성격상 '자유재량 예전'(Discretionary Liturgy)이라고 부를 수 있다.[5] 모범 기도문이 제공되었으나, "요컨대 바라기에는…"이라든지 아니면 "하나님, 그 마음을 여시사…" 같은 지시문(rubric)이 허용되었다.[6] 즉 당시 스코틀랜드인들은 유럽대륙의 개혁주의 교회와 거의 유사한 예배 형식을 따르고 있었다. 반면, 잉글랜드인들은 자유재량이 허용되지 않는 엄격한 예전 형식을 따르고 있었는데, 여러 반 복음적인 요소들이 그 형식을 이루고 있었다.

호튼 데이비스(Horton Davies)같이 박식하다는 저술가가 당시 청교도들이 "칼빈과 자신들 사이에 존재하는 차별성"을 인지하지 못했을 것이고, 또한 그들의 관점이 당시 유럽의 개혁주의 교회에서

---

[5] G. W. Sprott, *The Book of Common Order* (Edinburgh: William Blackwood & Sons, 1901), xxi. 다음 참고문헌에서 James Bannerman이 남긴 언급에 주목해 보자. "공동 예배 예식서를 주의 깊게 읽어본 사람이라면 이 점에 대해서 분명하게 인식하게 될 것이다. 즉 '예전'(Liturgy)이라는 용어에 담긴 전문적, 사전적인 의미 그대로 적용해서 Knox의 예식서를 예전서로 본다면 그것은 단순히 용어에 대해 잘못 이해하고 있다는 방증이다." James Bannerman, *The Church of Christ*([1869] Edinburgh: Banner of Truth, 1974), 2:418.

[6] 다음 참고문헌에서 이에 대한 좋은 사례를 확인할 수 있다. A. F. Mitchell, *The Reformation in Scotland* (Edinburgh: William Blackwood & Sons, 1900), 123-43. 한 가지 반드시 염두에 두어야 할 것은 16세기 스코틀랜드의 주요 교구마다 목회자를 대신하는 평신도 '봉독자'(reader)를 두었다는 사실이다.

실천하던 바들과 어떻게 다른지 인식하지 못했을 것이라고 주장한 것에 대해 개인적으로 놀라울 따름이다.[7] 하지만 그렇게 주장함으로써 동일한 저서 112쪽에서 주장한 바를 스스로 깎아내리는 꼴이 되고 말았다. 게다가 진실은 그가 주장한 바와 반대편에 서 있다.

잉글랜드 청교도들이 당시 유럽 개혁주의 교회의 역사와 예배 현황에 대해 눈이 어두웠다는 생각은 다음과 같은 당시의 여건들을 고려할 때 개연성이 낮다고 판단 받을 수밖에 없다. 판단을 위해 고려할 여건으로는 청교도들의 높은 지적 수준, 잉글랜드에서도 칼빈의 저술을 접할 수 있었다는 점, 스코틀랜드와의 교류, 유럽지역의 라틴어 공용(및 그에 따른 정보교류의 활성화), 청교도들이 연루된 논란 등을 꼽을 수 있다. 특히 청교도들의 저술을 살펴보면 그들이 당시 개혁주의 교회의 현안에 대해 사정이 밝았음을 알 수 있다. 칼빈이 활동했던 당시 프랑크푸르트에서 대두되었던 현안 및 잉글랜드 교회의 예전에 대해 칼빈이 "겨우 참아줄 만한 우스갯거리"라고 평했던 점 등을 예로 꼽을 수 있다.[8] 잉글랜드 청교도들은 화란과 제네바 등지에서 활동하는 개혁주의 교회의 목회자들이 성문화된 기도문에 매여 있지 않는다는 사실을 알고 있었다.[9]

---

7   *The Worship of the English Puritans* (Westminster: Dacre Press, 1948), 48. 이에 대해 답변한 이들 가운데 J. I. Packer는 다음 참고문헌에서 Davies를 지지하는 어조로 그의 말을 인용한다. *Among God's Giants: The Puritan Vision of the Christian Life* (Edinburgh: Kingsway, 1991), 327.

8   Smectymnuus, *A Vindication* (London, 1641), 13-14.

9   Ibid., 40-41. Calvin의 『예식서』(*Forme of prayers*)는 William Huycke를 통해 영문으로 번역되어 1550년 런던에서 발행되었다. 다음 참고문헌에 따르면, 당시 화란 교회에서 공동 예식서를 활용해서 예배드리던 방식은 "17세기 말에 이르러 사라졌고," 다만 성례식을 집례하는 과정에서 계속해서 사용되었다고 한다. Charles W. Baird, *The Presbyterian Liturgies, Historical Sketches* (Grand Rapids: Baker, 1957), 209.

한편, 스코틀랜드에서는 새 예전서가 왕실을 통해 1636년 12월에 공표되었다. 이 예전서는 (캔터베리 주교 로드의 이름을 따서) 흔히 '로드 예전'(Laud's Liturgy)으로 알려지게 되었다. 로드 예전은 어느 성직자라도 사임할 각오 없이 그 안에 규정된 것과 다르게 예전을 집례해서는 안 될 정도로 지침이 구체적이다. 로드 예전의 제정을 위한 준비작업에 관여한 이들은 스코틀랜드의 주교들이었고, 1618년 전까지 소집되지 않았던 총회는 관여하지 않았다. 따라서 로드 예전에는 왕과 고위 성직자의 입장이 반영되어 있다.

로드 예전은 비록 몇몇 측면에서 차이점을 보이기는 하나 잉글랜드 기도서(the English Prayer Book)를 기반으로 삼는다. 하지만 당시 많은 이들이 로드 예전에서 로마가톨릭 교회의 냄새가 난다고 느꼈다. 1637년에 공표된 로드 예전의 시행은 에든버러의 세인트자일스 교회(Saint Gile's Edinburgh)에서 제니 게디스(Jenny Geddes)라는 여인이 앉아 있던 의자를 집어던진 유명한 사건의 발단이 되었다. 거기서 그치지 않고, 1638년에는 국민언약의 체결과 함께 장로제가 복원되었고, 알렉산더 헨더슨(Alexander Henderson)의 주재로 글래스고우 총회가 성사되었다.

길레스피는 채 25번째 생일을 맞기도 전인 1637년 중반에 로드

스코틀랜드인 John Knox가 Calvin 예식서를 바탕으로 완성한 예식서는 다음과 같은 제목을 달고 1643년 10월 런던에서 재발행되었다. *The Reformation of the Discipline and Service of the Church according to the best Reformed Churches... Humbly presented to the High Court of Parliament.* 게다가 (초판 서문과 함께 적은 수의 기도문을 실어) 초판의 원래 구성을 보다 가깝게 보여주는 예식서가 1644년에 다음과 같은 제목을 달고 재발행되었다. *The Setled [sic] Order of Church Government, Liturgie and Discipline... according to the Forme published by Assembly of the Kirk of Scotland... Most humbly presented to the learned Assembly of Divines...* [Wing no. S2731].

예전에 반박해서 그의 대표작 『스코틀랜드 교회에 강요된 잉글랜드 국교회의 가톨릭 예식에 대한 반박 논문』(*A Dispute Against the English Popish Ceremonies Obtruded Upon the Church of Scotland*)을 저술했다. 로버트 베일리(Robert Baillie)는 1640년과 1641년에 각각 비슷한 부류의 논문을 발표했다.¹⁰

당시 잉글랜드에는 교회와 국가가 처한 현실에 대해 우려하는 자들이 많았다. 조셉 홀(Joseph Hall)이라는 주교는 엄격한 형식을 갖춘 예전과 주교제를 도모하려는 목적으로 1640년에 『소박한 불평』(*A Humble Remonstrance*)을 발표했다. 이에 대한 답변으로 5인의 장로교도가 1641년에 『소박한 불평이라는 제목을 단 저술에 대한 답변』(*An Answer to a Book Entitled A Humble Remonstrance*)을, 그리고 얼마 안되어 『답변에 대한 입증』(*A vindication of the answer*)을 발표했다. 이들이 남긴 답변 중의 하나는 다음과 같다.

---

10 Ladensium Autokatakrisis, *the Canterburians Self-Conviction* (Edinburgh, Apil 1640). 그리고 *A Parallel or Brief Comparison of the Liturgie with the Masse-book...* (London: Thomas Paine, 1641). "어떤 저명한 국교도 역사가는 이들 논문에 대해 "들끓어 오르던 대중들의 심정을 묘사한 것 외에는 역사학적으로 진지하게 고찰해볼 가치가 없는…고함일 뿐이다"라고 혹평했다. Gordon Donaldson, *The Making of the Scottish Prayer Book of 1637* (Edinburgh, 1954), 71. Philip Schaff의 평가는 더 솔직하다. "로드는 단신에다 소심한 자이나, 의지와 추진력이 강하고, 그 성정은 불같이 급한 사람이었다. 무례한 태도로 인해 사람들 사이에서 평판이 좋지 않았고, 사람의 마음을 헤아리지 않았다. 열렬한 예식주의자로서 피곤할 정도로 규칙을 따지고 드는 고압적인 태도를 지닌 사제였다…그는 모든 종교 예식마다 일률적으로 통일된 형식을 적용해 자기 마음에 드는 대로 제정하는 일에 가장 큰 열의를 보였다. 개개인이 지닌 양심이나 판단의 권리는 신경 쓰지 않았다. 그의 종교적 XY 좌표는 고교회 주교제와 알미니안주의에 의해 형성되었는데, 이 좌표는 그가 사랑하고 흠모해 마지않던 로마에 가장 가깝고, 그가 그토록 혐오했던 제네바에서 가장 멀었다"(*The Creeds of christendom*, 1:712).

우리가 느끼기에는, 아니 우리가 알고 있기에는 예식서와 예전을 엄격하게 지키라고 요구하는 일부 고위 성직자들 때문에 일어나는 분열이 이에 대해 불만을 품은 잉글랜드 내 설교자들 때문에 일어나는 분열보다 더 크다.[11]

잉글랜드 내전은 1642년 8월에 발발했다.[12] 왕을 상대로 전쟁을 치르고 있던 잉글랜드 의회는 스코틀랜드에 도움을 요청했다. 스코틀랜드 교회 총회(the Church of Scotland Assembly)가 1643년 8월에 받은 편지 가운데 한 편에는 70명 이상의 성직자가 참여한 서명이 담겨 있었다. 이 편지에는 "가톨릭 추종자와 고위 성직자"가 야기한 반기독교적 파벌 탓에 "가엾은 잉글랜드의 형제들이 고통 속에 피 흘리고 있는 상황"이 묘사되어 있다. 로버트 베일리는 "개개 성직자들이 보낸 이 편지는 비탄으로 가득차 있어서 편지를 읽어보는 많은 이들로 눈물짓게 하였다"라는 기록을 전한다.[13] 이에 스코틀랜드 측에서는 "하나님의 말씀과 가장 모범적인 개혁주의 교회의 본을 따라" 잉글랜드 교회, 아일랜드 교회, 스코틀랜드 교회 사이의 일치를

---

11 Smectymnuus, *A Vindication of the Answer to the Humble Remonstarnce* (London, 1641), 38. 참여한 저자는 Stephen Marshall, Edmund Calamy, Thomas Young, Matthew Newcomen, William Spurstow였다. 이들 저자명의 첫 글자를 합치면 'Smectymnuus'(스멕팀누스)가 된다.

12 잉글랜드 내전으로 인해 십만여 명이 희생되었을 것으로 추정되는데, 이를 환산하면 57명당 1명꼴의 사망률이다. 전체 남성 인구에서 10%가 사망한 것으로 추정된다. 참고로 미국 남북전쟁에서는 전체 인구 31만 명 중에서 가운데 62만 명이 사망했는데, 이를 환산하면 50명당 1명꼴의 사망률이다. 수백만 명의 생명을 앗아간 30년 전쟁(1618-48)의 화염이 여전히 극렬했던 때였다.

13 F. N. McCoy, *Robert Baillie and the Second Scots Reformation* (Berkeley: University of California Press, 1974), 90.

꾀하고자 소위 '엄숙 동맹'을 제안했다. 잉글랜드 하원은 그 해 9월에 이 제안을 받아들였다.

스코틀랜드 측으로부터 군사원조를 받은 결과로 웨스트민스터 총회가 결성되었고, 1643년 1월을 기점으로 활동하기 시작한 총회는 국교회의 39개 신조에 대한 개정작업을 폐지함과 아울러 교회제도와 공중 예배와 관련한 실질적인 현안에 일차적으로 매달렸다. 1643년 12월 2일에는 하부 위원회가 결성되어 공중 예배모범(the Directory for the Public Worship of God)에 대한 초안 작성에 착수했다. 이 하부 위원회에 임명된 잉글랜드 측 위원은 스티븐 마셜, 찰스 헐, 허버트 팔머, 토마스 영, 토마스 구드윈(Thomas Goodwin)이었다. 스코틀랜드 측 위원은 로버트 베일리, 조지 길레스피, 알렉산더 헨더슨, 사무엘 루더포드(Samuel Rutherford)였다. 토마스 영이 스코틀랜드의 지원을 받은 목사의 아들로 자랐다(the son of scottish manse)는 점을 고려하면 웨스트민스터 예배모범의 제정에 미친 스코틀랜드 측의 영향력은 실로 상당했다고 볼 수 있다. 실제로 웨스트민스터 예배모범은 스코틀랜드 공동 예배 예식서(1564)와 매우 비슷한 구성을 취하게 되었다.[14]

일선에서 초안 작성에 참여한 이들 하부 위원에 대해 언급할 사안이 몇 가지 있다. 토마스 구드윈과 그를 도운 필립 나이에는 성문

---

14 다음 참고문헌에서 언급하는 요점이다. Davies, *Worship*, 128. 쪽수가 매겨져 있지 않은 다음 참고문헌의 서문에서 관련 언급을 확인하라. "그들이[위원회 성직자들이] 특정 예배 형식과 문구에 얽매이지 않는다고 해서 무형식주의자도 아니었다. 그들 사이에 합의를 이루고 일치를 지키기 위해서 저마다 예배모범과 소정의 예배 순서를 가지고 있었다." Alexander Henderson, *The Government and Order of the Church of Scotland* (Edinburgh, 1841).

화된 예전에 반대하는 독립파였고, 그 외 위원들은 장로파였다. 잉글랜드에서 최고의 설교자로 칭송받던 스티븐 마셜은 장로파였으나 열린 마음을 가졌다. 찰스 헐은 확고한 장로파였으나, 균형 잡힌 시각으로 독립파들과 토론하는 자리를 즐겨 가졌다. 조지 길레스피와 사무엘 루더포드 또한 소정의 예전 형식에 대해 강경하게 반대하는 견해를 취했던 반면,[15] 로버트 베일리와 알렉산더 헨더슨은 다소 온건하게 반대했다.

'주일 성수' 조항을 포함해서 2/3 분량에 달하는 웨스트민스터 예배모범이 1644년 11월 20일에 완성되어 승인받았다. 나머지 분량에 대한 완성 작업은 1644년 12월 27일까지 진전되었고, 완성된 예배모범은 1645년 1월 3일에 잉글랜드 하원의 승인을 받았다. 예배모범은 웨스트민스터 총회가 내놓은 첫 번째 성과물이었다.

웨스트민스터 총회에 참여한 스코틀랜드 대의원 가운데 하나였던 로버트 베일리는 1645년 1월 23일에 에든버러에 소재한 스코틀랜드 교회 총회에 다음과 같이 보고했다.

> 웨스트민스터 총회와 잉글랜드 의회는 우리를 괴롭히던 예식뿐 아니라 로드 예전 전체를 (그들의 표현을 빌리자면) "가증스러운 우상"이자 장난기로 가득한 향로로 규정하여 (그들의 표현을 다시 빌리자면) "만장일치"로 폐지했다. 주교제 대신에 스코틀랜드 교회의 장로제가 마땅하다는 결론에 이르러 잉글랜드 의회

---

15 Bryan D. Spinks, *Sacraments, Ceremonies and the Stuart Divines: Sacramental theology and liturgy in England and Scotland 1603-1662* (Aldershot: Ashgate, 2002), 120.

의 승인을 받았다. 잉글랜드 하원의 승인을 이미 받은 대로, 가장 온전하고, 경건하며, 주의 깊게 제정된 예배모범을 따르는 스코틀랜드 교회의 예배 절차가 스코틀랜드, 아일랜드, 잉글랜드에서 드려졌던 이전의 예전 절차를 대체해야 한다. 최근에 들려오는 이러한 소식들이 이전에는 그저 공상 내지 꿈 혹은 불가능으로 여겨졌을지 모른다. 하지만 하나님께는 큰 영광이요 경건한 자들에게 기쁨이 되리라는 확신 속에 이제는 사실로써 그리고 이미 이루어진 결과로써 말하게 되었다. 이 보고를 믿지 못하겠거든 이 보고의 진위성을 보증해주는 잉글랜드 의회 서기와 웨스트민스터 총회의 서기가 직접 기록하고 서명한 문서를 두 눈으로 직접 확인해 보라.[16]

스코틀랜드 교회 총회는 새 예배모범을 2월 3일에 특정 조건부로 수용했다. 그로부터 사흘 후에 스코틀랜드 의회 또한 같은 조건으로 새 예배모범을 비준했다. 두 과정에서 모두 일언의 반대도 없었다.

웨스트민스터 총회가 내놓은 예배모범은 스코틀랜드 교회에서 요구한 몇 가지 요구안에 따라 개정작업을 거쳐 1645년 3월 18일 런던에서 발행되었다. 그리고 잉글랜드 의회가 조례로 시행하기로 1645년 4월 17일에 결정함에 따라 웨스트민스터 예배모범은 공동 기도서를 대체하게 되었다. 이후로 공동 기도서는 더는 어떠한 법적 효력도 발휘하지 못했다. 공동 기도서가 여전히 사용되는 적도 있었

---

16 Robert Baillie McCoy, 99.

으나,[17] 그에 대한 무거운 벌금이 부과되었다.[18] 웨스트민스터 예배모범이 지닌 법적 효력은 왕정복고와 아울러 1662년 5월 19일에 공표된 통일령(the Act of Uniformity)과 함께 잉글랜드와 웨일스에서 사라졌다. 1661년에 성사된 사보이 종교회의(the Savoy Conference)에서 공동 기도서에 대한 소정의 개정안을 제안하였으나 국교회 주교들은 이를 거부했다. 통일령의 시행은 잉글랜드의 성직자 가운데 (약 이천 명에 해당하는) 20%가량이 사임하거나 충성서약을 거절했다는 이유로 면직되는 '대 퇴출'(the Great Ejection)로 이어진다. 충성서약은 여러 요구사항 가운데서 다음과 같은 요구사항을 담고 있다.

> 잉글랜드국교회에서 사용하는 공동 기도서, 성례식 집례, 기타 예전 및 예식에 담겨 있고 지시된 모든 지침 하나하나를 허위 없이 받아들이고 인정한다.

---

17 Spinks, *Sacraments*, 119; *Anthony Fletcher in Oliver Cromwell and the English Revolution*, ed. John Morrill (London: Longmans, 1990), 218. 은밀히 이루어졌던 국교회 예전의 사용은 간과된 것 같다. 다음 참고문헌에서는 1645-60년 사이에 행해진 다양한 형태의 제재를 소개한다. Christopher Durston, "By the book or with the spirit: the debate over liturgical prayer during the English Revolution," *Historical Research* 79 (2006): 50-73.

18 T. Leishman, *The Westminster Directory* (Edinburgh: William Blackwood, 1901), xix. 다음 참고문헌에서는 기존 기도서를 폐기할 것을 요구했으며, 사적 및 공적 사용을 금지했다. *An Ordinance of the Lords and Commons Assembled in Parliament for the more effectual putting in execution The Directory For publique worship...* (August 23, 1645). 벌금은 과중했다. 초범일 경우 5파운드, 재범일 경우 10파운드, 삼범일 경우 징역 1년이었다. 새로운 예배모범을 사용하는 것에 반대하거나 제대로 활용하지 않은 경우에 성직자에게 부과되는 벌금은 50파운드였다. 징수된 벌금은 빈곤계층을 구제하는 목적으로 사용되었다.

1690년대에 이르러서야 비로소 웨스트민스터 예배모범은 잉글랜드의 비국교도파(nonconformist)를 중심으로 널리 사용되었다. 이들은 웨스트민스터 예배모범을 "단순하고, 진지하며, 꾸밈없는 성경적 예배 형식을 회복하기 위한 열쇠로" 인식했다.[19]

한편, 웨스트민스터 예배모범에 대한 스코틀랜드 의회의 승인은 1661년 3월 26일에 이루어진 무효화 소송으로 말미암아 철폐되었다. 1662-63년 동안 약 30%의 성직자들이 새로운 국교회 체제에 동참하기를 거부한다는 이유로 면직되었다.[20] 이토록 높은 수치는 스코틀랜드인들이 웨스트민스터 예배모범이 제시하는 예배 형식을 바꾸는 데 동조하지 않았음을 말해준다. 장로제와 웨스트민스터 신앙고백은 명예혁명과 함께 1690년에 스코틀랜드에 돌아왔으나, 웨스트민스터 예배모범은 법적 효력을 재차 받지 못했다. 하지만 예배모범은 스코틀랜드 교회법 속에 현재까지 남아 있다. 한편, 스코틀랜드 교회 총회는 예배모범을 공인화한 이후로 250년 동안 겨우 네 차례 언급하는 데 그친다. 각각 1694년, 1705년, 1736년, 1856년이었다.[21]

---

19 Hughes Oliphant Old, *The Reading and Preaching of the Scriptures in the Worship of the Christian Church*, vol 5 (Grand Rapids: Eerdermand, 2004), 28.

20 J. D. Douglas, *Light in the North* (Exeter: Paternoster Press, 1964), 100. 다음 참고문헌에서는 400명에 육박하는 면직된 성직자의 실명을 제공하는데, 대략 40%를 차지하는 수치이다. 이는 다소 웃도는 수치로서, 아마도 개신교도 다수와 중도적인 국교회 찬성파 소수를 포함하는 수치일 것이다. Robert Woodrow (1679-1734), *The History of the Suffering of the Church of Scotland* (Glasgow: Blackie & Son, 1828), 1:324-29.

21 Leishmann, *Westminster Directory*, xxxi. 1694년에는 예배모범에 대한 교육 풍토를 회복하는 것이 시급하다는 언급이, 1705년에는 예배모범을 "제대로 지키는 것이" 시급하다는 언급이 이루어졌다. 1736년에는 "하나님의 말씀을 전하는 데 있어 스코틀랜드 교회가 공인한 예배모범을 숙고해서 지켜야 한다"는 촉구가 있었다. 1856년에는 성직자들을 대상으로 "예배마다 신·구약 성경을 읽는 절차와 관련해서

웨스트민스터 예배모범은 국외 이주의 물결을 타고 스코틀랜드 밖으로 진출하게 되었다. 미국에 도입된 웨스트민스터 예배모범은 1789년이 지나면서 미국 장로교회의 주류에서는 더 이상 본래 형태가 남아 있지 않게 되었다. 그래도 언약도의 교회(Covenanter Church)를 통해 1945년까지는 어렵사리 그 형태가 보존되어 남아 있게 되었다.[22] 아일랜드에서는 얼스터 회의(the Synod of Ulster)를 거치면서 1825년에 예배모범에 대한 개정이 이루어졌으나 그 핵심은 바뀌지 않았다.[23] 호주에서 웨스트민스터 예배모범은 1901년에 제정된 연합원칙(Basis of Union)을 계기로 여러 지역 교회가 연합하여 호주 장로교회(the Presbyterian Church of Australia)가 결성되면서 폐기되었다. 호주 장로교회는 이후로 어떠한 공인된 예배모범도 갖지 않았다. 호주 동부 장로교회(the Presbyterian Church of Eastern Australia)는 웨스트민스터 예배모범을 지켜오고 있다.

3. 웨스트민스터 예배모범의 필요성과 특징

로버트 폴(Robert S. Paul)은 웨스트민스터 총회의 회의록을 인용하면서 다음과 같이 밝힌다.

예배모범에 제공된 지침을 따르라"는 언급이 이루어졌다.

[22] J. A. Delivuk, *The Doctrine and History of Worship in the Reformed Presbyterian Church of North America* (Pittsburgh, 1982), 126.

[23] Robert Tosh, "Presbyterian Worship Through the Ages," *Bulletin of the Presbyterian Historical Society of Ireland* 28 (2001-3): 9.

웨스트민스터 예배모범을 위한 초안 작성을 담당한 위원회에서 의장을 맡았던 스티븐 마셜은 1644년 5월 24일에 예배모범의 필요성과 초안 작성 위원회가 설정한 제정 기준을 밝혔다. 제정 목적과 기준은 철저하게 성문화된 형식의 예전과 누구든지 "자유재량으로 드릴 수 있는" 형식의 예배 사이 그 어디에서 접점을 찾기 위함이었다.[24]

로버트 폴의 기술은 예배모범의 서문 가운데 일부분을 통해서도 확인된다. 해당 부분에서는 종교개혁가들이 "하나님의 말씀에 비추어 볼 때 당시에 하나님께 드리는 공중 예배에서 헛되고, 잘못되었으며, 미신적이고, 우상숭배적인 요소를" 상당 부분 제거했음을 인정한다. 하지만 공동 기도서가 라틴어로 드리는 미사 대신에 공용어로 드리는 예배를 가능하게 했고 또한 성경을 읽을 수 있게 해준 것은 사실이나, "그 길고도 침울한 예배시간"을 계속해서 견뎌야 한다는 사실은 잉글랜드국교회의 예전이 지닌 부작용을 보여준다. "전부 읽을 것을 강요하는 기도문" 그리고 "쓸데없이 짐만 되는 수많은 예식"이 장애가 되었다. 신실한 그리스도인들은 성찬대로부터 떨어져 있었고, 바른 양심을 지닌 일부 신실한 성직자들은 그들의 직무를 차마 행하지 못하곤 했다. 그러나 고위 성직자들과 고위 성직제의 추종세력은 예전을 매우 중요하게 받들면서 설교를 저해하거나 심지어 퇴출했다. 로마가톨릭 교도들은 공동 기도서가 자신들의 노선을 상당히 따른다고 여겼으며, 그렇기에 자신들이 지키는 소위

---

24 Paul, *The Assembly of the Lord*, 364.

"미신과 우상숭배"라 불리는 예전을 정당화시켜 준다고 여겼다. 공동 기도서가 정해놓은 예전은 "다른 사람들이 써서 정해준 형식을 손에 들고 만족"한 채 "게으르고 덕을 세우지 못하는 사역"을 조장했다.

웨스트민스터 예배모범의 서문은 새로운 것을 추구하는 것 혹은 종교개혁가들과 다른 관점을 제시하는 것이 계속해서 예배 개혁을 추구하는 것이 동기가 아니라고 밝힌다. 참된 동기는 다름 아니라 신앙의 양심을 따르기 위함이고, 다른 유럽지역의 개혁주의 교회들의 기대에 부응하기 위함이며, 영국의 수많은 신실한 성도들이 바라는 염원에 부응하기 위함이고, 또한 엄숙 동맹을 통해 약속한 공중 예배의 일치를 이행하겠다는 의지를 표명하기 위함이다.

> 이를 위하여 우리는 수시로 하나님의 이름을 간절히 부른 후에 많은 의논을 거쳐 혈육이 아닌 하나님의 거룩하신 말씀에 근거하여 이전의 예전을 지금까지 하나님께 드리는 공중 예배에서 사용해 오던 여러 예식과 함께 폐지하기로 했다. 또한 정기적으로 그리고 비정기적으로 드려지는 공중 예배의 모든 예식을 다음 예배모범에 따라 드리기로 합의했다.

웨스트민스터 예배모범의 서문에서 밝히고 있는 바가 무엇인지와 아울러 밝히고 있지 않은 바가 무엇인지 또한 눈여겨보아야 한다. 웨스트민스터 예배모범은 (베일리가 실명을 밝힌) 웨스트민스터 총회원 가운데 일부가 바라던 바와 달리 성문화된 형식의 예전을 도모하지도 않는다. 그렇다고 스코틀랜드 측 회원들이 바라던 바와 달리 공동 기도서를 싸잡아 비난하지도 않는다.[25] 웨스트민스터 총회에서 내놓은 여러 결과물과 마찬가지로 웨스트민스터 예배모범 또한 절충안을 제시한다. 이 절충성에 대해 마셜은 다음과 같이 제대로 짚어내고 있다.

> 웨스트민스터 예배모범에는 굵직한 지침만 명시된 것이 아니다. 이곳저곳에 단어 하나만 바꾸어 놓으면 바로 기도문이 될 만한 문구들로 수두룩하다.[26]

마셜과 그의 동료는 목사가 이제 막 세워졌거나 제대로 훈련받지 못했을 경우, 혹은 그 숫자가 부족한 상황이라면 성문화된 기도문을 사용해도 괜찮다고 여겼다. '잉글랜드 당국'이 1645년 5월 16일 런던에서 발행한 16쪽 분량의 소책자는 다음과 같은 표제를 달고 있다. 『기도를 인도할 목사가 부족한 잉글랜드 선박을 위해 의회가 제정한 예배모범에 따라 마련된 기도문 모음집』(*A supply of prayer for the ships of this kingdom that want ministers to pray with them: agreeable to the directory established by Parliament*).[27] 이 기도문 소책자는 위 인용에서

---

25 Ibid., 392.

26 Ibid.

27 British Library copy. UMI Collection, reel number 47: E.284[16]. 당시 왕궁 사제였던 Henry Hammond 박사는 다음 참고문헌에서 비슷한 연유에서 성문화된 기도문이 필요하다는 점에 주목한다. 다음 참고문헌에서 그의 흥미로운 발언에 주목하자. Henry Hammond, *A View of the New Directory and a Vindication of the Ancient Liturgy of the Church of England* (Oxford, August 1645), 101ff. 이 기도문 소책자는 다음 참고문헌에 수록되어 있다. Leishmann, *Westminster Directory*, 172-87. xix-xxi에서 저자 Leishmann이 남긴 흥미로운 논평을 주목해 보자.

마셜이 주목한 바대로 활용할 목적으로 제작된 것이 아니었음에도 실제로 그러한 방법으로 활용하는 것이 가능하도록 구성되었다.[28] 요점은 웨스트민스터 예배모범이 성문화된 기도문을 전적으로 배격하지 않는다는 것이다. 심지어 주기도문을 활용할 것을 권장한다. 다만 성문화된 기도문으로만 기도해야 한다고 요구하는 것에 대해서는 반대한다. 그러한 면에서 웨스트민스터 예배모범은 이전에 존 낙스가 활동했던 시대부터 따르며 친숙하게 활용했던 공동 예배 예식서와 다르지 않다. 실제적인 차이점이 단 한 가지 있다면 낙스의 예식서는 모범 기도문을 제공하지 않았다는 점이다.[29]

웨스트민스터 예배모범이 목표했던 교회 예배의 일치성은 조지 길레스피의 말을 빌리면 성경에서 발견되는 모든 예배의 요소들이 가리키는 "동일한 그 한 가지에 의한 일치성"이었다.[30] 이러한 일치성에 대해서 예배모범의 서문은 다음과 같이 직접 밝히고 있다.

---

28 다음 참고문헌에 수록된 B. B. Warfield의 논평과 비교해 보자. "제목이 말해주듯이 웨스트민스터 예배모범은 '엄격한 의미에서의 예전'은 아니고 예식과 그 모범을 정리한 것이다. 확실한 것은 예식을 위해 제시된 모범 가운데 몇몇은 매우 상세해서 그 문구를 현재 말하고 있는 것처럼 바꾸어 읽으면 바로 예식 절차로 변환할 수 있을 정도이다. 하지만 그렇다고 해서 본래 그런 식으로 활용할 목적으로 제정된 것은 아니고, 다만 그렇게 손쉽게 변환해서 활용할 수 있도록 간략하게 모범을 제시해 둔 것이다." B. B. Warfield, *The Westminster Assembly and Its Work* (Grand Rapids: Baker, 1981), 45-46.

29 그러한 점에서 R. J. Gore가 그의 저서인 다음 참고문헌에서 "스코틀랜드 교회는 계속해서 낙스의 신령한 예식서를 사용하든지 아니면 새롭게 제정된 웨스트민스터 예배모범을 사용하든지 자유롭게 허용했다"라고 밝힌 것은 석연치 않은 부분이 있다. R. J. Gore, *Covenantal Worship* (Phillipsburg, NJ: P&R, 2002), 44. 왜냐하면, 오직 웨스트민스터 예배모범만이 스코틀랜드 교회로부터 공인받았기 때문이다. 한편, 웨스트민스터 예배모범을 따르더라도 Knox 예전을 따라 드리던 예배와 비슷한 구조와 유형을 따라 계속해서 예배드리는 것이 가능했다.

30 *A Treatise of Miscellany Questions* ([1649] repr. Edinburgh, 1844), 84.

예배모범 제정위원회가 의미하는 일치성이라 함은 모든 교회에 알려진 주요 공중 예배 의식과 기도의 의미와 목적 그리고 공중 예배를 구성하는 그 외 부분들과 관련해서 이들 안에 하나님께 드리는 예배의 본질이 담겨 있음을 모든 교회가 인정할 것이라는 뜻이다. 그렇기에 목사가 예배인도에서 교리와 기도에 대한 성경적 가르침을 지켜나가기 위해서는 지침이 필요할 것이다. 때에 따라서는 도움과 도구가 필요할 수도 있다.

이러한 의미의 일치성을 바탕으로 웨스트민스터 예배모범은 공중 예배가 어떤 과정으로 하나님께 드려져야 하는지를 보여주는 전체개요를 통해 고정된 형식의 예전과 목사의 자유재량에 따른 예배 인도 사이에서 절충안을 내놓는다. 그러한 점에서 예배모범이 제시하는 지침은 항상 분명하지 않다. 반 딕스호른(Van Dixhoorn)이 밝히듯이, 예배모범은 어떤 경우에는 목사가 "이렇게 하는 것이 좋다"라는 식의 지침을 주고, 다른 경우에는 "이렇게 해야 할 것이다"라는 식의 지침을 준다. 지침의 실행과 관련해서는 여러 경우에 "반드시"라든지 "필히"라는 수사표현이 지침에 붙고, 반면에 "적절한"이라든지 "편리한" 혹은 "충분한"이라는 수사표현이 지침에 붙는 예도 있다.[31] 이러한 예배모범의 특징을 모호성으로 규정할 수 있다면, 그 모호성은 각 지역 현장에 맞게 추가적인 지침이 제시될 여지를 마련해 두기 위해서 세심하게 계획된 것이다. 스코틀랜드 교회의 경우에 웨스트민스터 예배모범은 일언의 반대도 없이 다음과 같은 요구사

---

31 Chad B. Van Dixhoorn, *A Puritan Theology of Preaching* (St. Antholin's Lectureship Charity Lecture, London 2005), 12.

항과 함께 1645년 2월 3일에 공인되었다.

> 예배모범에 드러난 명백한 취지와 그 의미 그리고 서문에서 밝히고 있는 목적대로 이 예배모범의 해당 대상이 되는 스코틀랜드의 목사와 관련자들은 그 지침을 신중하고 일관되게 실천해야 한다.

그로부터 나흘 뒤에 웨스트민스터 총회는 예배모범 제정위원회로부터 "예배모범에 따라 공중 예배 절차를 지키고 행함으로써 교회의 일치를 더욱 힘써 지킬 것"에 대한 제안보고를 받아 승인했다. 이 제안보고는 웨스트민스터 총회가 성례식 집례와 성경 봉독 및 강론을 실천하는 데 있어서 보편적인 일치를 염원했음을 알려준다.[32]

4. 웨스트민스터 예배모범의 주요 제정원리

서문 다음에 등장하는 제목은 "공중 기도, 성경 봉독, 시편 찬송, 설교, 성례식 집례, 정기 및 비정기적 공중 예배를 위한 기타 사안에 대한 예배모범"이다. 제정위원회는 서문을 통해 예배모범을 제정하면서 특별히 신경 쓴 것은 "예배의 모든 예식을 위한 거룩한 제정에

---

32 1645년 2월 7일 자 웨스트민스터 총회 기록은 다음 참고문헌에서 손쉽게 확인할 수 있다. Leishman, *Westminster Directory*, 165-59. 관련해서 가치 있는 의견을 제시한 다음 논설을 참고하라. Charles Hodge, "Presbyterian Liturgies," in *The Church and Its Polity* (London: Thomas Nelson & Sons, 1879), 157-67.

대해 공표하고, 그 외 기타 사안에 대해서는 하나님의 말씀에 준거한 일반적인 법칙에 따라 신앙의 지혜를 활용하여 의견을 제시하는 것이다"라고 밝힌다. 소위 "예배 규범원리"(the Regulative Principle of Worship, 줄여서 RPW)라고 불리는 예배모범 서문에서 발견되는 명시는 예배모범이 나온 지 2년 후에 완성된 웨스트민스터 신앙고백에서도 발견된다.

> 1장 6조. 하나님의 영광과 인간의 구원과 신앙과 생활에 필요한 모든 것에 관한 하나님의 뜻은 전부 성경에 분명하게 진술되어 있거나, 조리 있고 합당한 이치에 따라 성경에서 추론할 수 있다. 아무것도 아무 때나 성경에 추가할 수 없으니, 이러한 법칙은 성령의 새로운 계시나 인간의 전통을 불문하고 변함없이 적용된다. 그럼에도…하나님을 예배하는 일과 교회를 치리 하는 일에도 항상 지켜야 할 하나님 말씀이 제시하는 일반적인 법칙에 따라 일반인과 사회의 정서에 부합하는 상식적인 이성과 신앙의 지혜로 다뤄야 하는 부수적 상황이 있다는 것을 인정한다.[33]

"예배의 모든 예식을 위한 거룩한 제정"(Divine institution in every Ordinance)이라는 표현은 예배모범에서 예배의 구성요소 대해 다루고 있는 여러 단락을 가리킨다. 그리고 "기타 사안" 속에는 웨스트민스터 고백서 1장 6조에서 등장하는 "부수적 상황"이 포함된다. 당시

---

[33] 다음 참고문헌에서 인용한다. S. W. Carruthers, *The Westminster Confession of Faith* (Manchester: R. Aikman, 1937).

잉글랜드의 많은 개신교도가 신앙고백 1장 6조에 대해 이의를 제기하였으리라고 보기 어렵다. 하지만 침례교도들이라면 예외였다. 그들은 "(하나님의 뜻은 전부) 조리 있고 합당한 이치에 따라 성경에서 추론할 수 있다"를 "성경에 기록된 것만 해당된다"로 바꾸어 읽었다.[34]

관련해서 웨스트민스터 신앙고백에서 신앙고백 두 조항을 추가로 살펴볼 수 있다.

> 20장 2조. 양심의 유일한 주 되신 하나님은 사람이 만든 어떠한 교리와 계율도, 아울러 그것이 신앙이나 예배와 관련 있을지라도 하나님의 말씀에 상반된다면 따르지 않아도 될 자유를 양심에 주셨다.

웨스트민스터 신앙고백 20장 2조는 성경과 상반된 사안만이 아니라 신앙이나 예배와 관련된 사안도 성경 말씀에다 추가하는 것을 금지하고 있다.

> 21장 1조. 참 하나님께서 받으실 만한 예배를 드리는 합당한 방식 또한 하나님께서 친히 정하시는데, 하나님이 계시하신 뜻을

---

[34] S. E. Waldron, *A Modern Exposition of the 1689 Confession of Faith* (Darlington: Evangelical Press, 1989), 42-43. 이렇게 바꾸어 읽는 것이 Waldron이 밝힌 바와 같이 웨스트민스터 신앙고백이 궁극적으로 표현하고자 한 바에 대한 정확한 대체가 될 수 있는지에 대해서는 확신하기 어렵다. 사보이 선언(Savoy Declaration) 및 침례교 신앙고백은(the Baptist Confession of 1677/1689) 이 부분만 제외하면 웨스트민스터 신앙고백과 일치한다. 당시 침례교도들은 유아 세례를 인정하게 될 것을 우려해서 "조리 있고 합당한 이치에 따라 성경에서 추론할 수 있다"라는 고백을 받아들이는 것에 민감한 태도를 보였다.

따라 정해진다. 그렇기에 하나님은 사람이 상상하거나 고안해 낸 방식이나 사탄이 제안한 방식으로 드리는 예배는 받지 않으신다. 가시적인 표현물이나 성경에서 규정하지 않은 어떤 다른 방식을 이용해서 드리는 예배는 받지 않으신다.

웨스트민스터 신앙고백 21장 1조는 예식과 예복 같은 것에 열광하는 부류 그리고 두말 할 것도 없이 '성화'를 애호하는 부류는 받아들이기 어려웠을 것이다.

5. 칼빈과 웨스트민스터 총회

웨스트민스터 총회원들과 존 칼빈 사이에 간극이 크다는 주장이 종종 나오곤 한다. 그렇다면 지금부터 성경 및 예배와 관련해서 웨스트민스터 총회와 존 칼빈의 관점을 비교해 보자.[35] 대조를 위해서

---

[35] J. I. Packer는 다음과 같이 말했다. "명령이든 전례의 형태로든지 간에 성경이 직접 명시하고 있는 바가 공중 예배를 포함해서 예배의 모든 실질적인 사안을 규정한다는 사상은 사실 청교도에게서 나온 혁신이었다." J. I. Packer, *Among God's Giants*, 326. 본인은 그의 발언이 정확하다고 보지 않는다. 판단은 1963년에 이루어졌던 J. I. Packer의 최초 강의에서 빠졌던 "실질적인"이라는 말을 해당 참고문헌에서 어떤 의미로 사용했는가에 달려있다. 어쨌거나 J. I. Packer의 발언은 지나치게 광범위하다. 예배 규범원리(RPW)에 관한 Ian Murray의 논의도 마찬가지로 지나치게 일반화시킨 경향이 있다. Ian Murray, *To Glorify and Enjoy God*, ed. J. W. Carson and D. W. Hall (Edinburgh: Banner of Truth, 1994), 176-84. Douglas Kelly 또한 특별히 특정 소수 독립파로부터 주류 청교도를 구분할 때 그 미묘함을 보다 주의 깊게 다룰 필요가 있다. Douglas Kelly, "The Puritan Regulative Principle and Contemporary Worship," in J. L. Duncan, *The Westminster Confession into the 21st Century*, vol. 2 (Fearn: Mentor, 2004), 67ff. R. J. Gore 또한 마찬가지이다. R. J. Gore, *Covenantal Worship*.

먼저 루터의 관점에 대해서 한 두 마디 밝히고자 한다.

루터가 보기에 구약에서 유대인을 대상으로 제정된 엄격한 예배 규정은 신약에서 복음 아래 제정된 상대적으로 느슨한 규정과 대조되었다. 실제로 루터는 십계명 중 처음 두 계명은 (1) 어떤 형상이든지 만들 것을 금하는 계명이 아니라 그 앞에서 엎드려 절할 형상을 만들지 말라는 계명으로 이해했고 심지어 (2) 복음 아래서 계명이 대체되었기에 형상이 유용한 교육 도구로 사용될 수 있고, 또한 그 마음에서 이미 우상을 버린 사람에게는 아무 해 될 것이 없다고 보았다. 인간의 손으로 만든 형상이 복음의 근본을 썩게 하는 문제와 심각하게 연관되어 있지 않은 한 형상을 파괴할 이유가 없다고 판단했던 것이다.

이러한 부류의 주장은 칼슈타트(Karlstadt)가 1520년대 중반에 성상파괴 운동(iconoclasm)을 선동한 것에 대해 반박할 때 루터가 사용했던 논지였다.[36] 성상에 대한 루터의 기본적인 이해는 로마가톨릭 교도의 이해와 비슷했다.[37] 다만 믿음으로 말미암아 은혜로 구원을

한편, Jeffrey J. Myers는 구성요소와 형식을 혼동한다. Jeffrey J. Meyers, *The Lords' Service* (Moscow, ID: Canon Press, 2003), 303. 여기에 언급한 신학자들이 개혁주의 신학에 우호적이지 않다는 식으로 말하는 것은 아니다.

36 Carlo M. N. Eire, *War Against the Idols: The Reformation of Worship from Erasmus to Calvin* (Cambridge: Cambridge University Press, 1986), 65-73.

37 1994년 판 가톨릭 교회 요리문답에서 2,129-2,132 을 참고하라. "하나님의 계명은 인간의 손으로 만든 어떤 상징물도 금할 것을 포함하고 있다…반면에, 구약성경에서 이미 하나님은 성육신된 하나님의 말씀으로 이루어질 구원을 상징적으로 가리키는 형상을 만들라고 명하시고 허락하셨다. 놋 뱀이 그랬고, 언약궤가 그랬으며, 그룹이 그랬다. 성육신된 하나님의 말씀이 지닌 신비에 근거해서 제2차 니케아 공의회(787)에서는 성상 파괴주의자들과 반대 관점에서 그리스도를 위한 성상뿐만 아니라 성모와 천사 그리고 모든 성인을 위한 성상에 대한 숭배가 정당하다고 판결 내렸다. 성육신과 함께 하나님의 아들은 형상에 대한 새로운 '질서'를 가져다주셨다.

받는다는 특유의 구원론으로부터 실천을 적용하는 차원에서 로마가 톨릭과 달랐다. 따라서, 행위와 상관없이 믿음으로 의롭다 여기심을 받는다는 구원론과 충돌하는 행습은 예배에서 배제되었지만, 그렇지 않은 경우에는 모두 허용되었다.

형상에 대한 칼빈의 관점은 루터와 다소 달랐다. 그의 저서 『세례식 집례』(*Form of Administering Baptism*, 1542)에서 칼빈은 다음과 같이 밝혔다.

> 모두 알고 있다시피 지나치게 구식이기 때문이 아니라 인간의 쾌락을 목적으로 제정되었기 때문에 거부해야 할 예식이 있다. 아니면, 적어도 하나님의 말씀으로부터 받은 권위가 예식이 제정된 밑바탕에 빠져있어 거부해야 하는 예식이 있다. 다른 한편, 수많은 미신적인 영향력이 예식으로부터 흘러나와 예수 그리스도에게로 직접 이르는 길을 가로막는 걸림돌이 되기에 주저 없이 제거해야 하는 예식이 있다. 첫째, 행하라고 명하시지 않은 어떤 예식에 대해서든 우리가 행할지 말아야 할지 선택할 권리는 없다. 둘째, 교회에 덕이 되지 않는다면 어떤 것이든 교회 안에 받아들여서는 안 된다. 만약 이들 조건에 해당하는 것이 교회 안에 이미 들어와 있다면 반드시 뽑아내야 한다. 그리고 이보다 더 강한 조건을 제시해 보면, 만약 교회에 물의를 일

형상에 대한 그리스도인의 숭배 행위는 형상을 금지하는 첫째 계명에 어긋나지 않는다. 그 진의는 "형상에게 받쳐진 숭배는 그 원형에게 돌려진다"며, "형상을 숭배하는 자마다 그 속에 표현된 존재를 숭배한다"는 것이다. 성상에게 돌려지는 숭배는 '경의가 담긴 숭배'로써, 하나님 한 분만이 홀로 받으시기에 합당하신 경배와 다르다."

으키고 또 과거에도 그랬듯이 현재에도 우상숭배와 잘못된 생각을 조장하는 그 어떤 것이 교회 안에 존재한다면 어떤 이유를 막론하고서라도 절대로 용납해서는 안 된다.[38]

칼빈의 발언 중에서 성경에서 "명하셨다"는 대목을 두고 의미론적으로 어떻게 받아들여야 할 지 고민해볼 수 있는 가운데, 루터도 자신의 이해가 성경적이라고 여겼음이 분명하지만 칼빈이 루터보다 엄격한 잣대를 사용했다는 점은 부정할 수 없다. 칼빈의 관점에서 아무런 신학적 의미가 없는 그리스도의 형상이나 그림이 예배 현장에 존재한다는 것은 상상하기 어려운 일이었다. 그래서 칼빈은 다음과 같이 주장했다.

다시 묻자면 가톨릭 신자들은 어떤 이유에서 교회 안에 형상을 세우는가? 교회사로부터 교훈을 얻기 위해서인가? 아니다. 다만 사람들로 그 앞에 와서 경의를 표하게 할 목적으로 얌전한 모양새의 꼭두각시를 세워놓은 것뿐이다. 그래서 어떤 교회 안에 형상이 세워진다면 얼마 되지 않아 사람들이 와서 그 앞에 무릎을 꿇고 예배하는 행동을 보일 것이다. 그렇다면 가톨릭 신자들만큼 주 예수 그리스도의 위엄을 깎아내리고, 그분의 영광을 훼손시키는 자들이 또 어디에 있을까? 좀 더 파고들어 보자. 그들은 우리가 알다시피 인간만이 아니시고 육체 가운데 거하는 하나님이신 예수 그리스도의 모습을 그리고 색칠한다. 그렇

---

38 Henry Beveridge, ed., *Selected Works of John Calvin* (Grand Rapids: Baker, 1983), 2:117-18.

다면 그 형상이 드러내는 것은 무엇인가? …이것이 우리 주 예수 그리스도에게서 발견되는 최고 중의 최고, 즉 신성을 지워버리는 행위가 아니고 무엇인가?[39]

형상을 이해하는 칼빈의 관점에 대해 존 레이드(John H. Leith)는 다음과 같이 정평을 제시한다.

십계명에서 제2계명인 '너를 위하여 새긴 우상을 만들지 말고'에 대한 칼빈의 적용은 교회의 예배와 신앙생활에서 시각 미술이 사라지는 결과를 가져오고 말았다.[40]

이러한 칼빈의 관점이 개혁주의 안에서 널리 퍼지게 됨에 따라 개혁주의 교회는 루터파 교회와 사뭇 구별되는 전통을 지니게 되었다. 칼빈의 추종자들은 형상과 그림을 거부하는 태도를 보이게 되었고, 그러면서 예식에 대해서도 조심스러운 태도를 지니게 되었다. 예배에 대한 칼빈의 가르침을 다음과 같이 정리해볼 수 있다.

1. 『세례식 집례』에서 정리해 보면 "첫째, 행하라고 명하시지

---

[39] *Sermon on Deuteronomy* [1555-56], trans. Arthur Golding (London, 1583; repr. Banner of Truth, 1987), serm. 23, 138; serm. 82, 504.

[40] John H. Leith, *An Introduction to the Reformed Tradition* (Atlanta: John Knox Press, 1977), 166. Calvin은 그리스도를 대상으로 그린 그림이 교회에 달려있는 것에 대해 강한 어조로 비난했다. 더 자세히 알려면 다음 참고문헌을 보라. Hughes Oliphant Old, "Calvin's Theology of Worship," in *Give Praise to God*, ed. P. G. Ryken, D. W. H. Thomas, and J. L. Duncan, (Phillipsburg, NJ: P&R Publishing, 2003), 412-35.

않은 어떤 예식에 대해서든 우리가 행할지 말아야 할지 선택할 권리는 없다."⁴¹ 『기독교 강요』에서 정리해 보면, "하나님은 자신이 명하신 방식대로 예배받기 원하신다. 그렇기에 인간이 고안한 방식을 예배에 섞으면 안 된다."⁴² 칼빈의 설교에서 정리해 보면, "하나님이 말씀으로 제정하신 것 외에 그 어떤 것도 더하지 않은 채 그 모든 예식 절차를 가장 단순한 형식으로 따라야 한다. 이 원리에서 조금이라도 벗어나기 시작하는 순간 그 어떤 이유를 들어 우리 자신을 정당화시키려 해도 반드시 하나님의 징계를 받게 될 것이다."⁴³

2. 교회에 덕이 되지 않는다면 어떤 것이든 교회 안에 받아들여서는 안 된다. 만약 이들 조건에 해당하는 어떤 것이 교회 안에 이미 들어와 있다면 반드시 뽑아내야 한다. 그리고 이보다 더 강한 조건을 제시해 보면, 만약 교회에 물의를 일으키고 또 과거에도 그랬듯이 현재에도 우상숭배와 잘못된 생각을 조장하는 것이 있다면 어떤 이유에서든 절대로 용납해서는 안 된다.⁴⁴

두 요점이 위치하는 영역은 크게 다르다. 첫 번째 요점은 예배의 구성요소에 대해서, 두 번째 요점은 예배드리는 특정한 상황에 따라 예배의 특성을 살려주는 예배 형식과 지시문에 대해서 다룬다. 예배

---

41 *Form of Administering Baptism* 1542. 특별히 각주 28번을 보라.
42 *Institutes* (ed. Battles), 4.10.23.
43 B. W. Farley, trans. & ed., *John Calvin's Sermon on the Ten Commandements* (Grands Rapids: Baker, 1980), 66.
44 *Form of Administering Baptism*, 1542. 특별히 각주 33번을 보라.

형식에는 특정 구성요소를 실행하는 방식이 포함된다. 예를 들어, 기도는 예배의 구성요소이고, 주기도문은 기도하는 형식이며, 예배 지시문은 기도할 때 일어서거나 앉거나 혹은 무릎 꿇으라는 지침이다. 예배 시간, 장소, 좌석의 종류와 같은 부수적 상황에 대해서 칼빈은 따로 언급하지 않는데, 이는 "일반인과 사회의 정서에 부합하는 방식"과 마찬가지로 명확해서 굳이 설명할 필요가 없다고 판단한 것으로 짐작해볼 수 있다.[45] 칼빈이 보기에 예배 형식과 지시문은 교회의 권위 아래 속해 있으면서, 성경의 요구조건, 특별히 교회의 덕을 세워야 할 요구조건을 충족시켜야 했다.

찰스 베어드는, 칼빈이 목사가 임의로 예배 예식을 주관할 여지를 허용하지 않도록 성문화된 예식서(forms of prayer)의 사용을 대단히 선호했다고 주장하곤 했다. 그러면서 베어드는 1548년에 칼빈이 소머셋 경(Lord Somerset)에게 보냈던 라틴어 편지의 관련 대목을 다음과 같이 번역했다.

> 교회 예식서 및 예전서와 관련해서 본인은 목사가 임의로 주관
> 할 여지를 허용하지 않도록 일정한 형식을 갖추는 방향을 매우

---

45 예배의 요소, 형식, 지시문, 부수적 상황을 구분 및 분석한 다음 참고문헌이 도움이 되었다. T. David Gordon, "The Westminster Assembly's Unworkable and Unscriptural View of Worship," *Westminster Theological Journal* 65 (2003): 345-56. R. J. Gore, *Covenantal Worship* (Phillipsburg, NJ: P&R Publishing, 2002). T. David Gordon의 분석이 기본적으로 옳다고 생각되지만, 반면에 그러한 구분에 정확히 들어맞는 자료가 연구원문에서 발견되지 않는다. Gordon의 논설에 참고문헌이 부족한 이유가 아닌가 싶다. 같은 이유에서 Gore는 다음 논설에서 Gordon의 분석을 혹평한다. R. J. Gore, "Covenantal Worship: Reconsidering the Critics," *Westminster Theological Journal* 65 (2005): 367ff.

선호합니다. 첫 번째 이유는 미리 정해진 예식서는 소양과 경험이 부족한 일부 목사에게 도움이 되기 때문입니다. 두 번째 이유는 예식서를 통해 교회와 교회 사이에 일치와 조화가 이루어질 것이기 때문입니다. 세 번째 이유는 참신하다는 명목으로 정신 사나운 변덕과 경솔함이 허용되는 것을 방지할 수 있기 때문입니다. 이러한 이유에서 본인은 요리문답이 매우 유용할 것이라는 점을 주장해왔습니다. 따라서 성문화된 요리문답과 성문화된 예식서 그리고 성문화된 성례전서가 반드시 필요합니다.[46]

하지만 (베어드의 번역이 나온 지 얼마 되지 않아) 1858년에 나온 공식 영어번역은 해당 편지 대목이 기도서가 아닌 요리문답의 중요성을 부각시키고 있다고 밝혔다. 실제로 칼빈은 "성도에 대한 바른 교육"에다 논지의 무게를 실었다. 게다가 칼빈은 생생한 설교와 함께 어린이나 무지한 성도가 "반드시 알아야 할 교리를 이해하기 쉽게 정리한 요약" 및 신앙생활 해설집이 반드시 있어야 한다고 여겼다.

---

46 Baird, *Presbyterian Liturgies*, 23. 너무 많은 사람이 Baird를 따라서 요리문답보다는 예식과 연관지어서 본 대목을 인용해왔다. D. G. Hart, *Recovering Mother Kirk* (Grand Rapids: Baker, 2003), 26. W. D. Maxwell, *A History of Worship in the Church of Scotland* (London: Oxford University Press, 1955), 72-73. 일류작가이면서도 실수하곤 하는 W. D. Maxwell은 자신이 Calvin의 라틴어판 전집(*opera*)을 인용했다고 주장한다. 하지만 W. D. Maxwell이 Calvin의 편지를 직접 인용, 번역했다고 주장한 영문은 Baird가 번역한 영문과 일치한다. Calvin과 관련해서 Baird는 또한 Joseph Bingham의 『교회의 유물』(*Antiquities*)을 참고문헌으로 인용했지만, 인용한 대목인 [2:74741은 관련 주제와 연관성이 떨어진다. 아마도 Baird가 유럽에서 공부하면서 남긴 연구기록에 문제가 있었던 것으로 보인다.

솔직히 말해 성문화된 예식서 속에 목사(pastor)와 부목사(curate)를 제한시키는 것이 그리 나쁜 생각이라고 보지 않고, 오히려 필요하다고 본다. 성문화된 예식서는 일부 소양과 경험이 부족한 목사를 도울 수 있고, 교회와 교회 사이에 일치와 화합을 이루는 데 더 효과적일 수 있다…미신에 빠져 우상을 쫓는 부류가 기이한 행습이나 최신 유행하는 교리를 교회 안에 끌어들이려는 여지 자체를 제거할 수 있다. 앞서 밝혔듯이, 요리문답은 성도를 점검해주는 역할로 기능해야 한다.

바로 이어서 칼빈은 다음과 같이 덧붙인다.

요리문답 외에 성례식 집례를 위한 형식 및 방법과 아울러 공중기도를 위한 형식 및 방법이 있다. 이들 절차를 진행하는 구체적인 방식이 어떻든지 간에 복음전파를 돕는 이들 절차의 효력이 떨어지지 않도록 각별히 주의해야 한다.[47]

알고 있다시피 칼빈은 주중에는 다소 자유로운 형식으로 예배를 드렸지만 주일 예배에서는 엄격한 예전을 사용했다.[48] 그러면서

---

47 Jules Bonnet, ed., *Selected Works of John Calvin* ([1858] Grand Rapids: Baker,1983), 5:191-92.
48 "주중에 설교자는 주일 예배에서 기도할 바를 재량껏 판단해서 준비한다. 설교에 할애한 시간과 설교 내용을 그대로 기도 형식에 적용하거나 맞춘다. 주일 오전 예배에서 설교자는 설교 바로 직전에 대개 다음과 같은 방식으로 기도한다…평일 예배에서 기도할 내용은 주일 기도문과 함께 네 번째 낱장의 후면에 수록해 둔다…." Translated by William Huycke, *The forme of common prayers used in the churches of Geneva* (London 1550), fol. I, fol. xxiii.

도 말씀을 받기 전에 성령의 조명을 간구하는 기도에서는 '자유재량'을 허용했다.[49] 요리문답이 중요한 이유를 밝히면서 아울러 성문화된 예식서에까지 비슷한 생각이 미쳤을 수도 있다. 하지만 칼빈은 존 낙스의 '자유재량 예전' 또한 높게 평가했다. 게다가 칼빈이 예배의 형식과 관련해서 고정 불변성을 주장하기를 꺼렸다는 점도 익히 알려져 있다. 휴즈 올리펀트 올드는 칼빈에 대한 다음 평가 속에 핵심을 짚어내고 있다.

> 칼빈은 자신의 회중을 위해 예식서를 발행했다. 그는 제네바에서 매일 드려진 기도회를 통해 즉석기도의 은사를 개발했다. 하지만 칼빈은 기도가 기도의 형식 혹은 즉석에서 공중 기도할 수 있는 능력 그 이상임을 알고 있었다. 칼빈에게 기도는 신앙의 가장 주요한 실천이었다…오늘날 칼빈의 가르침에 귀 기울이는 예배학자가 있다면 예배 예식과 형식을 넘어선 그 이상의 차원을 다룰 각오가 있어야 한다. 형식에 관한 문제는 어찌 되든지 해결될 것이나, 깊은 곳에 있는 영적 문제 역시 형식적 문제

---

49 T. H. L. Parker는 성령의 조명을 간구하는 기도를 드릴 때도 '성문화된' 기도를 사용했다는 주장을 한다. T. H. L. Parker, *John Calvin* (Tring: Lion Publishing, 1982), 103. 하지만 이어지는 Calvin 본인의 말을 들어보자. "설교자가 이처럼 간구를 드리면 전체 회중은 시편을 가지고 육성으로만 찬송한다. 그러고 나면 설교자는 하나님이 그 은혜로 성령님을 내려 보내주시기를 다시 기도하고, 또한 하나님의 존귀와 백성의 교화를 위해 말씀하여 주시기를 기도한다. 그와 함께 청중이 합당한 순종으로 말씀을 받을 수 있도록 기도한다. 이때 기도하는 방식은 설교자의 재량에 맡긴다. 설교를 마치고 나면 설교자는 바로 회중에게 기도하자고 권면하면서 다음과 같이 시작한다…" *The forme of common prayers used in the churches of Geneva* (London 1550), fol. iii. 원문에 없는 강조는 임의로 넣었다. 성령을 받기 위한 기도를 즉석에서 재량껏 하라는 지시문은 1537-41년 동안 스트라스부르그(Strasbourg)에 머무르면서 Bucer의 예전을 받아들이면서 채택한 방식이다.

와 동시에 해결되어야 한다. 칼빈은 예배를 하나님의 백성을 거룩하게 하시려고 그들 마음 속에서 하나님의 성령이 일으키시는 역사로 이해했다.⁵⁰

잉글랜드국교회의 기존 예전에서 부적절한 예식이 없었더라면 경건한 성도들 가운데 다수는 아마도 성문화된 기도문에 만족했을 것이다. 대다수 주류는 성문화된 기도문 자체가 원칙적으로 부적절하다고 여기지 않았기 때문이다. 여하튼 청교도 내에서도 더 급진적이었던 독립파를 제외한다면 17세기 잉글랜드 청교도와 칼빈 사이에 결정적인 차이는 없었던 것으로 보인다.⁵¹ 비 성경적이지만 않다면 어떤 예식도 칼빈은 개의치 않았다. 잉글랜드국교회의 39개 신조 (1563) 가운데 제 34조항은 그 자체로는 성경적으로 부적절하지 않음에도 결국은 웨스트민스터 총회에서 부적절하다는 판정을 받았다. 제 34조항의 내용은 다음과 같다.

전통과 예식이 반드시 일치 혹은 완전히 비슷할 필요는 없다. 역사 속에서 이 둘은 언제나 다양했고, 또한 국가와 시대와 풍습에

---

50   Old, "Calvin's Theology of Worship," 435.
51   독립파는 원칙적으로 성문화된 기도문을 거부했다. 심지어 John Owen은 반 삼위일체론자인 John Biddle에 반박하며 1655년에 쓴 저술에서 회중 전체가 주기도문을 사용하는 것조차 적법하지 않다고 보았다(*Vindiciae Evangelicae*, ch. 34 The Works of John Owen [Goold ed.], vol. 12, esp. 577-79). 물론 John Owen이 반대한 주 대상은 강요된 기도문 및 예전이었다(*Discourse concerning Liturgies* [1662], *Works*, vol. 15, esp. 21). 기도문 및 예전과 관련해서 독립파가 제기한 안건은 웨스트민스터 총회에서 성립되지 못했지만, 이들이 영국 장로제에 미친 영향력은 두드러졌다.

따라 다양하게 변할 수 있기 때문이다. 그러나 전통이든 예식이든 하나님의 말씀 밖에서는 제정될 수 없다. 누구든지 주관적인 판단하에 특정 의도와 목적을 가지고 교회의 전통과 예식을 공개적으로 어긴다면, 그 전통과 예식이 하나님의 말씀에 반하지 않고 또한 교회의 권위로 제정되고 승인된 것일 경우에 그 사람은 공개적으로 견책받아야 마땅하다(그렇게 함으로써 다른 이들도 유사한 행동을 하지 못하도록 경각심을 준다). 이는 그 사람이 교회의 질서를 무너뜨리고, 교회 지도자의 권위를 훼손했으며, 또한 연약한 성도의 양심에 상처를 주었기 때문이다. 어떤 개별 교회나 국가 교회든지 예식 및 예전이 인간의 권위에 의해서 제정되었을 경우에만 다시 제정하고, 바꾸며, 폐기할 수 있는 권위를 가지고 있다. 이는 모든 것으로 교회에 덕을 세우려 함이다.

칼빈은 매 예배 절차마다 엄격하게 지키는 편이 편리하다고 생각하지 않았겠지만, 프랑크푸르트에서 만난 망명 영국인들로부터 잉글랜드국교회 예전에는 "겨우 참아줄 만한 우스갯거리가 많다"는 소리 또한 듣게 되었다. 그래서 칼빈은 프랑크푸르트 교회가 "유익하게 활용하면서 덕을 세워나가기에 가장 적합하게 개정된 새 예식서를 제정하는 데" 신중한 노력을 기울이라고 권면했다.[52] 1555년에 칼빈이 가졌던 이러한 생각은 1548년 소머셋 경에게 보내는 편지에서 하나님의 말씀에 따라 예배예식을 드려야 한다고 주장한 바와 상통한다. 소머셋 경에게 보내는 편지에서 칼빈은 다음과 같이 적었다.

---

[52] J. Bonnet, ed., *Selected Works of John Calvin*, 7 vols. (Grand Rapids: Baker, 1983), 6: 118; the letter to John Knox in the same volume, 189-91.

> 예배를 복잡하게 드리는 것이 적합하지도 또 유용하지도 않기에 예배는 단순해야 함을 절감합니다. 예배의 형식은 진실로 회중의 여건과 성향에 맞게 조정될 필요가 있습니다. 하지만 이를 명목으로 사탄과 적그리스도가 타락을 조장하는 상황이 허용되어서는 안 됩니다.[53]

이와 비슷한 칼빈의 생각이 1554년에 벤젤(Wenzel)에 있는 교회에 보내는 편지에서도 발견된다. 목회자가 아닌 몇몇 개인에게 보낸 이 편지에서 칼빈은 그들이 정착한 곳에서 드려지는 교회 예식에 반대할 권한이 없는 한 순응해야 한다고 권면했다(칼빈은 성찬식에 사용하는 촛불과 무늬를 넣은 빵에 대해 언급하던 중이었다).

이렇게 권면하는 칼빈을 보면 마치 잉글랜드국교회의 39개 신조를 따르는 교회에 속한 사람처럼 보인다. 계속해서 칼빈은 다음과 같이 가르친다.

> 우리가 그러한 예식을 받도록 소명 받았다면 하나님께서 우리를 부르신 그곳에서 떠나지 말고 머물러야 한다. 우리는 그러한 예식들의 유입을 반대할 여지가 없으며 동시에 우리에게 맡겨진 교회가 본래 소유하고 있는 순결성을 계속해서 지켜나가야 한다.

이 대목에서 칼빈은 마치 웨스트민스터 총회에 속한 사람처럼 개

---

53 Ibid., 5:193.

혁의 기치를 공식적으로 전면에 내세우고는 교회에 변화를 일으킬 권한을 지닌 사람처럼 말하고 있다.

또한 칼빈은 다음과 같이 덧붙인다.

> 우리가 경험해온 것과 다른 형식의 예배가 우세한 곳에 처한다 해도 촛불이나 제의복에 대한 분을 이기지 못해 몸 된 교회로부터 떨어져 나옴으로써 스스로 성례의 유익을 끊겠다는 사람은 없을 것이다…우리 믿음의 본질을 흔들지 못하는 예식에 참여할 수 없다는 이유로 그곳 벤젤에 세워질지 모르는 프랑스인 교회가 깨어진다면 그것이야말로 우리에게 깊은 우려를 안겨 줄 것이다. 앞서 말했듯이, 하나님의 자녀들이 비록 그들이 수긍하지 못하는 것들에도 순종해야 하는 것은 합당하다. 여기서 우리가 생각해 봐야 할 핵심은 그렇다면 양심의 자유가 어디까지 허용되어야 하는가에 대한 문제이다. 이 사안에 대해서는 해답이 이미 주어진 것으로 못 박겠다. 즉 모든 예배 예식에 관해서는 상호 양보가 이루어져야 하고, 또한 신앙 고백과 관련해서 어떠한 편견에도 사로잡혀서는 안 되며, 최종적으로 우리 자신이 요구하는 엄격함과 깐깐함으로 인해서 교회의 일치가 깨어져서는 안 된다.[54]

이 대목에서 칼빈은 마치 1570년대와 그 이후에 개혁을 선동한 청교도 주류에 속한 사람처럼 말하고 있다. 이와 같은 칼빈의 관점

---

54 *Selected Works of John Calvin*, 6:30-31.

은 또한 1660년 당시 잉글랜드의 여러 선량한 이들이 왕정복고와 함께 조성된 형국에 순응했던 모습을 통해서도 나타난다. 예배에 대해서 칼빈과 웨스트민스터 총회 사이에 근본적인 관점의 차이는 없는 것으로 충분히 밝혔다고 본다. 예배에 대해 칼빈과 웨스트민스터 총회는 원칙적으로 상호 일치된 관점을 가지고 있었고, 교회 별로 다른 예배 형식과 지시문에 대해서는 성경적 원리를 따르는 가운데 교회의 일치를 깨뜨리지 않는 범위에서 다양성을 지켜야 한다고 생각했다. 또한 칼빈과 웨스트민스터 총회 모두 성경적으로 미신적이거나 성도를 넘어뜨리는 걸림돌이 되는 예식을 가능한 대로 제거했다. 칼빈과 웨스트민스터 총회 모두 교회의 일치에 대해 굳건한 신념을 지니고 지켜나가고자 각고의 노력을 기울였다.

6. "부수적 상황"에 대한 정의

여기에서 예배의 부수적 상황에 대해 추가로 언급하는 것이 적절하겠다. 웨스트민스터 총회 이전에 청교도가(그리고 다른 기독교 교파가) 지녔던 관점을 살펴보면, 많은 이가 예전을 옹호했다는 사실을 알게 된다. 예전을 옹호하기 위해서 예식 자체가 예배가 아니라 예배의 부속이라는 주장, 혹은 공교회의 승인이 필요하지 않는 예배 활동이라는 주장이 근거로 사용되었다. 존 버지스(1563-1635)는 1631년에 다음과 같은 기록을 남겼다.

그러므로 즉흥적이지 않고 제대로 갖춰진 예배에서 사용되기 위해 어떤 예식이 임의적이고 임시로 제정될지라도 그 자체로는 어쨌거나 부차적일 뿐이다. 어디까지나 전체 예배절차에 속한 부분 절차일 뿐이다.[55]

영국 장로제의 아버지 가운데 한 사람으로 꼽히는 존 볼(1585-1640)은 1640년에 숨을 거두기 전에 성문화된 예전 및 기도문을 거부했던 분리주의자들을 향해 다음과 같은 기록을 남겼다.

> 십계명의 제2계명에 근거해서 그 누구도 예배를 위한 어떠한 중대한 방편을 마련할 권위를 가지고 있지 않다. 그럼에도 그렇게 하는 것은 자신의 머리에서 착안하여 새로운 교리를 가르치거나, 혹은 하나님의 교회를 위한 새로운 성례를 제정하는 행위와 다르지 않다. 하지만 인간이 고안한 예배 절차나 표현 혹은 방법은 그 자체로 예배가 아니다.[56]

결론적으로 볼은 다음과 같이 주장한다.

> 성문화된 공중 예식서를 사용한다고 해서 계명을 어기는 것은 아니다. 필요한 상황이나 기타 상황에서 방편을 고안하거나 사

---

55 John Burges, *The Lawfulness of Kneeling in the Act of Receiving the Lord's Supper* (London, 1631), 10. John Burges는 성직자 사례금에 대한 문제로 1591년경에 사임했고, 1603년에 James 1세가 도입한 교회헌법에 반대했다가 추방되었으며, 1617년에 서튼 콜드필드(Sutton Coldfield)의 교구 목사가 되었다.

56 John Ball, *A Friendly Triall of the Grounds Tending to Separation* (Cambridge, 1640), 49.

용하는 것이 금지된 행위는 아니다.[57]

늦은 나이에 세인트 데이비즈(St. Davids)의 주교로 임명되었던 로렌스 워맥(1612-86)은 예전과 주교제를 옹호했다. 워멕 주교는 칼빈과 베자가 강조했던 교회의 적법한 권위에 대해 언급하면서 (스멕팀누스[Smectymnuus]를 예로 들어) 엄격한 장로교도들이 다음과 같이 자인한다고 덧붙인다.

> 여러 의식 있는 사람들은 교회 지도자들이 예식을 예배 차원이 아닌 질서 차원에서 다뤄왔다는 기본이해를 바탕으로 예식을 지켜 왔다. 그렇기에 골로새서 2장 20-22절과 마태복음 15장 9절 같은 본문이 던지는 질문에 양심에 부끄러움 없이 대답해왔다고 자부한다.[58]

하지만 1630년대부터 가열되기 시작한 논란을 거치면서 엄격한 장로교도들은 '일반인과 사회의 정서에 부합하는 상식적인 이성과 신앙의 지혜로 다뤄야 하는 부수적 상황'으로부터 현저하게 종교적인 '기타 사안' 혹은 '부수적 상황'을, 즉 엄격한 형식 속에 드려지는 예식을 구분하기에 이르렀다. 예배 형식 및 지시문은 교회에 덕이 되는 예배를 드리기 위한 필요조건으로 남겨 두었으나, 그 외의 부수적 상황은 모두 거부했다.

---

57 Ibid., 53.
58 Laurence Womock, *Beaten Oyle for the Lamps of the Sanctuarie* (London, 1641), 52.

조지 길레스피는 1637년에 다음과 같은 기록을 남겼다.

> 남녀로 구성된 하나의 사회인 그리스도의 교회는 거룩한 행위, 시간, 장소, 사람, 형식 등이 관계된 그 모든 예배의 부수적 상황과 관련해서 질서와 예절을 지켜야 한다. 그렇지 않은 교회는 상식적인 이성과 교양에서 지극히 벗어나 있는 무질서와 혼돈으로 말미암아 무너지고 말 것이다. 교회의 모든 예식은 신성하므로 오직 종교적이고 신앙적인 목적으로 사용되어야 하고, 또한 신성모독죄를 범하지 않도록 그 외 경우에는 사용하지 않아야 한다. 그러므로 교회의 예식은 부수적 상황 그 이상의 차원에 속한 기준에 의해 정립되어야 한다.[59]

당시 일반인과 사회의 정서에 부합하는 '부수적 상황'에서 벗어나 있는 철저히 종교적인 예식을 제거하자는 주장이 더욱 세부적으로 발전되었던 것이다. 하지만 세부적 구분을 어떻게 실천할 것인가를 두고 의견이 달랐기 때문에 구분에 대한 논란은 끝나지 않고 계속 이어졌다.[60] 베일리 같은 보수적 스코틀랜드 장로교의 구세력은

---

59 George Gillespie, *A Dispute Against English popish Ceremonies obtruded on the Church of Scotland* ([Leiden, 1637] repr. Edinburgh, 1844), 130. 또한 다음 참고문헌을 살펴보라. W. D. McKay, *An Ecclesiastical Republic: Church Government in the Writings of George Gillespie* (Carlisle: Paternoster, 1997), 92-96.

60 R. J. Gore는 전통적인 예배 규범원리에다 "성경의 정신과 일치하는 모든 것"을 합쳐 자신이 제안한 '언약적 예배'(covenantal worship) 이론을 수용한다 해도 "합당한 적용에 대해 의견 차이가 생기는" 같은 문제를 인정한다. Gore, *Covenantal Worship* (Phillipsburg, NJ: P&R, 2002), 139-140, 142. Gore가 제안한 이론은 예배와 전혀 상관없는 것으로 간주될 수 있는 요소인 "행동, 몸짓, 음악, 드라마, 예술 그리고 종교적 공간과 시간의 적절한 활용"도 예배의 요소로 수용할 수 있다(156). 다만 이들 요소는

사도신경이나 영광송을 사용하는 것에 아무런 문제를 느끼지 않았다. 하지만 웨스트민스터 예배모범은 더욱 엄격한 견해를 지닌 한 교파를 고려하여 사도신경이나 영광송의 사용에 대해서는 언급 자체를 하지 않았다.

7. 결론

이번 장을 통해 교회 예배와 관련해 따를만한 모범을 제시하는 웨스트민스터 예배모범의 특징을 살펴보았다. 그러면서 웨스트민스터 예배모범이 어떻게 존 칼빈과 기본적으로 공통된 관점을 통해 예배의 규범원리를 바라보면서 그 이해 속에 뉘앙스를 신중하게 살려놓고 있는지를 살펴보았다. 웨스트민스터 예배모범은 예배의 정수(精髓)에 대한 이해 면에서도 칼빈과 관점이 같다. 즉 칼빈과 예배모범 모두 하나님의 말씀과 기도를 강조한다.

> 칼빈은 성도들에게 기도를 가르치지 않고서는 예배의 개혁은 일어나지 않는다고 보았다. 오늘날 칼빈의 가르침에 귀 기울이

예배 규범원리 이외의 부차적인 사안이기에 "강제적으로 도입되어서 의무화되어서는 안 된다"고 그는 밝힌다(147). 예배는 단순하고, 질서정연하며, 자유로워야 한다고 보는 점에서, 예배는 보편적으로 하나님을 영화롭게 하고 성도들을 교화해야 한다고 보는 점에서 그리고 예배는 문화적으로 민감하고, 균형 잡혀 있으며, 그리스도 중심적이어야 한다고 보는 점에서 Gore의 주장은 옳다. 하지만 그렇다 해서 Gore가 제안하는 '언약적 예배' 이론이 성경적 예배모범을 따라 교회 예배를 정착시킬 것인가를 현장에서 확인하기는 쉽지 않다. 왜냐하면, 성경적 예배모범은 이론적 일치가 아니라 다양한 요소를 포용해야 하는 현실적인 일치이기 때문이다.

는 예배학자가 있다면 예배 예식과 형식을 넘어선 그 이상의 차원을 다룰 각오가 있어야 한다…다른 무엇보다 신령과 진정으로 하나님께 영광 돌리기를 소원하는 마음으로 불타야 한다.[61]

하나님께 영광 돌리려는 우리의 예배 여정을 위해 웨스트민스터 예배모범이 도울 수 있는 부분이 많다.

---

[61] Old, "Calvin's Theology of Worship," 435.

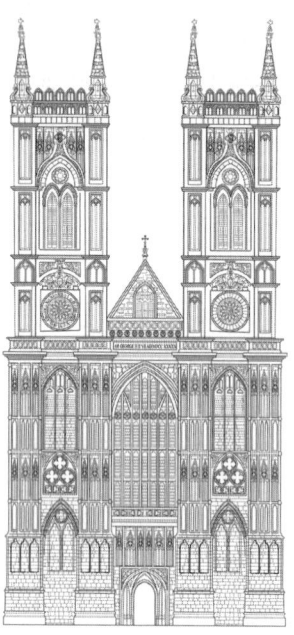

Scripture and Worship:

Biblical Interpretation and the Directory for Public Worship

제6장

예배의 구성요소와 실천[1]

이전 장을 통해 웨스트민스터 예배모범이 성문화된 예전보다는 예배의 원칙으로서 제정된 목적에 대해 살펴보았다. 아울러 예배모범이 예배 규범원리를 적용하는 차원에서 제정되었다는 점도 살펴보았다(분부한 모든 것을 가르치라고 하신 구주의 말씀을 떠올려 보면 예배규범은 어쩌면 규범원리[regulative principle]보다는 규범기초[regulative principal]에 대해 담론하고 있는지도 모르겠다).

웨스트민스터 예배모범은 분량 면에서 웨스트민스터 신앙고백보다 길다. 서문을 포함해서 예배모범에 사용된 글자 수가 12,600자를 약간 넘는다. 이렇듯 긴 분량은 예배모범이 예배가 전체적으로 어떻게 진행되어야 하는가에 대해 알려주는 요강이라기보다는 목회 현장에서 활용하기 위한 안내서라는 점을 말해주는 지표일지도 모르겠다.

---

[1] 본 글은 필라델피아 웨스트민스터신학교의 개교 75주년을 맞아 2004년 10월 22일에 기획된 기념 강연에서 발표한 내용을 출판용으로 확장한 것이다.

웨스트민스터 예배모범을 구성하는 각 장의 제목이 예배 안내서로서의 특징을 분명하게 보여준다.

> 공중 예배를 위한 회집과 그 태도에 대한 모범
> 성경 봉독에 대한 모범
> 설교 전 공중 기도에 대한 모범
> 설교에 대한 모범
> 설교 후 기도에 대한 모범
> 세례식 집례에 대한 모범
> 성찬식 집례에 대한 모범
> 주일 성수에 대한 모범
> 결혼식에 대한 모범
> 병자 심방에 대한 모범
> 장례식에 대한 모범
> 공중 금식일에 대한 모범
> 공중 감사일에 대한 모범
> 시편 찬송에 대한 모범
> 부록: 공중 예배를 위한 일시와 장소에 대한 모범

1. 본문

웨스트민스터 예배모범의 내용을 살펴보기 이전에 문서 자체에 대해 먼저 몇 마디 언급하겠다. 예배모범의 원고 사본은 2002년에 발견되었다.[2] 원고 사본을 인쇄된 판본과 비교해 보았을 때 웨스트민스터 총회의 서명과 함께 의회로 제출된 "보고서"와 최종 문서 사이에는 뚜렷한 변화가 발견된다. 주요 변화를 나열해 보면, 성경 봉독에 대한 모범에서 마지막 단락이 추가되었고, 세례식 집례에 대한 모범에서 확인 질문이 생략되었으며, 성찬식에 참여할 수 있는 자격 조건이 간소화되었고, 결혼 승낙을 요구하는 법에 대한 권고가 자연스럽게 빠졌으며, 병자 심방에 대한 모범이 개정되었다. 게다가 당시에 보편적이었던 인쇄기술에 대해 크리스 콜드웰(Christ Coldwell)이 제공한 정보는 웨스트민스터 예배모범에도 해당된다. 콜드웰은 다음과 같이 밝힌다.

> 초기 발전단계의 수동 인쇄기를 사용하던 당시에 대문자, 이탤릭체의 사용, 철자 및 구두법을 표준화시켜 사용하는 책임은 인쇄소에 있었다. 즉 단어 같은 '주 요소'가 아닌 텍스트를 구성하는 '부수적 요소'는 인쇄소에서 주관했다.[3]

그 결과 웨스트민스터 총회에서 자신들이 제정한 문서가 인쇄되는 과정 역시 신경 썼음에도, 예배모범의 본문은 인쇄 판본에 따라 다양한 차이를 보여준다. 총회의 서기들이 인쇄업자들이 제작한 교정쇄를 검토한 뒤에 '부수적 요소' 가운데 잘못 변경된 부분을 얼

---

2 Refer Bibliography 1.1 in C. Van Dixhoorn, "Reforming the Reformation: Theological Debate at Westminster Assembly, 1643-1652" (PhD diss, 7 vols., University of Cambridge, 2004).

3 "Examining the Work of S. W. Carruthers," *The Confessional Presbyterian* 1 (2005): 45.

마든지 바로 잡을 수 있었을 것으로 추측하지 못할 이유는 없다. 그럼에도 '부수적 요소'와 관련해 인쇄업자에게 보장된 제작의 자유가 터무니없는 결과를 가져온 것만은 경계했어야 한다. 예를 들어, 'Psalms'의 앞글자가 대문자 'P'이면 구약 시편이라는 뜻이 되지만, 소문자 'p'이면 보다 일반적인 의미의 종교적 찬송이라는 뜻이 된다. 혹은 인쇄본 제목에는 'c-k'로 끝나는 'publick'으로 나왔지만, 원래는 'q-u-e'로 끝나는 'publique'였다.[4]

2. 전체 내용

웨스트민스터 예배모범의 내용을 살펴보기에 앞서 먼저 언급해둘 것이 있다. 웨스트민스터 예배모범은 예배라는 주제에 대해, 예컨

---

[4] 웨스트민스터 총회에서 보관했던 예배모범의 '총회사본'이 남아있다. 단락마다 날개여백에 알파벳 "R"이 적혀있는데, 이는 "Resolved"(검토를 마치고 확인된) 상태를 가리키는 표식으로 보인다. 차후에 의회는 검토를 마치고 확인된 단락에 대해서 첨가 및 삭제 작업을 시행했다. 또한 총회사본에는 날개여백의 두 지점에 인쇄업자 측의 작업과 관련 있어 보이는 작은 표식이 발견된다. 새로운 등번호 기호(접장[摺張]의 순서를 분별하기 쉽도록 접장의 등 부분에 인쇄한 기호)가 시작되는 이 두 지점에 "25"와 "33"이 장식체로 적혀있다(어쩌면 "F"와 "G"인지도 모르겠다). 예배모범 초판은 본문에 앞서 총 8쪽 분량에 이르는 서문을 포함하고 있기 때문에 두 지점은 실제로 33[F]쪽과 41[G]쪽에 해당된다. 등번호 I가 시작되는 57쪽에 해당되는 지점에서도 [] 기호가 발견된다. 웨스트민스터 총회가 하원에 제출한 사본은 분실됐다. 그리고 잉글랜드 상원에 제출된 사본은 원본으로부터 어떤 변경이나 인쇄용 표시도 가미되지 않았다. 이 말은 상원 보관용 사본은 상원 의원들이 의회를 위해 승인해서 모조 인쇄지로 제작해둔 예배모범 문서가 아니었다는 말이다. 총회가 주석과 수정을 가해서 제출한 사본은 인쇄본을 준비하는 과정에 사용되었을 것으로 추측된다. 케임브리지 대학의 Chad B. Van Dixhoorn 박사의 호의로 총회사본과 상원에 제출된 사본을 들여다볼 기회가 있었다. 이때 납달리출판사의 Christ Coldwell과 논의를 나눴다.

대, 예배모범에 이어서 총회가 제정할 문서인 웨스트민스터 교회 정치규범(the Form of Church Government)의 기초가 될 만한 총론을 제공하지 않는다. 만약 웨스트민스터 총회가 예배에 대해 삼위일체 하나님과 하나님의 언약 백성 사이의 만남이라고 분명하게 진술했더라면 그 내용을 이해하는 데 훨씬 도움이 되었을 것이다. 예배에 대한 언약적 이해는 총회에서 별 무리 없이 공유되었던 기본전제였다. 하지만 총회는 예배모범 같은 실용적인 문서에 이러한 기본전제를 서술하는 것이 적당하지 않다고 판단했다. 그래서 오늘날 우리는 여기저기서 참고자료를 취합한 결과로 그 기본전제를 파악하게 된 것이다.

기본전제를 취합하는 과정은 어렵지 않다. 예배모범에 사용된 어휘를 사용해서 기본전제를 재구성해보면, 예배모범에서 이해하고 있는 예배란, 그 피로 우리의 죄를 사해주심으로 하나님과의 교제가 가능케 하신 예수님의 이름과 중보를 힘입어 누구와도 비교될 수 없이 위대하시고 존귀하신 주님 앞에 서는 특별한 방편이다. 이 모든 방편은 우리를 거룩케 하사 그리스도 안에 있는 하나님의 생명을 받게 해주시고 또한 하나님과 이웃을 위한 모든 사랑의 의무를 감당할 수 있는 은혜를 받게 해주신 은혜와 양자의 성령으로 말미암아 그 효력을 가진다.

1646년에 작성된 웨스트민스터 신앙고백 21장에는 예배의 구성요소에 관한 매우 적절하게 균형 잡힌 소개 속에 예배에서 지켜져야 할 사항과 방식 모두에 대해 밝히고 있다. 21장에 소개된 예배의 정규 구성요소로는 기도, 성경 봉독, 말씀 전파, 찬송, 성례식의 집례가 있고, 비정규 구성요소로는 금식 및 특별감사 등이 있다. 웨스트민스터 예배모범은 신앙고백에 소개된 구성요소 모두를 다루지만, 아울러 신앙고백서에는 없는 결혼과 병자 심방에 대한 모범을 추가로 포함한다. 이들 추가적인 요소는 예배모범이 대체한 이전의 예배서에 포함되어 있던 요소였기 때문이다. 참고로 금식은 스코틀랜드 측 예배서에, 장례는 잉글랜드 측 예배서에 포함되어 있던 요소였다.[5] (전체 본문 분량의 1/4 이상을 차지하는) 기도에 대한 예배모범의 지침과 병자 심방에 대한 장문의 지침은 예배모범이 지니고 있는 목회 지향성을 보여주는 대목이다.

3. 헌금

예배모범에는 성찬식을 마무리하면서 전통에 따라 가난한 자를 돕기 위해 드리는 구제헌금에 대한 모범이 제시되어 있다. 아울러 공중 감사일과 공중 금식일에 대한 모범도 제시되어 있다. 하지만 헌금에 대해서는 웨스트민스터 예배모범에서도 그리고 신앙고백에서도 언급되어 있지 않다. 이는 교회 직분과 예배 그리고 건물이 사회의 공적 자금으로 유지, 운용되었던 당시의 관행을 보여주는 사례이다. 영국의 일부 지역 및 미국의 경우, 성도들의 헌금은 가난한 자만을 위한 목적이 아니라 교회 전반을 위한 목적도 포함하고 있었다. 교회 전반을 위한 헌금은 국가의 지원이 없는 상태에서 더 큰 구

---

5 Iain H. Murray, *in To Glorify and Enjoy God*, John L. Carson and David W. Hall, ed., (Edinburgh: Banner of Truth, 1994), 174.

실을 했을 것으로 짐작해볼 수 있다.[6] 예배모범은 가난한 자들을 위한 구제헌금이 예배를 방해해서는 안 된다고 권고한다. 스코틀랜드 교회 총회는 구제헌금이 "더는 두고 볼 수 없을 정도로 거룩한 예배에 상당히 방해되기 때문에" 다시는 예배 중에 구제헌금을 하지 못하도록 1648년에 법령을 공포했다.[7] 성도들은 가득 들어차 있고 바닥에 고정된 좌석의 수는 제한되어 있던 상황을 그려본다면 왜 이러한 법령이 내려졌는지 짐작해볼 수 있다.

4. 예배의 전체 길이

예배모범은 전체 예배 및 그 모든 부분 절차가 적절한 균형을 이루면서 진행되어야 한다고 권고한다. 즉 어떤 절차도 지나치게 빡빡하거나 아니면 반대로 지나치게 늘어져서는 안 된다는 것이다. 위대한 청교도였던 토마스 카트라이트(Thomas Cartwright, 1535-1603)는 국교회 예배가 (성찬식 없이 드리는) 여느 예배를 막론하고 2시간에 이를 정도로 지나치게 길다고 보았다. 그가 보기에는 봉독과 기도가 설교를 밀어내고 있었다. "그토록 긴 시간을 견디면서 사람들의 집

---

6 1733년에 스코틀랜드 교회에서 탈퇴한 자들은 자발적인 구제를 시작한 초창기 사례를 남겼다. John H. Leith, *An Introduction to the Reformed Tradition* (Atlanta: John Knox Press, 1977), 185.

7 W. M. McMillan, *The Worship of the Scottish Reformed Church 1560-1638* (London: James Clarke & Co., 1931), 123. 교회 입구에서 구제헌금을 내는 행위는 1640년대에는 보편적이지 않았음이 확실하지만 어쨌든 오랫동안 이어져 온 스코틀랜드 교회의 관행이었다.

중력은 엿가락처럼 늘어져 버리고, 그러다가 설교 시간이 촉박해지는 가장 위험천만한 경우가 종종 발생하게 된다." 따라서 카트라이트는 (성찬식 없이 드리는) 예배의 전체 길이는 한 시간 반이 적당한데, 그중에 한 시간은 설교를 위해 할애되어야 한다고 보았다.[8] 심지어 성찬식을 앞두고서 "몇 마디"로 "간단히 권고"하는데 그쳐야 한다고 여겼다.

1580년대 교회 지도자들이 예배의 전체 길이로 90분이 적당하다고 생각했다면, 그로부터 60년이 지난 시점에서 150분 동안 예배 드린 것은 대수롭지 않게 볼 일이 아니었다.[9] 예배 시간이 150분까지 늘어난 원인은 어느 정도 후기 청교도들이 고수한 예배 방식과 관련 있다. 후기 청교도들은 봉독한 성경 본문을 강해하는 데 전체 예배 시간에서 20-30여 분을 할애했고, 예배 후반부에는 특정 본문을 가지고 설교하는데 보통 한 시간을 할애했다.[10] 여러 여건이 저마

---

8 Richard Hooker, *Of the Laws of Ecclesiastical Polity bk.* 5.32.3-4, in *Works*, 7th ed. (Oxford: Clarendon Press, 1888), 146-47.

9 16세기 루터파 교회와 개혁주의 교회가 성경 강해 시간에 대해 내린 공통된 지침은 예배의 전체 길이가 한 시간을 넘어서는 안 된다는 것이었다. 물론 이 규칙에도 예외는 있었다. Farel은 장시간의 설교 때문에 Cavin으로부터 비판받았고, Olevianus는 보통 90분가량 설교했다. 다음 참고문헌에 실린 Joel Beeke의 서문을 보라. Heinrich Bullinger, *The Decades of Henry Bullinger* (Grand Rapids: Reformation Heritage, 2004), 1:xcii. 1580년대에 스코틀랜드에서 활동했던 Andrew Melville은 주일 예배에 대해 논하면서 전체 길이는 한 시간 반이 적당하다는 견해를 내놓았다. McMillan, *Worship*, 145. 1630년대에는 설교자가 입장할 때까지 꽤 오랜 시간 동안 성경을 봉독하고 찬송했다. 한 시간 가량의 설교를 포함하면 총 세 시간 가량 예배 드렸을 것이다. McMillan, *Worship*, 129.

10 뉴잉글랜드에서 지켰던 예배 관행은 다음 참고문헌에 잘 기록되어 있다. Hughes Oliphant Old, *The Reading and Preaching of the Scriptures in the Worship of the Christian Church*, vol. 5 (Grand Rapids: Eerdmans, 2004), 170ff.

다 예배의 전체 길이에 영향을 주는 것이 사실이나, 보는 관점에 따라서 예배의 전체 길이에 관해서는 초기 청교도들이 후기 청교도들보다 합리적이었다고 판단할 수 있다. 그렇다고 후기 청교도들이 지니고 있었던 성경 강해와 설교에 대한 열정까지 깎아내려서는 안 되겠다.

5. 예배 순서

공동 기도서는 엄격한 예전서로서 스코틀랜드에서 사용되던 초기에 성문화된 기도문과 아울러 세부적으로 성문화된 지침 목록을 제공했다. 그렇기에 공동 기도서를 전혀 다른 성격을 지닌 웨스트민스터 예배모범과 직접 비교하기는 쉽지 않은 일이다. 반면에 예배모범은 여러 부분에서 1564년부터 스코틀랜드에서 사용하기 시작한 공동 예배 예식서를 많이 닮아있다. 참고로 공동 예배 예식서는 제네바에 거주하던 영국인 회중이 사용하던 존 낙스의 예식서를 전신으로 삼았다. 공동 예배 예식서는 기도에 대한 자유재량을 허용하고, 성문화된 교회력(lectionary)을 제공하지 않는다.

공동 예배 예식서에서 성찬식이 주중 예배 순서에서 빠져 있음을 주목할 필요가 있다. 이는 마치 성찬식이 주일 예배의 절정이 되어야 함을 역설하는 듯하다.

예배 순서

스코틀랜드 공동 예배 예식서(1564)	알렉산더 헨더슨의 예식서(1641)[1]	웨스트민스터 예배모범(1645)
성경 강해 (Interpretation of the Scriptures)		
	(종소리와 함께 예배로 부름[Bell calls to worship])	인도자가 예배로 부름 (Call to Worship by minister)
고백 기도 (Prayer of Confession)	부름에 응답하는 기도(Prayer of Approach)	부름에 응답하는 기도 (Prayer of Approach)
	구약성경 봉독 (OT Reading) 신약성경 봉독 (NT Reading)	구약성경 봉독 (OT Reading) 신약성경 봉독 (NT Reading)
시편 찬송 (Metrical Psalm)	시편 찬송 (Metrical Psalm)	시편 찬송 (Metrical Psalm)
간구 기도 (Prayer for Assistance)	고백 및 중보 기도 (Prayer of Confession/ Intercession)	고백 및 중보 기도 (Prayer of Confession/ Intercession)
	시편 찬송(Metrical Psalm)	
	말씀을 받기 위한 기도 (Prayer for Blessing of the Word)	
설교(Sermon)	설교(Sermon)	설교(Sermon)
중보 기도 (Prayer of Intercession)	감사 및 복음전파를 위한 기도 (Prayer of Thanksgiving & for Progress of the Gospel)	감사 및 복음전파를 위한 기도 (Prayer of Thanksgiving & for Progress of the Gospel)
주기도문 (Lord's Prayer)	(주기도문[Lord's Prayer], 앞 순서에서 미리 할 수 있음)	(주기도문[Lord's Prayer], 권장)
사도신경 (Apostles' Creed)	(사도신경[Apostles' Creed])	
시편 찬송 (Metrical Psalm)	시편 찬송 (Metrical Psalm)	시편 찬송, 상황에 따라서 (Metrical Psalm, if convenient)
축도(Benediction)	축도(Benediction)	축도(Benediction)

자세한 내용은 다음 참고문헌에 수록되어 있다. *The Government and Order of the Church of Scotland* (Edinburgh, 1641), 15-17. 주일 오후 예배의 순서도 흐름은 비슷하지만 아마도 요리문답 강해와 시험이 포함되었을 것이다.

위의 표에서 나타나듯이, 헨더슨이 제시한 예배의 전형적인 순서 (1641)와 예배모범이 제시한 예배 순서 사이에는 밀접한 유사성이 매우 뚜렷하게 발견된다. 헨더슨은 따로 언급하지 않았지만, 그 당시 주기도문은 사역자와 함께 전체 회중이 한 목소리로 낭독하는 방식으로 예배 순서에 일반적으로 포함되어 있었다. 사도신경을 낭독하는 순서 역시 일반적으로 포함되어 있었다. 주기도문 및 사도신경과 아울러 시편 찬송 끝에 부르는 영광송은 1630년대 후반부터 밀려온 독립파의 영향력으로 말미암아 예배 순서에서 사라지게 되었다. 이를 두고 스코틀랜드 교회의 여러 유력 인사는 안타까워했다.

한편, 예배모범과 공동 예배 예식서 사이에도 큰 차이는 없어 보인다. 게다가 1564년 판 공동 예배 예식서에 성경 봉독 순서가 명시되지 않았다고 해서 실제로 성경 봉독을 하지 않았다는 뜻은 아니다. 실제로 성경 봉독은 이루어졌다! 그렇다면 차이는 한층 더 없어진다. 실제로 질문과 답변이 오가는 성경 봉독 및 강해를 위한 시간이 예배의 정식 시작을 알리는 간구 기도 전에 주어졌다(위 표를 참조하라). 예배 현장에서 고백 기도와 시편 찬송 그리고 신·구약 성경 봉독은 보통 봉독자(reader)가 인도하던 순서로서, 세 순서를 합쳐 한 시간까지 진행되었다. 이들 순서가 끝나고 나면 목사가 사회를 이어받아 남은 예배 순서를 인도했다.

봉독자 직분은 1560년에 시작된 스코틀랜드 종교개혁과 함께 도입된 직무였는데, 당시에 제대로 훈련받은 목사가 턱없이 부족했던 상황에서 필요에 의해 도입되었다. 스코틀랜드 교회 총회는 1580년에 봉독자는 임시방편이기 때문에 정규 직분이 아니라고 공표했다. 그럼에도 봉독자 제도는 17세기까지도 계속해서 명맥을 이어 나갔다. 그러다가 웨스트민스터 예배모범의 공식화와 함께 사실상 폐지되었는데, 이 결정을 두고 로버트 베일리는 아쉬워했다고 한다.[11]

6. 내용

후에 찰스 1세의 사제가 되는 헨리 해먼드 박사가 웨스트민스터 예배모범에 대해 제기한 반대의견을 나열해 보면 흥미로울 것 같다. 1645년 8월 옥스퍼드에서 발행된 그의 저술『새 예배모범에 대한 견해와 전통적인 국교회 예전에 대한 변호』(*A View of the New Directory and a Vindication of the Ancient Liturgy of the Church*)에서 참고한다. 해먼드 박사는 예배모범에서 의도적으로 빠진 여섯 가지 기본적인 특징에 대해 언급한다.

(1) 규정된 형식 및 예전
(2) 외형적 혹은 행위적 예배
(3) 예배의 형식적 일치
(4) 기도와 찬송 그리고 봉독에 응답하는 회중의 참여
(5) 여러 횟수에 걸쳐 드리는 특도(特禱, 잉글랜드국교회의 짧은 기도문)
(6) 성찬식에서 무릎 꿇는 행위, 세례식에서 십자가 성호를 긋는 행위, 결혼식에서 반지를 끼우는 행위 같은 예식이다.

(1)번 특징과 관련해서는 앞서 이미 다루었다. (2)번 특징과 관련

---

11 Thomas Leishman, *The Westminster Directory* (Edinburgh: William Blackwood & Sons, 1901), 92, 190-91.

해서, 예배모범은 예식 자체로서의 예식 및 (예를 들어, 동쪽을 향해 절하는 등의) 외형적 행위를 확실히 지양하고 있다. (3)번 특징과 관련해서, 예배모범은 비록 성문화된 규정에 의해서는 아니지만, 예배 절차 사이에 형식적 통일성을 추구했다.[12] (4)번 및 (5)번 특징과 관련해서, 예배모범은 해먼드 박사가 지적한 바와 그리 다르지 않다. 다만 찬송과 관련해서는 더 긍정적인 평을 받을 만했다. (6)번 특징과 관련해서, 성찬식에서 무릎 꿇는 행위와 세례식에서 십자가 성호를 긋는 행위는 잉글랜드 교회 역사에서 교파 사이에서 이루어진 주요한 논쟁의 주제로서 오랫동안 남게 되었다.[13]

이어서 해먼드 박사는 더 세부적인 절차와 관련해서 예배모범이 누락시킨 16가지 항목을 나열한다.

(1) 사죄(absolution)의 선언

(2) 시편 찬송 및 기타 교회 찬송

(3) 영광송의 사용

(4) 전통적 고백의 사용

(5) 더 빈번한 주기도문의 사용 및 왕을 위한 기도

---

12 Hammond와 달리 William Dell은 장로교 예배의 형식적 통일성에 대해 비판하면서, 다음 참고문헌에서 형식적 통일성(uniformity)이 아닌 원리적 일관성(unity)을 추구해야 한다고 주장했다. William Dell, *Uniformity Examined: Whether it be found in the Gospel or, In the practice of the Churches of Christ* (London: Henry Overton, 1646). Dell은 Laud 주교의 비서였다가 1662년에 쫓겨났다. 예배모범에 대한 퀘이커교도의 비판을 살펴보려면 다음을 보라. Francis Howgill, *Mistery Babylon the Mother of Harlots Discovered...* (London: Thomas Simmons, 1659).

13 예를 들어 다음 참고문헌을 보라. John Burges, *The Lawfulness of Kneeling in the Act of Receiving the Lord's Supper*, Wherein (by the way) also, *somewhat of the Crosse in Baptisme* (London: Robert Milbourne, 1631).

(6) 성인의 날 및 교회력

(7) 십계명 낭독 및 관련 기도

(8) 봉헌송의 순서

(9) 사적 세례

(10) 성문화된 요리문답(이 부분은 이후에 제정된 웨스트민스터 요리문답을 통해 해결된다)

(11) 견진 성사

(12) 산 자의 신앙을 위한 장례식

(13) 자녀 출산 후 드리는 감사

(14) 병자 영성체

(15) 사순절 시작과 함께 드리는 신벌(神罰, commination) 예식

(16) 사순절(四旬節, Lent), 기원일(祈願日, Rogation days), 사계제일(四季劑日, Ember weeks)주간의 준수

이들 가운데 여러 항목은(1-5번, 7번, 10번) 다른 개혁주의 교회에서도 지키던 예식이었으나, 그 외에는 그렇지 않았다. 예배모범이 지루하고 건조한 예배를 조장한다는 견해에 대해 리랜드 라이켄(Leland Ryken)은 다음과 같이 재치 있게 답변한다.

> 청교도 예배는 셰익스피어의 희곡을 닮았다. 셰익스피어는 얼마 안 되는 무대 소품으로도 만족하였고, 다름 아닌 희곡 원고 안에 직접 무대 배경과 장치를 설치했다. 셰익스피어와 유사한 방식으로 청교도는 가톨릭 및 잉글랜드국교회 예배가 설치한 '무대 배경'을 제거하고, 대신에 성경 본문에 대부분 근거한 언어적 장치와 상징으로 대체하였다…언어적 장치의 유효성을

인정하게 되면 청교도 예배가 예배자의 상상력 및 감각을 굶겨 죽이지 않았다는 사실을 분명히 알게 된다.[14]

이제부터 예배모범을 구성하는 각 장의 내용을 각각 살펴보도록 하자.

7. 공중 예배를 위한 회집과 그 태도에 대한 모범

예배모범에는 (비공식적 모임에서도 간과해서는 안 될) 공적인 은혜의 수단, 마음의 예비, 경외심, "이곳저곳을 향해 경배하거나 절하는" 행위의 근절,[15] 예배로 소명,[16] 목사가 드리는 시작 기도에 대해 신경 쓸 것 등이 포함되어 있다.

예배모범이 "경배"(adoration)를 금지한 것은, "교회 건물에서 특정한 부분이 다른 부분보다 거룩한 존재의 임재가 보다 더 생생함을 느낀다는 식의 몸짓을 보이며 기도하는 행위"와 연계된다.[17] 당시 고

---

14 Leland Ryken, *Worldly Saints* (Grand Rapids: Zondervan, 1986), 125.
15 의회 보관용 사본; 인쇄본에는 "경배" 다음에 쉼표가 없다.
16 서약이라는 뜻의 라틴어 '보툼'(votum)으로 보통 시 124:8 같은 성경 구절을 인용하여 사용했다. "우리의 도움은 천지를 지으신 여호와의 이름에 있도다"(시 124:8). '보툼'은 개혁주의 교회에서 일반적으로 사용했고, 이어서 예배로 부름과 목사가 보통 주님의 이름으로 "하나님 아버지와 주 예수 그리스도에게서 오는 은혜와 평강이 너희에게 있을 지어다"하고 회중에게 인사를 건네는 경우도 있었다. 예배모범에서는 이 정도까지 구체적인 지침을 주지 않는다. 부름에 응답하는 기도는 고백적 요소를 포함하며, 대부분의 개혁주의 예배서에서도 예배모범에서와 마찬가지로 예배로 부름 후에 행하도록 권고한다.
17 Leishman, *Westminster Directory*, 86.

위 성직제의 추종세력은 동쪽과 제단을 향해 절하곤 했다. 스코틀랜드에서 목사는 관례상 예배가 시작되기 전에 설교단 앞에서 무릎 꿇고 기도하곤 했다.[18] 이러한 관행을 청교도들은 반대했지만, 예배모범은 비난하지 않는다. 스코틀랜드인들은 이러한 관행이 적법하다고 여겼으나, 웨스트민스터 총회의 방침을 따라 예배모범에서 배제하게 되었다.[19] 예배에 참여하는 회중의 태도에 대해서 예배모범은 계속해서 다음과 같이 권고한다.

> 공중 예배가 시작되면 모든 회중은 온전히 예배에만 집중한다. 예배를 인도하는 목사가 봉독하거나 낭독하는 것 외에 다른 것을 읽지 않는다. 그리고 모든 귓속말, 협의, 인사, 혹은 주위에 있거나 막 자리에 들어선 사람에게 예의를 표하는 행위는 더욱이 자제한다. 또한 멍하니 다른 곳을 바라보거나, 졸거나, 또는 눈에 거슬리는 행동을 하는 등 하나님께 드리는 공중 예배에서 목사나 회중을 방해하는 행위, 혹은 자신이나 타인에게 지장을 주는 행위도 자제한다.

예배 중에 취해야 하는 자세에 대한 특정한 권고는 없다. 다만 기도하는 자세에 대하여 레이쉬만은 다음과 같이 밝힌다.

---

18 흥미롭게도, 설교단 앞에서 무릎 꿇고 기도하는 모습을 실제로 본 유일한 장로교 목사는 1975년 영국의 벨페스트(Belfast, UK)에서 만난, 레이븐힐(Ravenhill) 장로교회에서 시무하는 Ian Paisley 목사였다.
19 1645년 2월 7일에 제정된 스코틀랜드 교회 총회법. 다음 참고문헌에서 해당 총회법을 확인할 수 있다. Leishman, *Westminster Directory*, 165-69.

객관적 자료에 근거해서 16세기에는 무릎 꿇고 기도하는 것이, 17세기에는 앉아서 기도하는 것이, 18세기에는 서서 기도하는 것이 대세였다고 말해도 무리는 아니다.[20]

하지만 평가 근거로 삼은 문헌자료가 제한적이고, 또한 기존 자료도 한 가지 이상의 해석이 가능한 예가 있기 때문에 단정적으로 결론짓기는 어렵다. 윌리엄 맥밀란은 초기에는 무릎 꿇고 기도하는 방식이 보편적인 관행이었다고 주장한다.[21] 스코틀랜드 종교개혁이 시작되었던 1560년에 예배에 참석한 회중은 남성과 여성으로 나눠 서거나, 등받이가 없는 의자나 장의자에 앉든지, 혹은 (보통) 흙바닥에 앉았다. 예배 전에 개인적으로 기도할 때는 서거나 무릎 꿇었다. 남자는 기도 할 때 모자를 벗었다. 여자는 숄을 머리 주변에 두르는 것이 허용되지 않았던 것이 분명한데, 이는 그렇게 하면 "단정치 못하고, 또한 졸음을 유발한다고" 보았기 때문이었다. 게다가 같은 이유에서 여자는 바닥에 눕는 것이 허용되지 않았다.[22] 이러한 규칙이 오늘날 우리 눈에는 놀랍게 보일지 모르지만, 교회 출석이 강제적이었던 당시 상황에서 춥고 외풍이 심한 교회 내부의 환경을 고려한다면 회중들의 태도가 이상적인 모습에는 미치지 못했으리라 쉽게 짐작해볼 수 있다.

1640년대에 이르러서는 기도할 때 앉느냐, 서느냐, 혹은 무릎 꿇느냐 하는 방식에 대한 문제가 그리 중요하지 않게 되었다. 1666년

---

20 Leishman, *Westminster Directory*, 89.
21 McMillan, *Worship*, 151.
22 Ibid., 154-55.

에 스코틀랜드 던블레인의 대주교 레이톤(Leighton of Dunblane)은 앉아서 기도하는 방식에 대해 경건치 못하다고 불평했다. 레이톤 대주교는 무릎 꿇고 기도하는 방식을 선호했으나, 반면 언약파였던 로버트 맥워드(Robert McWard) 같은 이들은 서서 기도하는 방식을 선호했다. 1690년대에는 일어선 채로 기도하는 방식이 보편화 되었다. 그러다가 점점 앉아서 기도하는 방식으로 대세가 기울어가는 와중에 보수적 성향의 사람일수록 일어서서 기도하는 방식을 고수했다. 한편, 스코틀랜드에서는 1875년경에 그리고 미국에서는 그보다 조금 더 이른 시기에 장로교 구학파를 중심으로 앉아서 기도하는 자세가 보편적인 방식으로 자리 잡게 되었다. 계속해서 예배모범은 다음과 같이 권고한다.

> 부득이하게 예배 시작부터 참여하지 못한 사람은 교회 안에 들어왔을 때 개인 기도를 해서는 안 되고, 그때 진행 중인 예식부터 바로 회중과 함께 참여하기 위해서 마음을 경건하게 가다듬어야 한다.

그렇다고 해서 예배모범은 예배 전에 개인적으로 기도하는 것 자체를 금하지 않는다. 다만 공중 예배 중에 혼자 기도에 몰두하는 행위를 방지하려는 의도로 이렇게 권고한 것이다.

8. 성경 봉독에 대한 모범

성경 봉독에 대해 모범은 성경 봉독이 목사에게 속한 직무라고 말한다. 스코틀랜드 교회는 예배의 시작부분을 맡기기 위해서 성도 중에서 봉독자를 세웠다. 그러다가 1640년대에 이르러서 성경 봉독은 목사 후보생의 직무가 되었다. 예배모범은 노회가 허락하는 경우에 목사 후보생에게 때때로 성경을 봉독하고 설교할 기회를 주었다. 유럽 개혁주의 교회의 관행을 기준으로 비교해 보았을 때 성경 봉독에 대한 스코틀랜드 교회의 관행은 자유로운 편에 속했다. 하지만 독립파에 비하면 훨씬 엄격한 편이었다.

독립파는 평신도가 대거 참여하는 예배를 선호했다. 이에 스코틀랜드 장로교회는 성경을 읽고 강해할 자유가 평신도가 설교할 기회로 확대되지 않도록 경계했다. "보통 신·구약 성경 어디든지 한 주일에 봉독이 끝난 다음 부분부터 다음 주일에 이어서 봉독을 시작한다"라는 권고를 살펴보면 예배모범은 정경을 순서대로 읽어나가는 봉독 방식을 전제하고 있다. 글 읽는 수준이 낮았던 회중의 교육 배경을 고려하면, 연차적 봉독 방식이 회중에게 미치는 가치는 분명해진다. 예배모범은 시편 같은 성경을 자주 더 추가로 읽으라고 권고하기도 한다. 어떤 성경 본문 한 장 혹은 시편 한 편에 대한 봉독이 끝난 이후에나 봉독한 본문에 대해 간단히 설명함으로써 봉독과 강해가 뒤섞이지 않도록 구분했다. 이 말은 봉독한 본문에 대한 본격적인 해석적 설명을 덧붙이라는 권고가 아니었다.

하지만 이내 스코틀랜드에서 예배 후반에 이어지는 설교와 구분되어서 봉독한 본문에 대해 장시간에 걸쳐 강해 및 강론하는 순서가 따로 마련되었다. 이러한 관행은 잉글랜드의 독립파 가운데 이미 널리 시행되던 것이었다. 요컨대 "두 차례 설교" 뒤에는 두 전통이 서 있었다. 성경 강해는 초기 종교개혁가들이 선호하던 설교 방식이었고, 특정 본문에 대한 교리적 강론은 종교개혁 이전에 보편적이었던 설교 방식이었다.[23] 이상하게 들릴지도 모르겠지만, 예배 순서 가운데 한 부분을 고유하게 차지했던 성경 봉독은 이어지는 강해에 묻힌 나머지 19세기까지 스코틀랜드 교회 대부분의 예배에서 종적을 감추게 되었다. 급기야 스코틀랜드 교회 총회는 1856년에 관련 지침을 내리게 되었다.[24]

예배모범에 따르면 봉독을 위해서는 "모국어로 가장 잘 번역된 성경 본문"을 사용하는 것이 바람직하다. 1611년 판 흠정역(KJV) 성경이 널리 사용되던 상황에서 1560년 판 제네바 성경(Geneva Bible)이 그 뒤를 따르고 있었다. 일부 청교도들은 흠정역 성경에 대해 불만족을 표하면서 더욱 철저한 개정을 요구하기도 했다.

잉글랜드 하원은 성경 봉독에 대한 권고 끝에 단락 하나를 추가해서 개인적인 성경 읽기를 위해서 글을 모르는 사람은 글을 배울 것과 모든 사람이 자기 성경을 가지고 있을 것을 권고했다.

---

23 이는 Old의 가설이다. Old, *The Reading and Preaching of the Scriptures*, 5:28-30.
24 스코틀랜드 교회 목사들은 1856년에 "예배모범에 제시된 원리가 적절하게 준수되기를 희망한다"는 메시지와 함께 "예배마다 신·구약 성경을 읽는 절차와 관련해서 예배모범에 제공된 지침을 따르라"는 교령을 받았다.

9. 기도에 대한 모범

예배모범에서 기도에 관한 권고를 위해 사용된 글자 수가 전체에서 약 25%를 약간 웃돈다. 그 가운데 절반은 설교 전 기도에 대한 모범을 위해 할애되고 있다. 그 가운데는 설교 후 기도에 대한 모범에도 해당되어 겹치는 부분이 물론 있다. 예배모범은 기도에 대해 충분히 상세하게 권고하고 있다는 것이 요지이다.

'부름에 응답하는 기도'를 통해서 하나님의 "측량할 수 없는 위대하심과 위엄"을 인정하고, 반면에 우리 자신의 악함과 무가치 그리고 전적인 무능력을 인정한다. 그리고 하나님께서 용서하시고 도우시며 또한 받아주실 것과 아울러 봉독할 하나님의 말씀을 축복해 주실 것을 주 예수 그리스도의 이름과 중보하심으로 간구한다.

'설교 전 기도'는 다음과 같은 주제를 따라 차례로 이루어진다.

1. 우리의 심각한 죄성을 인정한다.
2. 우리 마음이 눈멀고 굳은 것을 애통해한다.
3. 우리는 최소한의 은혜도 받을 자격이 없고, 도리어 하나님의 극심한 진노를 받아야 마땅한 존재임을 인정한다.
4. 그럼에도 그리스도의 속죄와 중보 안에서 발견되는 부요함과 전적인 충분함으로 말미암아 하나님께서 우리로 은혜의 보좌 앞으로 가까이 나아가게 하시고, 새 언약의 약속을 확신하는 믿음을 주시며, 우리의 유일하신 구세주 예수 그리스도의 모진 고통과 보배로운 공로만 보시고 긍휼과 죄 사함 베푸시기를 겸손히 간구한다.

5. 용서하시고 마음이 상한 자를 싸매시는 성령의 은혜로운 역사를 위해 기도하고, 염치없는 죄인이 깨닫고 어둠에서 빛으로 나오도록 기도한다.
6. 거룩하게 하시기를 기도하고, 은혜를 주셔서 인생의 모든 의무와 하나님과 사람에 대한 소명을 감당할 수 있도록 기도한다.
7. 복음이 전파되고, 유대인이 돌아오며, 이방인의 수가 차고, 적그리스도가 넘어지며, 우리 주님의 재림이 속히 이뤄질 것을 위해 기도한다. 핍박과 압제당하는 국외 교회를 위해 기도한다. 그리고 엄숙 동맹으로 맺어진 3개국을 위해 기도한다.
8. 국왕을 위하여 기도하고, 조국과 전 세계의 교회와 국가 지도자를 위해 기도한다.
9. 하나님의 성례와 거룩한 안식일을 바르게 누리도록 기도한다.
10. 하나님의 말씀을 듣는 복된 자들이 되고, 은혜와 지식에 자라나며, 주님과의 교제가 깊어지도록 기도한다.
11. 목사에게 지혜와 믿음과 열심과 합당한 말씀을 주셔서 회중들을 바르게 인도하게 하시고, 말씀을 듣는 자들에게 들을 귀를 주시며, 저희 마음으로 모든 선한 말과 행실 위에 영원히 서도록 기도한다.

'설교 후 기도'는 다음과 같은 기도를 포함한다.

1. 하나님의 사랑과 복음으로 말미암아 임하는 축복에 감사한다.
2. 복음 전파를 위해 기도한다. 설교에서 가장 주되고 유익한 핵심 메시지를 제목 삼아 간구함으로써 그것이 마음에 심기어져 열매 맺도록 기도한다.
3. 사망과 심판과 그리스도의 재림을 예비하고, 거룩하게 해주신 것에 대해 범한 죄를 용서하시며, 이 모든 것을 우리의 대제사장이자 구주의 공로와 중보로 말미암아 받아주시도록 기도한다.

주기도문은 "기도의 모범일 뿐만 아니라, 그 자체로 가장 포괄적인 기도이므로" 예배모범은 교회에서 기도할 때 주기도문을 사용하라고 권고한다. 주기도문에 대한 예배모범의 이해는 잉글랜드에서 보편적이었으며,[25] 스코틀랜드에서 이루어졌던 관행과도 부합되었다. 하지만 독립파의 영향력은 1630년대 후반부터 스코틀랜드에도 미치게 되었고, 얼마 지나지 않아 스코틀랜드 교회는 주기도문을 사용하지 않게 되었다.[26] 웨스트민스터 총회에 참여했던 독립파 출신

---

25 예를 들어, 다음 참고문헌에서 확인하라. William Gouge, *A Guide to goe to God, or an explanation of the perfect Patterne of Prayer, the Lord's Prayer* (London, 1626, 1636). William Gouge(1578-1653)는 선도적인 청교도이자 웨스트민스터 총회원이었다. 이 참고문헌의 서문에서 William Gouge는 다음과 같이 밝힌다. "주기도문은 그 자체로 가장 완전한 기도일 뿐 아니라, 다른 기도를 위한 완전한 모범이다." 그리고 본문 4쪽에서 다음과 같이 밝힌다. "주님께서 가르쳐주신 이 완전한 기도의 모범으로 우리 자신의 기도를 마무리하는 관행은 매우 훌륭하다."

26 주기도문을 공중 예배에서 사용하는 것에 대해 예배모범은 찬성하고 있음에도 불구하고 스코틀랜드 장로교에서는 여전히 많은 이들이 주기도문을 고교회가 남긴 불쾌한 잉여물로 여겼다. 아울러 '세인트마리아와 이트커크 교회'에서 1698년에

총회원들은 성문화된 기도에 대해 반감이 매우 심했다. 그럼에도 독립파 총회원 필립 나이에는 "고정된 기도나 즉흥적인 기도가 준비된 기도를 지지한다"고 자신의 견해를 밝히면서 고정된 기도와 즉흥적 기도 사이에서 중도를 제시했다.[27]

당시에는 축도를 기도가 아닌 축복으로 이해했기 때문에 스코틀랜드 교회 목사들은 (총회를 제외하고) 보통 "우리와 함께 있을지어다"라고 하기보다는 "너희와 함께 있을지어다"라고 축도했다.[28] 그

결정한 바와 같이, 사도신경 고백과 십계명의 사용은 각 당회에 일반적으로 부여된 권한에 따라 결정되었다. 카녹의 유명인사 James Hog of Carnock는 1705년에 주기도문을 공중 예배에서 사용하는 행위를 "지옥의 엔진"이라고 묘사했다. 스코틀랜드 교회 총회는 주기도문의 사용을 적극적으로 지지했던 Sir Hugh Calder의 탄원을 받아들여 예배모범을 제대로 지킬 것을 권장하는 교회령을 내렸다. 하지만 주기도문을 공중 예배에서 사용하라고 직접 권고하지는 않았다. 언약파로서 잉글랜드국교회로부터 탄압받았던 렌프루의 Patick Simson 목사에 대한 일화가 흥미롭다. 1710년에 드려진 어느 성찬식 예배 중에 Patick Simson은 그리스도의 이름이 구별되게 선언되는 세 가지에 대해 언급할 기회가 있었다. 바로 주일, 성찬식, 주기도문이었다. 그는 주일과 성찬식에 대해 어느 정도 말하고 나서 주기도문의 사용에 대해서는 잠깐 언급하고는 처음으로 주기도문을 암송했다. 그런 후에 그는 다른 기도제목을 두고 하나하나 시간을 들여 기도했다. 자신의 행동에 대해 그는 다음과 같이 해명했다. 성찬식을 드리기 며칠 전에 그는 성령의 강한 감동을 받아 온 교회와 함께 공중 예배 때 주기도문으로 기도함으로써 온 교회와 함께 성도의 교제를 다져야겠다는 생각을 품게 되었다고 한다. 당시 그의 나이는 82세로, 당시 여러 젊은 목사들은 노인이 주기도문을 사용한다는 소리를 들어본 적이 없었노라고 이구동성으로 말하면서 주기도문을 사용하지 않는 또 하나의 정당한 이유로 삼았을 시대였다. Patick Simson은 주기도문을 오용하는 것에 반대했지만, 한편으로는 주기도문을 사용하지 않는 것도 잘못이라고 여겼다. 관련해서 다음 참고문헌을 보라. W. D. Maxwell, *A History of Worship in the Church of Scotland* (Oxford: Oxford University Press, 1955), 130-39.

27 Murray, *To Glorify & Enjoy God*, 187. Murrary는 다음 참고문헌을 인용한다. Mitchell, *Westminster Assembly*, 229. Philip Henry는 기도에 대한 예배모범의 입장에 동조했음을 알아두자. Matthew Henry, *The Lives of Phillip and Matthew Henry* (Edinburgh: Banner of Truth, 1974), 142.

28 Leishman, *Westminster Directory*, 104.

럼에도 다른 개혁주의 교회들은 보통 예배에서도 "우리와 함께 있을지어다"하고 축도했다.

10. 시편 찬송에 대한 모범

시편 찬송은 예배모범에서 생각보다 그리 주목받지 못한다. 시편 찬송은 절차상 핵심 요소가 아니라고 여겨졌고, 스코틀랜드 교회의 제1치리서(*the First Book of Discipline*, 1560)에 실제로 그렇게 기술되었다.[29] 예배모범은 "말씀을 봉독하고 시편가로 찬송한 후에"라며 처음으로 시편 찬송에 대해 언급한다. 그리고 설교 후 기도가 끝난 후에 두 번째로 "기도가 끝나고 나서 상황이 허락하면 시편가로 찬송한다"라고 언급한다. 결국, 보통 예배 절차에서 고정된 시편 찬송 순서는 한 번이고, 원하면 한 차례 더 추가할 수 있을 뿐이다. 아무

---

29 제1치리서는 11장 1조에서 시편 찬송이 "교회의 대표적 특징"을 구성하는 본질적 요소는 아니라고 밝힌다. 시편 찬송이 비록 "유익"해도 "필수적"이지 않다는 것이다. 그래서 "형편에 따라 시편 찬송을 부르는 교회도 있지만, 그렇지 못한 교회들도 있다…"라고 밝힌다. Harry Hammond 박사는 시편 찬송을 운율에 맞춰 부르는 것을 예배규범에서 권고하고 있지 않기 때문에 "교회에서 시편 찬송을 부르거나 부르지 않는 것 자체에 아무도 신경을 쓰지 않는 것 같다"라고 밝혔다. 주목해볼 만한 발언이다. Henry Hammond, *A View of the New Directory*, 31. 하지만 2년 후에 제정된 웨스트민스터 신앙고백서 21장 5조와 비교해 보자. 첫 스코틀랜드 시편가(1564)에는 어색한 가사가 많았고, 27 운율로 지어진 시편가도 여럿 있었으며, 곡조의 종류는 105개나 되었다. 이러한 음악적 요소는 일반 회중이 부를 수 있는 음악적 한계를 넘어선 것이었다. 1662년 이후에 발행된 대부분의 시편가는 음악적 요소를 제거했다. 대도시 지역에서는 1640년 무렵부터 시편가로 부르는 찬송이 들리지 않게 되었다. Millar Patrick, *Four Centuries of Scottish Psalmody* (London: Oxford University Press, 1950), 81.

튼, 최소한 한 번 시편가로 찬송한다. 반면에, 예배모범은 공중 예배를 제외하고 주일 및 금식일과 감사일에는 시편가를 사용하는 것이 타당하다고 본다.

11. 설교에 대한 모범

예배모범의 약 12%는 설교에 대한 모범이 차지하고 있다. 예배모범에서 설교에 대한 모범을 찾아볼 수 있다는 사실 자체가 놀라울 수 있다. 실제로 웨스트민스터 총회에서 일부는 설교에 대한 모범이 불필요하다고 주장했다. 이와 다른 관점에서 반 딕스호른은 다음과 같이 일리 있게 주장한다.

> 좀처럼 결단력 있는 모습을 보여주지 않던 총회가 설교가 상당히 중요하고 또한 잘못된 설교가 상당히 흔하므로 설교에 대한 일부 모범을 권고할 필요가 있다고 밝혔다.[30]

1640년대에는 설교를 경시하거나 아니면 설교를 위해 전문 훈련을 받은 목회자의 필요성을 인정하지 않는 목소리가 확산되는 현상이 발생했다. 청교도 윌리엄 퍼킨스(William Perkins, 1558-1602)가 남긴 유익한 기록에서 상당부분 참고해 보면, 당시 설교는 주해, 교리도출, 적용으로 발전하는 삼단 구조로 이루어졌다. 반면에 예배모

---

30 Chad Van Dixhoorn, *A Puritan Theology of Preaching* (London: St. Antholin's Lectureship, 2005), 14.

범은 설교와 관련해서 목사의 영적 자질, 은사 개발의 중요성, 개인적 준비의 중요성을 강조한다.

예배모범에서 제시된 설교 모범이 하나님의 큰 축복이자 사람들에게 유익을 주는 방편임이 실제 사례를 통해 입증되곤 했다. 하지만 설교 모범은 모든 설교자가 반드시 따라야 하는 규정은 아니다. 예배모범은 단일 본문이나 몇 장에 걸친 여러 본을 토대로 설교할 것을 권고한다. 또한 연속 강해 설교 혹은 특정한 경우에 따른 설교를 위해 모범을 제시한다.[31]

도입부는 짧아야 하고, 본문이 길다면 간단한 개요를 말해주며, 본문 분석은 이해하기 쉽게 간단명료해야 한다. 본문 주해로부터 도출된 교리는 진리여야 하고, 본문에 포함된 교리여야 한다. 설교자는 본문에 담긴 주요한 교리에 초점을 맞추고 알아듣기 쉽게 설명한다. 쉬운 설명을 위해서 필요하면 성경에서 적절한 유사 본문을 끌어들여 사용한다. 설교자의 논증은 탄탄하고 이해가 가야 한다. 예화는 "청중의 마음에 영적 기쁨과 함께 진리를 전달할 수 있어야 한다." 청중이 하나님의 말씀을 이해하는 데 문제가 있다면 반드시 짚어주되 상황에 적절한 것만 다룬다. 교리는 지나치게 일반적이어서 청중이 실제 삶에서 적용할 수 없어서는 안 된다. 설교는 설교자에게 지혜와 열심과 묵상을 요구하는 힘든 노동이다.

교리로부터 도출한 적용은 할 수 있으면 해당 본문 및 다른 성경 말씀에 근거한 추가 논증을 통해서 확증한다. 거짓 교리를 반박할

---

31 관련 증거는 웨스트민스터 성직자들이 교리적 전제나 요리문답을 토대로 이루어지는 설교를 반대했다는 견해를 지지한다. 그들은 성경 본문을 토대로 설교할 것을 주장했다.

때 "옛 이단을 무덤에서 꺼내거나 하나님을 모독하는 견해를 불필요하게 언급하지 말아야 한다." 성도의 의무에 대해 가르칠 때는 실천할 방법도 아울러 알려준다. 그럴 사유가 충분하다면 죄의 성격과 무거움뿐만 아니라 그로 말미암아 닥칠 위험에 대해서도 청중에게 알려주며, 동시에 해결책과 피할 가장 좋은 방도를 알려준다. 누군가를 위로 할 때 설교자는 "당사자가 불안한 마음과 곤고한 심령 가운데 이의를 제기하며 내놓을 반대의견에 대해서 사려 깊게 대답해주도록 한다." 설교자는 성경을 항상 가까이 두고 청중으로 하여금 자신을 살펴볼 수 있도록 신중하고 지혜롭게 돕는다. 청중이 자기 죄를 깨달아 겸비하고, 그 가운데 위로를 받아 새 힘을 얻을 수 있도록 힘써 돕는다. 설교자는 해당 본문에 담겨 있는 모든 교리를 설명하지 않아도 된다. 대신에, 청중의 영혼을 그리스도에게로 인도하는 데 필요하고 적절한 교리가 무엇인지 지혜롭게 분별하여 선택한다. 이러한 모습의 설교자는 보는 이에 따라서 영혼을 치료하는 의사로 비칠지도 모른다.

그 방법을 무론하고 설교자는 자신의 모든 사역에 게으르지 말고 성심성의껏 한다. 그래서 배우지 못한 사람도 이해할 수 있도록 성령의 임재 안에서 가르치되, 어려운 말이나 생경한 작가를 인용하는 행위는 삼간다. 설교자는 충성되어 자신의 존귀가 아닌 그리스도의 존귀를 구하며, 성도들이 구원에 이르며 신앙의 성장을 이루도록 곁에서 힘껏 도와야 한다. 설교자는 매사에 지혜롭게 말하고, 가장 효과적인 방법을 사용하며, 각 사람에게 합당한 존경을 표하고, 개인적인 욕망이나 원망을 버려야 한다. 설교자는 신중한 사람으로서 말씀 듣는 청중에게 유익을 주고 싶은 사랑의 마음과 거룩한 열심을 가지고 사역을 감당한다. 설교자는 공중 앞에서나 뒤에서나 자신이 선포하는 말씀의 모범이 되도록 한다.

12. 세례식 집례에 대한 모범

세례식 집례에 대한 모범은 해당 국가의 국교가 기독교임을 전제하고, 아울러 유아 세례를 기준으로 삼는다. 아버지는 유아 출생 후 이른 시일 안에 유아를 데리고 유아 세례식에 참석한다. 아버지가 피치 못할 사정으로 참석하지 못한다면 신우(christian friend)가 대신해서 유아를 데리고 참석한다. 목사는 세례식의 의미에 대해 설명해 주고, 회중과 부모에게 권고하며, 위해서 기도한다(이때 "이 외형적인 물 세례에 내적으로 주님의 성령 세례를 아울러 베풀어 주셔서"하고 기도한다). 물로 세례받은 유아는 "유형교회의 품 안에" 안기게 되었으므로 목사는 축복 기도로 모든 세례식을 마무리 짓는다.

스코틀랜드에서는 출생 후 두 번째 맞는 주일에 유아 세례를 받는 것이 일반적인 관행이었다. 그리고 보기 드물게 특별한 예외가 없다면[32] 세례식은 회중 앞에서 공개적으로 치러졌다. 그러나 잉글랜드에서는 대부분의 세례식이 사적으로 이루어졌으며, 산파가 유아를 세례식에 데리고 나오는 것이 일반적이었다.[33] 따라서 세례식의 공개성과 관련해서 예배모범은 스코틀랜드 측의 입장을 철저히

---

32 예를 살펴보려면 다음 참고문헌을 보라. McMillan, *Worship*, 254ff.

33 Leishman, *Westminster Directory*, 106. 여기서 Leishman은 Robert Baillie의 말을 인용한다.

받아들였던 것이다. 종교개혁 이전의 교회는 세례반(font)을 출입문에 두었는데, 회중 앞에서 세례를 베풀기 시작한 이후로는 이 위치가 불편하고 애매하여졌다. 목사가 강단에서 부모가 안고 있는 유아에게 세례를 주는 것이 일반적이었다. 스코틀랜드에서는 설교를 마친 후에 성례식을 행했다.

예배모범은 부모에게 "의무를 이행하겠다는 엄숙한 약속"을 받아내라고 요구한다. 잉글랜드 의회에 제출한 예배모범 원본에는 부모의 약속에 대해 다음과 기록되어 있다.

> 부모나 신우에게 다음 질문 혹은 유사한 질문에 답하는 기회를 통해 자기 믿음을 고백하는 시간을 주는 것이 좋다. 당신은 성부 하나님, 성자 하나님, 성령 하나님을 믿으십니까? 당신은 그리스도께서 행하라고 명하신 모든 명령을 지키기로 받아들이십니까? 그리고 앞으로도 계속해서 지키기로 서약하십니까? 당신은 유아가 세례받고 예수 그리스도를 믿고 고백하기를 소망하십니까?

부모에 대한 확인 질문은 1644년 10월에 승인되었다.[34] 하지만 1645년 2월에 열린 스코틀랜드 교회 총회에서 확인 질문을 제외하자는 제안이 나왔고, 최종 인쇄 바로 직전에서야 질문을 제외하기로 조정되었다. 확인 질문은 선행 절차에서 이미 다루어진 것이나 마찬가지라는 것이 요지였다. 하지만 스코틀랜드 측에서 세례식과 관련

---

34 George Gillespie, *Notes of Preceeding of the Assembly of Divines at Westminster* (Edinburgh: Robert Ogle, Oliver & Boyd, 1846), 91.

해 자신들이 행해오던 다양한 관행에 지장을 주지 말자는 계산이 분명히 깔려있었을 것이다. 예를 들어, 스코틀랜드에서는 세례식 중에 부모가 사도신경을 고백했는데 이는 잉글랜드에서는 이루어지지 않던 관행이었다. 고백의 성격이 질문을 둘러싼 논의의 중심이었던 것으로 보인다. 확인 질문을 통해 중생에 대한 고백을 부모에게 묻는 것인가, 아니면 그 정도까지는 아닌가? 아무튼, 예배모범의 최종안은 확인 질문 탓에 부모가 양심에 가책받는 것을 방지하려는 관점에서 이 논의를 바라보았던 자들의 의도를 반영한 것으로 보인다.

웨스트민스터 예배모범과 신앙고백 모두 유아를 세례식에 내놓는 부모는 구원하는 믿음을 이미 고백한 상태로 간주한다.[35] 실제로 세례식은 앞선 세대에 속한 부모의 신앙고백에 근거해서 이루어질 수 있었고 또한 이루어졌다. 이러한 관행에 대해 사무엘 루더포드(Samuel Rutherford)는 조목조목 변호했고, 반면에 토마스 보스턴(Thomas Boston) 같은 이들은 반대했다. 단일 교회가 존재하는 기독교 국가에 대한 이상이 유아 세례에 대한 초기 사상에 영향을 주었

---

35 이에 대한 William Cunningham의 평론을 들어보자. "부모가 성인으로서 자신의 신앙고백을 바탕으로 세례받은 자 그리고 그렇게 믿는 자로 간주되어 성찬 받을 자격만 갖췄을 뿐 아니라 정기적으로 성찬을 받은 자가 아니고서는 어떤 유아도 세례를 받아서는 안 된다." William Cunningham, *The Reformers and the Theology of the Reformation* (Edinburgh, 1862), 290. 이러한 관점은 형식주의와 거짓 평화에 반대하던 보스턴의 관점과 일부분 상통한다. 반면에, 무형교회에 해당되는 바를 유형교회에 적용하지 않도록 신중하게 주의를 기울였던 그리고 죄인의 구원에 관심을 가졌던 스코틀랜드의 선대 신학자들은 믿음의 고백이 복음 선포를 듣고 교회 지도자의 치리를 받고자 하는 의지로 표현된다면 그것으로 믿음의 고백은 충분하다고 주장했다. 다음 참고문헌을 보라. Samuel Rutherford, *A Peacealbe and Temperate Plea for Paul's Presbyterie in Scotland* (London: John Bartlet, 1642), 164ff.; John Macpherson, *The Doctrine of the Church in Scottish Theology* (Edinburgh: Macniven & Wallace, 1903), 80-90.

던 게 분명하다.

당시에는 유아를 언약의 약속 안에 들어와 있기 때문에 언약의 표징을 요구할 권리를 지닌 존재로 인정했음을 아는 것이 중요하다. "(세례는) 믿는 자와 그 후손에게 주신 약속으로서 교회 안에서 태어난 믿는 자의 씨, 즉 후손은 출생과 동시에 언약에 참예한다." 또 다른 관련 증거를 제시하면, "그들(유아)은 세례 받기 이전부터 언약 안에서 거룩하기 때문에 세례를 받는 것이다." 유아 역시 교회의 감독 아래 있는 회원으로 간주되었다. 그렇기에 유아에게 자라서 언젠가 믿음을 스스로 고백하리라는 기대를 걸었고, 자신을 돌아볼 수 있을 만큼 자랐을 때 성찬식에 참여하리라는 기대를 걸었던 것이다. 이러한 기대 속에 어린아이를 대상으로 일회성의 특별 신앙 훈련보다는 지속적으로 철저한 신앙 훈련을 강조했음이 분명하다.[36]

웨스트민스터 총회는 예배모범을 통해서 세례 방식에 대해 다음과 같이 구체적인 모범을 제공한다.

> 목사는 유아에게 물로 세례를 준다. 다른 의식을 가하지 않고 이렇게 유아의 머리에 물을 붓거나 뿌림으로 세례 주는 방식은 합법적일 뿐 아니라 적절한 방식이다.

1644년 8월 7일에 벌어진 논쟁에서 물을 붓거나 뿌리는 방식 외

---

[36] 다음 참고문헌은 비록 역사적 재구성 면에서는 취약점을 가지고 있으나 세례식의 중요성에 대해 귀중한 연구 자료를 제공한다. L B. Schenck, *The Presbyterian Doctirne of Children in the Covenant* (1940, repr. Phillipsburgh, NJ: P&R Publishing, 2003). 이 참고문헌에 대한 본인의 평론을 확인하라. *The Confessional Presbyterian* 2 (2006): 181-84.

에 물속에 담그는 방식을 추가하자는 제안이 나왔지만 반대 25표 대 찬성 24표로 부결되었다. 분명히 밝혀 두어야 할 것은 이 논쟁이 때때로 그런 식으로 진술되듯이 침례와 다른 방식 사이에 이루어진 논쟁이 아니라, 침례를 다른 방식과 같은 격으로 인정할 것인가를 두고 이루어진 논쟁이었다는 사실이다. 다음 날 이러한 문제의식이 새롭게 정립되었고, 그렇게 해서 제정된 다음 최종 기술과 함께 논의는 종결되었다. "하지만 침례 방식에 대한 논쟁 자체에 관해서는 해오던 대로 놔두는 것이 가장 적합하고 안전하다고 여겨졌다."[37]

웨스트민스터 신앙고백도 침례 방식에 대해서 이와 비슷한 표현으로 "수세자에게 침례할 필요는 없다"(28장 32조)라고 가르친다. 즉 물을 붓거나 뿌리는 방식만으로 충분하다는 것이다. 만약 정반대 결정을 내리게 되어서 침수를 관수와 같은 격에 놓았다고 한들 "물속에 신중하고 조심스럽게 들어갈 것이다"라는 영국 기도서의 지침보다 실제로 얼마나 큰 실천적 차이를 (난국 정황 속에서) 만들어 냈을 것인가에 대해서는 추측해보기 어렵다.

13. 성찬식 집례에 대한 모범

예배모범은 성찬식을 "자주" 행할 것을 권고한다. 보통 오전 예배 설교 후에 행할 것을 권하지만 얼마나 자주 행할 것인가에 대한 결정은 교회 당회에서 성도의 사정과 유익을 적절히 고려해서 스스

---

[37] John Lightfoot, *Journal of the Westminster Assembly* in *Works* (1834 ed.), 13:301; Rowland Ward, *Baptism in Scripture & History* (Melbourne: 1992), 55-56.

로 결정하도록 맡긴다.[38] 1556년 판 낙스 예전은 제네바에서 망명생활 중이던 영국인 회중이 드리던 예배의 모습을 반영하는데, "성찬식은 보통 한 달에 한 번 행하거나, 회중이 적절하다고 여기는 한도 안에서 가능한 한 자주 행한다"라는 지시문을 찾아볼 수 있다. 반면에 1560년 판 제1치리서는 낙스 예전이 권하는 횟수의 충분함을 인정하는 동시에(2장 2조) 다음과 같이 더 구체적인 지침을 더한다.

> 분명히 밝히자면 성찬식은 1년에 네 번 행하는 것으로 충분하다고 생각한다. 그렇게 함으로써 횟수에 대한 미신을 가능한 한 멀리 피할 수 있을 것으로 본다…(11장 5조).

당시에 많은 이들이 성찬식이 부활절을 특별하게 만든다고 생각했다. 그래서 제1치리서는 최소한 부활절에는 반드시 성찬식을 행하도록 3월, 5월, 9월, 12월 첫 주일에 성찬식을 행하라고 구체적으로 명시해 두었다. 그리고 다음과 같은 지침을 덧붙였다.

---

38 George Gillespie는 다음과 같이 밝힌다. "위원회는 예배모범을 차례로 검토해 보았다. 그러던 중에 '성찬식을 얼마나 자주 행할 것인가에 대한 결정은 교회 당회에서 성도의 사정과 유익을 적절히 고려해서 결정하도록 맡긴다'는 첫 조항에 대해 처음으로 이의제기가 이루어졌다. 그리스도와 사도들이 자주 행할 것을 명했기에 위원회는 적어도 1년에 네 차례는 성찬식을 행하도록 규정하길 원했다. 그에 대해 본인은 성경이나 다른 어디에도 성찬식을 1년에 네 차례 지키도록 결정해줄 근거는 없기에 얼마나 자주 성찬식을 행할지는 어디까지나 사람에게 재결권이 있는 문제라고 답했다. 교회가 재결권을 사용할 자유를 오용한다면 시찰 장로들이 교회를 돌며 바로잡아 줄 수 있을 것이다. Mr. Newcomen은 새롭게 세워진 교회는 매 주일 오후마다 성찬식을 행해야 한다고 강조했다. 추가적인 논쟁을 피하고자 성찬식에 대한 예배모범의 첫 문구를 "성찬식은 자주 행해야 한다"로 최종적으로 정하게 되었다." George Gillespie, *Notes of Proceedings of the Assembly*, 102.

여러 교회가 그럴만한 사정으로 성찬식을 행하는 시기를 바꿀 수 있다는 점을 그리고 목사의 부족 현상 때문에 더 자주 바뀔 수 있다는 점을 부정하지 않는다. 다만 성찬식에 대한 미신적인 관행을 타파하려고 노력하는 것뿐이다.

　1562년에 스코틀랜드 교회 총회는 성찬식을 도시 지역에서는 1년에 네 차례, 지방에서는 1년에 두 차례 행하기로 정했다.[39] 하지만 그마저 목사의 부족 현상 때문에 그보다 적은 횟수로 성찬식을 행하기 일쑤였다. 심지어 1년에 한 차례 행하는 적도 있었고, 회중의 규모가 크면 한 번의 성찬식을 여러 주일에 나누어 행하기도 했다. 매주 성찬식을 행하던 1640년대 독립파의 관행은 스코틀랜드에 큰 영향을 미치지 않았다. 1년을 기준으로 스코틀랜드 교회에서 성찬식을 행한 평균 횟수는 꽤 오래도록 한 차례였다.

　잉글랜드 교회는 이론적으로 스코틀랜드 교회보다 훨씬 더 자주 성찬식을 행할 수 있었다. 공동 기도서(1559)와 교회헌법(1603)에서는 1년에 적어도 세 차례 행하라고 지시하고 있기 때문이다. 하지만 실제로 1년에 한 차례 이상 행해진 경우가 거의 없었는데, 그 한 차례는 다름 아닌 부활절이었다. 이렇듯 적은 성찬식 횟수에 대해 윌리엄 펨블(William Pemble, 1591-1623)은 다음과 같이 비평했다.

성찬식과 관련해서 사탄은 인간의 마음을 부패시키려고 악독한 모략 속에 많은 일을 저질러 왔다. 자주 행했을 때는 흔하다

39　David Calderwood, *History of the Kirk of Scotland*, vol. 2 (Edinburgh: Wodrow Society, 1843), 209.

는 이유를 빌미로 성찬식을 모욕했고, 이제 드물게 행하자 낯설다는 이유를 빌미로 모욕한다. 성찬식은 남용되었다가 이제는 쓸모없다고 버려졌다.[40]

팸블은 1년에 최소한 한 번은 성찬식에 참여해야 한다는 시민법마저 없었더라면 손님 하나 없이 성찬대만 홀로 남겨졌을 것이라며 탄식했다. 성찬식 집례는 1662년에 도입된 새로운 국교회 체제로부터 비국교도파가 퇴출당하면서 더더욱 쇠퇴하게 되었다. 비국교도파에는 매달 행할 정도로 성찬식을 열심히 지키는 사람들이 많았기 때문이다.

웨스트민스터 예배모범은 "무지한 자와 추한 자는 주님의 성찬을 받기에 합당치 못하다"라고 명시한다. 의회의 요청으로 원문에서 빠진 부분이 있는데 그 내용은 다음과 같다.

> 세례 교인 중에서 당회원이 지켜보는 가운데 자신을 점검할 충분한 지식과 소양이 있는지 그리고 그리스도가 제정한 모든 성례에 자신을 복종하기로 기꺼이 작정하는지를 목사로부터 면밀히 점검 받은 자 외에는 그 누구도 성찬식에 참여할 수 없다. 무지한 자, 추한 자, 완고한 자는 성찬식에 참여할 수 없다. 다른 교구에 속한 사람은 신앙 간증이 확실하거나 잘 알려진 인물이

---

40 William Pemble, *An Introduction to the Worthy Receiving the sacrament of the Lord's Supper* (London, 1629), 5. 관련해서 유익한 견해가 담긴 다음 논설을 읽어보라. Arnold Hunt, "The Lord's Supper in Early Modern England" in *Past & Present* for November 1998. 인터넷에서도 읽을 수 있다. http://www.findarticles.com/p/articles/mi_m2279/is_1998_Nov/ai_53542829.

아닌 이상 성찬식에 참여할 수 없다.

스코틀랜드 교회 총회는 예배모범을 수락하면서 마련한 보충법을 통해 원문에서 빠진 부분을 대거 되살렸다. 1645년 2월 7일에 통과된 이 보충법은 지켜왔던 관행에 따라 성찬식 전에 회중을 심리하고 점검하라고 요구했다.[41]

예배모범은 성찬식에 대비해서 주일 성찬식 드리기 직전 혹은 주중에 회중을 가르치라고 권고한다. 스코틀랜드 교회의 보충법은 주일 바로 전날에 성찬식을 준비하라고 명시한다. 예배모범은 목사에게 설교와 기도를 마친 후에 (소위 성찬대 주변에 '울타리 두르기'라고 불리는 절차인)[42] "권면과 경고 그리고 초대의 메시지"를 짧게 전하라고 요구한다. 그런 다음에 목사는 "몇 마디 말로 이 성례를 통하여 수찬자의 마음에 공표된 예수 그리스도 안에 있는 하나님의 은혜를 되새기게 하고, 그에 따라 합당하게 행하기를 권고한다." 스코틀랜드 교회 총회의 보충법에 따르면 성찬을 나눠주기 전에 한 번만 권고하고 착석 횟수에 관계없이 한 번만 감사의 기도를 하되, 착석할 때마다 "짧은 권고" 혹은 "짧게 몇 마디"를 전할 수 있다. 그리고 성찬대로 나가거나 돌아오는 도중에는 시편가로 찬송한다.[43] 성찬을

---

41 Leishman, *Westminster Directory*, 165-69.
42 스코틀랜드 장로교에서 사용하는 "주님께서 울타리를 두르시고 성찬대를 펼치신다"라는 예전적 표현은 Steuart of Pardovan가 1709년에 발행한 교회법 및 관행 모음집에서 성찬식의 시작을 알리는 목사의 선언으로 사용한 것이다. 초기에 사용한 '성찬대 주변에 울타리를 두르라'라는 표현은 그저 성찬식에 합당치 않은 자들을 막는다는 부정적인 의미만이 아니라, 성찬식에 참여할 정당한 이유를 확인해주는 긍정적인 의미도 포함했다.
43 Leishman, *Westminster Directory*, 165-69.

위한 권고가 상세해지고 성찬식 이전과 이후로 예식을 갖는 관행은 후대에 발전된 것으로, 오늘날까지 이러한 관행을 지키면서 성찬식을 행하는 교회가 더러 있다.

성찬식에 대한 예배모범에서 가장 논란이 된 부분은 성찬을 받는 방식에 대한 모범이었다. 스코틀랜드 교인들은 교회 앞에 기다란 성찬대를 놓고 그 주위로 둘러앉았다. 성찬 배수자의 숫자가 좌석보다 많은 경우에는 차례를 기다렸다가 앉았다. 잉글랜드 교인들은 대개 본당 좌석에 앉아 그 자리에서 떡과 포도주를 받았다. 스코틀랜드 교회 측은 자신들의 방식이 그리스도와 함께 잔치에 참여하는 모습을 구현한다는 명분을 내세워 자신들의 방식이 예배모범에 채택되어야 한다고 주장했다. 성찬 방식을 두고 2주 넘게 논쟁이 벌어졌으나 어느 측도 양보하지 않았다. 결국, 양측 방식을 모두 수용하는 차원에서 "회중석에 둘러앉거나, 성찬대에 앉아서"라는 표현으로 최종 결정되었다.[44]

이 사례는 예배를 위한 규범원리 차원에서 동의한 자들이 적용 차원에서 어떻게 의견이 나뉠 수 있는지를 보여준다. 예배모범에서 이 외에도 흥미로운 모범은 말씀과 기도로 성찬 떡과 포도주를 거룩하게 하고 축복하는 예식에 대한 부분이다. 거룩하게 하는 기도 다음에 떡을 떼는 예식도 그렇고, 포도주를 위해 "큰 잔"을 준비하라는

---

44 웨스트민스터 총회가 제출한 원고에는 "성찬대에 앉아서" 다음에 "스코틀랜드 교회가 행하는 방식과 같이"라는 부연설명이 들어갔으나 최종 문서에는 빠졌다. 성찬대 주위에 둘러앉았던 스코틀랜드 교회의 전통적인 성찬 방식은 19세기에 Dr. Thomas Chalmers로 인해 큰 변화를 겪게 되었다. Chalmers 박사는 1819년에 글래스고에 새롭게 지어진 세인트존스교회에다 성찬식을 집례하기 위해 특별히 제작한 회중석을 설치했다.

지침도 그렇다.[45] 성찬에 대한 신학은 웨스트민스터 신앙고백에 정리되어 있다.

여기까지 예배모범이 제정되었을 때 웨스트민스터 총회 담당자들은 예배모범에 서명하고 서문을 추가했다. 다음 주제인 주일 성수에 대한 모범은 이후에 별도로 서명했다. 그들은 예배모범에 들어갈 문서를 모두 취합해서 1644년 11월 20일 의회에 제출했다. 그리고 남은 주제에 대한 예배모범을 위해 초안 작성에 착수했다.

14. 주일 성수에 대한 모범

주일 성수에 대한 모범은 단도직입적이다. 주일 하루를 온 종일 그리스도인의 안식일로 규정한다. 모든 사람은 불필요한 모든 일을 자제해야 하는데, 이 말에는 하인은 부득이하게 공중 예배에 빠지는 경우가 발생하지 않도록 그전에 미리 마쳐야 할 일은 반드시 마쳐야 한다는 뜻이 담겨 있다. 주일 성수에 대한 모범은 전반적으로 매우 긍정적인 어조로 기술되어 있다. 주일에 이루어지는 교회의 치리에 대한 모범은 스코틀랜드 교회에서는 흔한 관행이었는데, 예배모범에서는 제기만 되었고 수록되지는 않았다.

---

45 '평범한 잔'이라 해도 실제로는 그리 평범하지 않았기에 어떤 잔을 고를지 고민할 필요도 없이 오직 한 종류의 잔만 있었다.

15. 결혼식에 대한 모범

예배모범에 따르면 결혼식은 자기분별 연령에 이른 자들 사이에 이루어지는 상호 합의를 통해 성사되는 예식이다. 결혼식을 위한 모든 성사 과정에서 부모의 결혼승낙을 받는 것이 바람직하며, 부모는 합당한 이유 없이 승낙을 거부해서는 안 된다. 당시 독립파는 결혼식을 사회적 계약으로 이해하여 목사가 행정 당국을 대신하여 주례한다고 생각했다. 반면에 결혼식에 대한 예배모범의 첫 단락은 결혼식을 성례까지는 아닐지라도 독립파가 생각하는 이상으로 규정한다. "공중 예배를 위해 공식적으로 지정된 장소에서"라는 문구는 본래 "회중이 공적 모임을 위해 모이는 장소에서"였다. 하지만 스코틀랜드 교회 측에서 지역 통치자들에게 보고되지 않은 예배 장소에서 모이는 경우를 방지하기 위해 개정을 요청한 결과 바뀌게 되었다.[46]

결혼식은 보통 주일 예배 중에 치러졌다. 하지만 결혼식을 위해 소요되는 추가적인 절차 때문에 주일 예배 중에 결혼식을 행하던 관행은 점차 줄어들게 되었고, 급기야 예배모범은 주일을 피하라고 권고하게 되었다. 대신에 연중 어느 날에도 결혼식을 행할 수 있다고 권고한다. 이 권고는 아마도 재림절 혹은 사순절에는 결혼식을 행할 수 없다는 오랜 관행을 특별히 염두에 둔 것 같다. 기도하고 성경에 근거한 메시지를 전하고 난 뒤에 두 남녀는 결혼 서약을 한다. 그런 다음 주례 목사는 "아무 다른 추가 의식 없이" 두 남녀가 부부가 되

---

[46] Leishman, *Westminster Directory*, 136. A. F. Mitchell에 이어서 "교회 혹은 예배당에서"라는 문구가 원문에 있었다고 주장한다. 하지만 상원 보관용 사본은 이들의 견해를 뒷받침해주지 않는다.

었음을 공표한다. 여기서 다른 의식이라 함은 반지 교환식을 가리키는데, 스코틀랜드 교회는 이 예식이 이교도에게서 유래된 로마인의 의식이었다는 이유로 반대했다. 그러고 나서 기도로 모든 예식이 마무리된다.

16. 병자 심방에 대한 모범

병자 심방에 대한 모범은 목회적으로 도움이 되는 권고들로 장문에 걸쳐 채워져 있다. 웨스트민스터 총회가 넘긴 원고가 최종 문서로 만들어져 발행될 때까지 몇몇 부분이 개정되었다. 하지만 대부분 약어 및 표현법 같은 꾸밈새 차원에서 이루어졌다. 병자 심방에 대한 모범 혹은 공중 기도에 대한 모범에는 병자를 위한 공중 기도에 대해 어떠한 세부적인 언급도 생략되어 있다.

17. 장례식에 대한 모범

장례식에 대한 모범은 6일간의 논의를 거친 끝에 최종적으로 제정되었다. 스코틀랜드 개혁주의 교회는 전통적으로 아무런 예식 없이 죽은 자의 몸을 땅에 묻었다. 일가친척과 교우들이 시체를 매장지에 조용하게 묻었다. 스코틀랜드 공동 예배 예식서에 따르면, 목사가 있으면 매장지로부터 가까운 교회에서 "유족들에게 죽음과 부활에 관한 위로의 메시지"를 전한다. "부자나 귀족이 죽으면 장례식 설교로 조의를 표하지만 가난하고 별 볼 일 없는 사람이 죽으면 조용히 넘어가는" 그런 격의 장례식 설교에 대해 사람들은 무관심하기 마련이었다.[47] 카트라이트 같은 잉글랜드의 청교도들 역시 비슷한 견해를 내놓았다. 웨스트민스터 총회 당시에 스코틀랜드에서는 교회법 상(1638) 장례식이 금지되었으나, 잉글랜드에서는 장례식을 흔히 볼 수 있었다. 스코틀랜드 측을 제외한 모든 웨스트민스터 총회원은 1643년에 존 핌(John Pym) 의원의 장례식에 참여했다. 존 라이트풋(John Lightfoot)은 장례식에 대한 모범 제정을 최종 마무리하면서 장례식 설교를 허용했다.[48] 하지만 앞으로 150년 동안 좀처럼 찾아보기 어려울 정도로 장례식 설교는 스코틀랜드에서 철저히 외면받았다.

18. 공중 금식일에 대한 모범

스코틀랜드에는 성찬식 기간에 금식하거나 심지어 주일에도 성찬식을 앞두고 금식하는 관행이 존재했다. 하지만 이러한 금식 관행은 사라지게 되었고, 대신 그 자리에 특별한 경우를 맞아 시편 찬송과 아울러 특별한 성경 봉독 및 설교와 금식하는 관행이 자리 잡게 되었다. 웨스트민스터 교회 정치규범에서 목사가 안수 받는 날에 회중으로 금식하도록 지시하고 있음을 언급해둘 만하다.

---

47 *First Book of Discipline*, (1560) 9(4).
48 Leishman, *Westminster Directory*, 142.

19. 공중 감사일에 대한 모범

　공중 감사일에 대한 모범과 관련해서는 따로 설명할 필요가 없어 보인다. 예배모범은 공중 감사일에 대해 예배와 찬송을 강조하는 가운데 또한 먹고 마심으로 즐거움을 누리고 앞서 언급한 구제헌금을 통해 다른 이들을 기억하라고 권고함으로써 균형 잡힌 모범을 제시한다.

20. 시편 찬송에 대한 모범

　시편 찬송에 대해 예배모범은 공중 예배에서는 "의무"로, 가정에서는 각자 알아서 행할 예배요소로 여긴다. 예배모범은 시편 찬송을 성경 말씀의 되풀이로 여겨서 혹은 다른 이유 때문에 행하기를 꺼리는 이들과 정반대로 시편 찬송을 권장한다. 예배모범에 따르면 시편을 찬송할 때 목소리는 "곡조에 맞춰 엄숙하게" 낸다. 이때 가사에 대한 충분한 이해를 바탕으로 마음에 은혜를 담아 찬송하는 데 온 신경을 쏟는다. 당시에는 글을 읽지 못하는 사람이 많았기 때문에 그런 "상황에서는" 회중이 찬송하기 바로 앞서 누군가 대표로 노래할 시편 가사를 앞서 한 줄 한 줄 읽어주는 방식이 적합했다. 스코틀랜드 교회는 소위 "시편 가사를 한 줄씩 읽어주는 방식"이라고 불렸던 읽고 부르기를 번갈아 교차하는 방식을 달갑게 여기지 않았다. 스코틀랜드 교회의 대표 가운데 하나로 웨스트민스터 총회에 참석했던 알렉산더 헨더슨은 이 방식에 반대 의사를 표했다. 하지만 예배모범에서 교차 방식을 승인한 이유가 수용된 이후로는 교회의 관행으로 오랫동안 자리를 잡게 되었다. 실제로 19세기 초까지도 이러한 교차 방식으로 시편 찬송을 부르는 관행이 여전히 발견되었고, 오늘날까지 스코틀랜드 북부 지역에서 부르는 전통적인 게일어(Gaelic) 시편가 영창 속에 보존되어 있다.

웨스트민스터 신앙고백 21장 5조에 발견되는 "마음에 은혜가 충만하여 부르는 시편 찬송"과 예배모범에서 발견되는 "시편가"에 대한 언급은 시편가가 당시 예배 찬송에서 고유한 위치를 차지하고 있었음을 시사해준다. 하지만 중요한 단서가 붙어있다. 웨스트민스터 총회는 언약적 통일성을 추구하는 일환으로써 시편가를 제작했다는 점이다. 그렇다 해서 총회가 예배 규범원리에 따라 성경에 포함된 150편의 시편만을 사용하는 것이 합당하다는 관점을 지녔다고 성급하게 결론 내려서는 안 된다. 당시 실제 이루어졌던 주해 작업만큼이나 주해 전통 또한 다양했다는 사실은 재고할 여지없이 확실하다.

1562년에 발행되어 잉글랜드국교회에서 사용해왔던 스턴홀드 & 홉킨스 시편가(Sternhold & Hopkins Psalter)에는 성경 시편에 속해 있지 않은 20여 편의 찬송가가 포함되어 있었다.[49] 스코틀랜드에서는 시편가를 사용하는 데 있어 현실적인 제약이 있었다. 반면에 1647년 8월에 공표된 스코틀랜드 교회 총회의 법령에서 그 증거를

---

49 관련 논의를 살펴보려면 다음 참고문헌을 보라. Rowland S. Ward, *Psalms in Christian Worship* (Melbourne: Presbyterian Church of Eastern Australia, 1992). Rowland S. Ward, "Psalms and Hymns?" in *The Monthly Record of the Free Church of Scotland*, January 2002, 4-6. Nick Needham, "Westminster and Worship: Psalms, Hymns? and Musical Instruments?" in *The Westminster Confession into the 21st Century*, ed. J. Ligon Duncan, vol 2. (Fearn: Mentor, 2004), 223-306.

찾아볼 수 있듯이, 스코틀랜드 교회는 시편 외에 적어도 다른 정경에 기록된 말씀을 근거로 번역한 찬송가는 받아들였다. 새로운 신앙고백을 승인한 다음 날 스코틀랜드 교회 총회는 공적으로 사용할 목적으로 시편 외 다른 성경 문구를 운문(韻文)으로 번역한 찬송가를 제작하는 사업에 착수했다. 이 사업은 당시의 난국 정황으로 인해 지연되다가 개정을 거쳐 결국 1781년에 발행된 스코틀랜드 성경번역 찬송가(Scottish Paraphrase)를 통해 완수되었다.

이 외에도 추가로 살펴볼 것은 시편을 운문으로 번역한 시편가를 두고 의견이 갈라졌었다는 사실이다. 잉글랜드 하원 의원들은 프랜시스 라우스(Francis Rous)의 번역을 선호했던 데 반해, 잉글랜드 상원 의원들은 (런던 지역의 목사들과 마찬가지로) 윌리엄 바튼(William Barton)의 번역을 선호했다. 결국, 웨스트민스터 총회는 라우스의 번역을 토대로 스코틀랜드에서 추천한 시편가를 추가하여 교정했다. 그리고 하원의 승인을 받아 1646년 4월에 예배용 시편가를 발행했다. 잉글랜드 하원은 다음 1월부터 잉글랜드와 웨일스 전역에서 웨스트민스터 시편가를 전적으로 사용하라고 지시했다. 하지만 이 시편가는 스턴홀드 & 홉킨스 시편가를 대체하지 못했을 뿐더러,[50] 스코틀랜드 교회로부터도 만족한 반응을 끌어내지 못했다.

웨스트민스터 총회에서 착수한 시편가 제작 사업은 스코틀랜드에서 2년 반 동안의 개정작업을 거쳐 우리가 알고 있는 스코틀랜드 시편가(Scotland Psalter)를 통해 1650년에 완수되었다. 그럼에도 스코틀랜드 시편가에는 라우스가 번역한 시편가로부터 단 10%가, 웨

---

50 웨스트민스터 시편가는 지나치게 스코틀랜드 편향적이라는 지적을 받았다. Millar Patrick, *Four Centuries*, 96.

스트민스터 시편가로부터 20%에 못 미치는 분량의 시편가만이 포함되어 있었다. 스코틀랜드 시편가는 사실상 다수의 시편가 출처로부터 끌어모아 종합한 모자이크 작품으로서, 그 가운데 40%를 스코틀랜드 작시자들의 찬송가가 차지한다.[51] 비록 당시에는 스코틀랜드 시편가를 종종 라우스의 '직역 시편가'(Metaphrase)라고 일컫기도 했으나 오늘날 이루어지는 관련 논의에서 스코틀랜드 시편가를 라우스의 시편가 내지 잉글랜드 찬송집으로 규정하는 것은 오해를 일으킬 소지가 크다.

21. 부록: 공중 예배를 위한 일시와 장소에 대한 모범

11월 어느 날, 시간적 여유가 있던 차에 예배모범 제정위원들은 공중 예배를 위한 일시와 장소에 대한 주제를 다루기로 했다. 그리고 나서 한 달 후에 이 주제에 대한 예배모범이 준비되었다. 보통 성일(聖日)로 불리는 축일은 하나님의 말씀에 비추어 근거가 부족하다는 이유로 제정위원회는 앞으로는 지키지 않기로 했다. 종교개혁이 가져온 주요 변화 중의 하나는 성일의 준수였다. 교회의 성인 기념일은 예외 없이 폐지되었다. 하지만 성탄절, 부활절, 승천절, 성령강림절만은 미신적인 부가요소를 제거한 후에 그대로 존속되었다. 잉글랜드 교회와 달리 스코틀랜드 교회의 사정은 달랐다. "하나님의 말씀인 성경에는 이들 성일을 지키라는 명령도 확증도 없으므로

---

51 다음 참고문헌에 수록된 W. P. Rorison의 상세한 분석을 참고하라. Millar Patrick, *Four Centuries*, 102.

이에 근거해서 성일을 완전히 폐지한다"는 것이 스코틀랜드 교회의 입장이었다.[52] 1566년에 스코틀랜드 교회 총회는 스위스 신앙고백에서 24조항만을 제외한 나머지를 모두 수용했다. 24조항은 "주님의 탄생, 할례, 수난, 부활, 승천, 제자들에게 성령을 파송함을 기념하는 축일"에 관한 내용을 담고 있었다. 이 조항에 대해 스코틀랜드 교회 총회는 "하나님의 말씀이 명령한 것 외에 다른 어떤 축일도 일체 종교적 의식으로 지키지 않는다"라고 명시했다.[53] 1581년에 체결된 국민언약 역시 "교회, 제단, 절기, 서원을 특정 피조물에게 봉헌하는 행위"를 규탄했다.

1618년에 제임스 왕은 퍼스의 5개 조항(the Five Articles of Perth)을 따르도록 교회를 상대로 압력을 행사했는데,[54] 그중에 한 조항에서는 특정 성일을 독실하게 지키라고 요구했다. 한편에서는 로마가톨릭 교회의 미신적 관행이 그리고 다른 편에서는 왕이 부과한 명령이 성일 준수에 대한 문제를 둘러싼 주변 분위기를 조성하고 있었다. 로버트 베일리를 포함한 일부 인사는 특정 성일에 대한 준수가 국민언약에 의해 불법이라고 규탄받을 만한 대상은 아니라고 여겼다. 헨더슨은 이들의 견해에 동조하지 않았지만, 그렇다고 특정 성일을 지키는 개혁주의 교회를 비난하지도 않았다.[55]

---

52 제1치리서(1560), 1.
53 다음 참고문헌에서 인용했다. McMillan, *Worship*, 301.
54 해당 5개 조항은 1) 무릎을 꿇고 성례를 받도록 할 것, 2) 사적인 세례를 허용할 것, 3) 병자나 노약자에게 따로 성찬을 베풀도록 할 것, 4) 어린아이는 주교로부터 견진성사를 받을 것, 5) 그리스도의 성탄절, 수난절, 부활절, 성령강림절, 승천절을 지킬 것 등이다.
55 McMillan, *Worship*, 327.

22. 결론

　　웨스트민스터 예배모범 안에 과거 시대에나 해당될 만한 내용이 포함된 것은 분명한 사실이다. 하지만 예배모범이 원래 의도한 바를 주의 깊게 지키고 있지 않은 현대 교회를 향해 예배모범은 여전히 귀담아들을 권고를 건넨다. 장례식을 행하지 말아야 했을 그때 당시의 사정을 오늘날 똑같이 찾을 수 없을지도 모른다. 그렇다 해도 장례식과 관련해서 현시대가 고유하게 떠안고 있는 위험요소가 있다는 점을 누가 부인할 수 있겠는가?

　　오늘날 그 누구도 결혼식에서 반지를 교환하는 예식을 가톨릭 교회의 유산으로 여기지도 않을뿐더러, 성찬식에서 성찬대를 중심으로 회중석에 둘러앉을지 아니면 성찬대에 앉을지를 두고 심각하게 고민하지도 않는다. 하지만 당시 성도들은 결혼식과 성찬식을 너무도 귀중하게 여긴 나머지 관련 문제를 놓고 자신의 입장에 대해 진지하게 고민했던 것이다.

　　우리도 마찬가지로 이들 예식을 귀중하게 여기는 가운데 그때와는 다른 오늘의 현실 속에서 어떻게 실천할지를 고민해야 한다. 문자 언어가 시각 언어에 밀리는 시대에 예배 순서로 두 장에 걸쳐 적혀 있는 장문을 읽는다는 것은 재고해볼 여지를 많이 남긴다. 더군다나 예배 현장에 참여한 자들이 글을 읽지 못한다면, 특별히 성경을 읽지 못한다면 생각해볼 여지는 더 커진다. 주기도문을 예배에서 사용하는 것과 관련해 과거 어떤 이들이 보였던 것 같은 부정적인 반응을 보이는 사람은 이제 더는 없기를, 주기도문과 관련해서 예배모범이 건네는 권고에 귀 기울이기를 바란다. 예배 전에 광고사항을 신속히 전달하는 편이 예배모범이 미처 예상하지 못한 방향으로 광고시간이 예배를 방해하는 흐름을 끊는 것에 대한 괜찮은 해결방안이 될 수도 있다.

아울러 몇몇 교파에서 1640년대부터 긴 시간 동안 행해오고 있는 성찬식에 대해 문제의식을 환기하는 적절한 계기를 마련할 수도 있다. 성경에서 성탄절과 부활절의 준수를 비록 명하고 있지는 않으나, 다문화적이고 세속적인 현대 서구사회의 상황 속에서 이들 성일을 복음전파의 기회로 삼을 수도 있다. 오늘날 신년예배가 웨스트민스터 예배모범의 제정위원들이 강력하게 규탄했던 일종의 세속주의 및 미신숭배와 연관되어 있지는 않은지 우리 자신에게 물어볼 때 축제일에 대한 당시 스코틀랜드 교회의 기본 이해가 오늘날 흔들리고 있지는 않은지 돌아볼 수 있다.

예배모범은 웨스트민스터 총회원들이 이룬 여러 업적 가운데 지금까지 등한시됐지만 사실은 매우 귀중한 일부이다.

예배모범에 대한 최종 결론을 내리기 위해서 구 프린스턴 신학교 교수 가운데 가장 위대했던 B. B. 워필드가 남긴 평가를 인용하는 것보다 좋은 방법은 없는 것 같다. 워필드의 평가를 들어보자.

> 웨스트민스터 예배모범이 제정된 이후로 많은 시간이 흐른 시점이기에 예배모범을 냉정하게 검토할 수 있게 되었다. 실제로 그렇게 검토해본 결과 예배모범은 관련 사안을 훌륭하게 정리한 문서로 평가받기에 손색이 없다. 위대한 교회의 공중 예배를 위한 모범을 제시하기에 그 기조와 결과물이 매한가지로 적합하다. 예배모범이 세세한 규정 하나하나에 매여 있지 않다는 점

과 성경에서 구체적으로 밝힌 명령에 중점을 두고 있다는 점에 주목할 만하다. 예배모범에 깔린 전반적인 어조는 고결하고 신령하다. 하나님께서 받으실 만한 예배에 대한 예배모범의 이해는 겉치레 없이 절제되어 있으면서도 동시에 깊고 짙다.

예배모범이 제시하는 기도 모범의 예는 눈에 띄게 알차면서도 장황함과는 거리가 멀고, 집약적이면서도 풍부하다. 여러 면에서 예배모범 이전에 존재했던 최고의 기도 모범을 떠올리지 않을 수 없게 만든다.

또한 예배모범은 교회의 공중 예배와 관련된 사안 중에서 하나님의 말씀을 읽고 전하는 직무에 무게중심을 둔다는 점에서 두드러진다. 예배모범은 공중 예배의 여러 구성요소 가운데 이 두 직무를 확실한 자리, 그것도 독보적인 자리에 올려놓는다. 즉 이 두 직무가 모든 신앙의 뿌리로서 모든 예배의 가장 본질적 표현인 하나님에 대한 의존성과 복종심을 끌어내고 표현하는 데 있어 각별한 역할을 한다고 주장한다. 그렇기에 예배모범은 교회 공중 예배의 절차에서 하나님의 말씀을 방편, 즉 은혜의 방편으로 인식해야 할 정당한 근거를 제시한다.

예배모범은 목사가 회중을 기도로 인도하고 회중에게 적합한 성례식을 집례하는 직무를 성공적으로 수행하는 여부만큼이나 또한 목사가 하나님의 말씀을 봉독하고 전하는 직무를 제대로 수행하는 여부에 상당한 관심을 할애한다. 설교에 대한 모범은 그 자체로 완전한 설교 논문이나 다름없다. 설교에 대한 모범은 꾸밈없는 실천적인 가르침과 아울러 그 안에 담긴 심오하고 신령한 지혜로 말미암아 두드러진다. 설교에 대한 모범은 또한 거

짓 없는 경건한 음성과 진리와 그 진리로 구속될 모든 영혼을 위한 열정의 음성으로 뒤덮여 있다.⁵⁶

워필드의 찬사에 대한 유일한 반응은 "아멘"뿐이다.

---

56 B. B. Warfield, *The Westminster Assembly and its Work* (New York: Oxford University Press, 1932), 51-52.

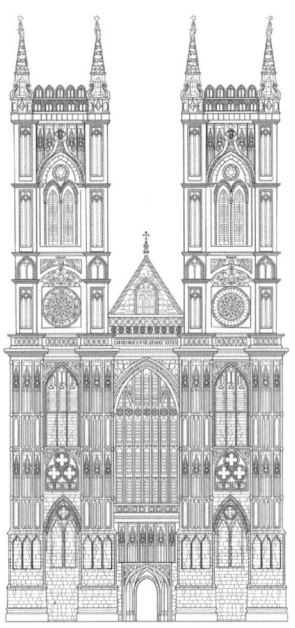

Scripture and Worship:

Biblical Interpretation and the Directory for Public Worship

부록

잉글랜드, 스코틀랜드, 아일랜드의 공중 예배를 위한 예배모범[1]

1. 차례

서문

공중 예배를 위한 회집과 그 태도에 대한 모범

성경 봉독에 대한 모범

설교 전 공중 기도에 대한 모범

---

[1] 여기에 실린 예배모범 전문은 의회 보관용 사본과 의회 개정 본을 바탕으로 현대 철자법과 (원본에 가장 근접한) 구두법을 적용해서 재구성한 것이다. [ ] 안에는 당시 사용된 단어와 가장 유사한 의미를 담은 현대어를 넣었다. 비교적 소수의 사례인 '-eth'로 끝나는 어미는 제거했고, 성령을 뜻하는 고어인 "Ghost"를 두 차례에 걸쳐 "Spirit"으로 바꾸었다. 그리고 고어인 "conveniency"는 "convenience"로 철자를 고쳤다. 가독성을 높이기 위해 긴 문장을 여러 문장으로 나눈 작업은 오직 서문에만 적용했다. 예배모범 전문을 현대 영문으로 새롭게 재구성할 수도 있었지만, 원문이 내는 목소리와 적절한 균형을 잡으려고 노력했다. 각주에 실린 의회 보관용 예배모범과 다른 부분은 본인이 아는 한 어떤 다른 판본에서도 언급되지 않았다. 그렇지만 당시 발행된 대부분 판본에서 어떤 중대한 결함은 없었던 것으로 보인다(본 글은 번역서인만큼 이러한 노력을 드러내기에는 어려움이 있음을 미리 밝혀준다-역주).

설교에 대한 모범

설교 후 기도에 대한 모범

세례식 집례에 대한 모범

성찬식 집례에 대한 모범

주일 성수에 대한 모범

결혼식에 대한 모범

병자 심방에 대한 모범

장례식에 대한 모범

공중 금식일에 대한 모범

공중 감사일에 대한 모범

시편 찬송에 대한 모범

부록: 공중 예배를 위한 일시와 장소에 대한 모범

2. 서문

　복된 종교개혁 초기에 지혜롭고 경건한 우리 선진들은 여러 가지 잘못된 것을 바로잡기 위해서 예전서를 제정하게 되었다. 이는 하나님의 말씀에 비추어 볼 때 하나님께 드려졌던 당시 공중 예배에서 헛되고, 잘못되었으며, 미신적이고, 우상숭배적인 요소를 많이 발견하였기 때문이다. 이러한 배경에서 경건하고 학식 있는 많은 이들이 당시에 제정된 공동 기도서를 환영했던 이유는 공동 기도서를 계기로 미사와 라틴어 예배가 사라지게 되고, 모든 공중 예배를 우리말로 드릴 수 있게 되었기 때문이다. 이전에는 봉해진 책이었던 성경을 비로소 우리말로 읽는 것을 들을 때 회중에게 큰 유익이 돌아가게 된 것이다.

하지만 공동 기도서를 제정한 사람들의 노고와 경건한 의도에도 불구하고, 그 길고도 침울한 예배시간을 통하여 분명히 드러난 것은 잉글랜드 교회의 예전이 본국에 있는 교인에게 뿐만 아니라 유럽에 있는 개혁교회에게까지도 걸림돌이 되어 왔다는 사실이다. 빠짐없이 전부 읽을 것을 강요하는 기도문이 상당한 부담감을 가중시킨 것은 말할 것도 없고, 쓸데없이 짐만 되는 수많은 예식이 많은 경건한 목사와 교인의 양심을 거리끼게 하여 많은 폐단을 낳는 계기가 되고 있다. 신앙의 양심상 이 예식들을 따를 수 없는 이들은 그 대가로 이 예식들에 순응하고 복종하지 않고서는 누릴 수 없는 하나님의 규례를 박탈당하게 된 것이다. 그 결과 여러 선량한 교인들이 주의 성찬을 받지 못하게 되었고, 여러 유능하고 신실한 목사들이 교역 정지 처분을 받아 신실한 목사가 부족한 때에 수많은 심령이 위험한 상황에 놓이게 되었으며, 목사 자신과 그 가족은 생계가 막연하게 되었다.

고위 성직자들과 그 추종세력은 마치 우리에게 다른 예배는 없는 것처럼, 혹은 공동 기도서 외에 하나님을 예배하는 다른 어떤 방법은 없는 것처럼 그 안에 제정된 예식의 위상을 높이려고 애써왔다. 그 결과 말씀 선포가 크게 방해받게 되었고, 특히 최근 들어 어떤 지역에서는 말씀 선포는 불필요한 것이라며, 혹은 (가장 좋게 말해서) 공동 기도서를 읽는 것보다 열등한 것이라며 말씀 선포를 예배에서 퇴출하는 경우까지 발생하게 되었다. 무지해서 미신에 빠진 많은 사람이 공동 기도서를 우상으로 만든 것이나 다름없다. 저희는 예배에 참석하여 입술로만 한몫 하다가, 구원의 지식과 참된 신앙에 관해서는 무지하고 무관심해진 채 스스로 강퍅해지고 만 것이다.

한편, 로마가톨릭 추종세력은 공동 기도서가 자신들의 예전의 많은 부분을 따른다고 의기양양해하면서, 그들이 범하는 미신과 우상숭배에 대해 적지 않은 자신감에 찬 나머지 그들 자신을 개혁할 노력은 하지 않고, 오히려 우리가 로마가톨릭 교회로 돌아오기를 기대하고 있다. 이러한 기대감 속에서 최근 그들은 기세등등해져서 과거의 예식을 천거한다는 구실 아래 날마다 새로운 예식을 교회에 억지로 부과시키고 있다.

여기서 그치지 않고 예상 밖의 문제가 발생하게 되었다. 공동 기도서에 따른 예전이 한편으로는 게으르고 덕을 세우지 못하는 사역을 증가시키는 구실이 되어서, 어떤 목사들은 다른 이들이 써서 정해준 형식을 손에 들고 만족한 채 그 직분으로 불러 주신 예수 그리스도께서 허락해주신 기도의 은사조차 행사하지 않고 있다. 또 다른 한편, 공동 기도서에 따른 예전은 지금까지도 교회 안에 끊임없이 싸움과 논란을 일으키는 문젯거리가 되어 왔다. 이러한 상황 속에서 공동 기도서는 핍박받아 침묵하게 된 신실한 목사들뿐 아니라 반대로 기대를 건 목사들도 사로잡는 올무가 되어 왔으니, 존속하는 한 앞으로도 계속 그러할 것이다. 공동 기도서 탓에 많은 목사들이 사역 대신에 다른 연구에 정신을 팔게 되었으니, 이러한 현상이 앞으로는 더욱 심해질 것이다. 특별히 말세인 지금은 하나님께서 백성으로 하여금 저희 자신의 과실과 미신을 발견하고, 믿음의 비밀에 관해서 지혜를 얻으며, 설교와 기도의 은사를 얻도록 하시려고 더 풍성하고 더 좋은 방법을 허락하신 때이다.

예배모범을 통해 이러한 현안과 또 마찬가지로 중차대한 다른 여러 사안을 다루려는 동기는 예배모범과 관련된 일반적인 사안과 또한 그 안에 담겨 있는 여러 가지 세부 사안과 관련된 것이지, 결코 새로운 것을 좋아해서나 아니면 종교개혁가들을 깎아내리려는 것은 아니다. 종교개혁가들이 지금도 살아 있었다면 우리의 과업에 동참했을 것이라고 확신한다. 우리는 이들을 하나님께서 주의 집을 정결케 하시고 일으키시려고 세우신 탁월한 일꾼들임을 인정하며 또한 우리와 우리 후손이 늘 감사와 존귀로 이들을 영원히 기억하기를 소망한다.

우리는 이 시대에 우리를 불러주셔서 종교개혁에 더욱 박차를 가하게 하시는 하나님의 은혜로우신 경륜을 어느 정도 이루어 드리기를 원하며, 우리 자신이 지닌 신앙의 양심을 만족케 하는 동시에, 다른 개혁주의 교회의 기대와 우리 가운데 있는 많은 경건한 이들의 염원에 부응하기를 원한다. 아울러 엄숙 동맹에서 약속한 대로 거룩한 예배의 일치성을 이루기 위하여 노력하고 있음을 만천하에 공개적으로 알리기를 원한다. 이를 위하여 우리는 수시로 하나님의 이름을 간절히 부른 후에 많은 의논을 거쳐 혈육이 아닌 하나님의 거룩하신 말씀에 근거하여 하나님께 드리는 공중 예배에서 사용해 오던 여러 예식과 함께 기존의 예전을 폐지하기로 했다. 또한 정기적으로 그리고 비정기적으로 드려지는 공중 예배의 모든 예식을 다음 예배모범에 따라 드리기로 합의했다.

이 과정에서 우리가 특별히 신경 쓴 부분은 예배의 모든 예식을 위해 제정된 거룩한 규례에 대해 공표하고, 그 외의 사안에 대해서는 하나님의 말씀에 준거한 일반적인 법칙에 따라 신앙의 지혜를 활용하여 의견을 제시하는 것이다. 그렇게 함으로써, 전체 예배를 구성하는 주요 요소, 기도의 의미와 목적, 그리고 그 외의 요소가 만인에게 공표될 때 하나님께 드리는 예배와 봉사의 본질을 담은 예배모범으로 말미암아 온 교회가 뜻을 하나로 모으는 계기가 되기를 원하는 것이다. 또한 예배모범으로 말미암아 목사들은 교리와 기도에서와 같이 예배를 집례함에 있어서도 온전함을 지키고, 필요하면 도움과 모범사례를 얻게 하려는 것이다. 하지만 그렇다고 해서 예배모범이 있으니 저희 속에 허락하신 그리스도의 은사를 불 일듯 일으킴에 있어 게으르고 나태해져도 된다는 뜻은 아니다. 각자가 묵상하고, 자기 자신과 하나님께서 맡기신 양무리를 돌아보며, 하나님의 경륜을 지혜롭게 살펴봄으로 말미암아 그 마음과 혀가 모든 필요한 상황에서 합당하게 기도하고 권고할 수 있도록 이러저러한 준비를 갖추도록 돕는 것이 예배모범을 제정하는 목적이다.

3. 공중 기도, 성경 봉독, 시편 찬송, 설교, 성례식 집례, 정기 및 비정기적 공중 예배를 위한 기타 사안에 대한 예배모범

1) 공중 예배를 위한 회집과 그 태도에 대한 모범

공중 예배를 위하여 모일 때 회중은 저희의 마음을 미리 예비하고 다 나와서 함께 참예한다. 게으름이나 다른 사사로운 모임을 구실로 공중 규례에 불참해서는 안 된다.

모든 사람이 다 예배실에 들어가되, 불손하게 말고 조심스럽고 품위 있는 태도로 들어가서, 이곳저곳을 향하여 경배하거나 절하지 말고 바로 좌석에 앉거나 자리를 잡는다.

회중이 다 모이면 목사는 위대한 하나님의 이름을 예배하자고 엄숙하게 초대한 후에 기도로 예배를 시작한다.

주님의 임재 앞에 구별된 모습으로 나아가야 할 텐데, 모든 경외심과 겸손으로 주님의 측량할 수 없는 위대하심과 위엄을 인정하는 동시에, 저희의 악함과 주께로 가까이 갈 수 없는 무자격과 거룩한 일을 감당할 수 없는 전적인 무능력을 인정한다. 그런 후에 이제부터 드리는 예배 순서마다 주 하나님께서 용서하시고, 도와주시며, 받아 주시기를 간구한다. 그리고 하나님의 말씀 가운데 그날에 봉독하기로 정해진 말씀을 축복해주실 것을 겸손히 간구하면서 이 모든 것을 주 예수 그리스도의 이름과 중보로 기도한다.

공중 예배가 시작되면 모든 회중은 온전히 예배에만 집중한다. 예배를 인도하는 목사가 봉독하거나 낭독하는 것 외에 다른 것을 읽지 않는다. 그리고 모든 귓속말, 협의, 인사, 혹은 주위에 있거나 막 자리에 들어선 사람에게 예의를 표하는 행위는 더욱이 자제한다. 또한 멍하니 다른 곳을 바라보거나, 졸거나, 또는 눈에 거슬리는 행동을 하는 등 하나님께 드리는 공중 예배에서 목사나 회중을 방해하거나, 자신이나 타인에게 지장을 주는 행위도 자제한다.

부득이하게 예배 시작부터 참여하지 못한 사람은 교회 안에 들어왔을 때 개인기도를 해서는 안 되고, 그때 진행 중인 예식부터 바로 회중과 함께 참여하기 위해서 마음을 경건하게 가다듬어야 한다.

2) 성경 봉독에 대한 모범

하나님께 드리는 공중 예배의 일부로서 회중을 대상으로 말씀을 봉독하는 것은 저희가 하나님께 의존하고 속해 있음을 인정하는 행위이다. 또한 주 하나님께서 저의 백성을 세우기 위하여 거룩하게 하시는 방편으로서, 목사와 교사들이 행한다. 하지만 노회가 허락하는 경우에는 목사 후보생도 회중을 대상으로 말씀을 봉독하고 설교의 은사를 행사하는 것이 모두 가능하다.

우리말로 가장 잘 번역된 성경에서 신·구약 본문을 또박또박 읽어 모든 회중이 듣고 이해할 수 있도록 한다(흔히 외경이라고 불리는 문서는 해당 사항이 전혀 없다).

한 번에 얼마큼 봉독할 것인가는 목사의 지혜에 맡겨둔다. 보통은 모일 때마다 신·구약 성경에서 각각 한 장씩 봉독하는 게 적당한데, 장수가 짧거나 주제의 연관성이 요구되면 더 많이 봉독할 수도 있다.

정경에 있는 모든 책을 순서대로 읽어서 회중이 성경 전체를 더 잘 알도록 돕는 것이 필요하므로, 보통 신·구약 성경 어디든지 한 주일에 봉독이 끝난 다음 부분부터 다음 주일에 이어서 봉독을 시작한다. 성경 봉독자가 청중의 유익을 위해 가장 좋다고 생각되는 대로 시편 같은 성경을 자주 더 추가로 읽으라고 권고한다.

성경을 봉독한 목사가 읽은 부분 중에서 어디라도 강해할 필요가 있다고 생각될 때는 한 장 혹은 시편 한편을 모두 봉독한 후에 행한다. 이때 항상 주의할 것은 시간을 잘 염두에 두어서 설교 및 다른 규례를 급박하거나, 지루하게 만들지 않도록 해야 한다. 이는 다른 모든 공중 행사에서도 지켜져야 할 규칙이다.

글을 읽을 줄 아는 사람마다 공중 예배에서 성경을 봉독하는 경우 외에도 개인적으로 성경을 읽으라고 권고한다(그리고 연령이나 다른 불가피한 이유 때문에 글을 읽지 못하는 사람을 제외하고는 모두 글 읽는 법을 배우라고 권고한다). 또한 모두 자기 성경을 소유하라고 권고한다.[2]

3) 설교 전 공중 기도에 대한 모범

말씀을 봉독하고 시편가로 찬송한 후에 설교할 목사는 자신의 마음과 청중의 마음이 지은 죄를 바로 깨달아 다 함께 주님 앞에서 죄를 애통해하고 예수 그리스도 안에 있는 하나님의 은혜를 사모하여 주리고 목말라지도록 인도하되, 그 얼굴에 부끄러움과 하나님을 만난 당혹스러움이 묻어날 정도로 완전히 죄를 자백하도록 인도한다. 그리고 다음과 같은 내용으로 주 하나님을 불러 아뢴다.

> 우리의 심각한 죄성을 인정하오니, 먼저 우리에게 임할 영원한 형벌의 근거가 되는 범죄 곧 원죄를 인정합니다. 이 원죄는 다른 모든 죄악의 씨요, 영혼과 육신의 기능과 능력을 타락시키고 중독시키며, 우리가 할 수 있는 가장 선한 행위마저도 더럽히고, 고삐를 매지 않거나 우리 마음이 은혜로 새로워지지 않으면 헤아릴 수 없는 범죄로 쏟아져 나와서 주님을 대적하여 사람의

---

2 이 마지막 단락은 의회가 추가했다.

자식 중에 가장 악한 자조차도 아직 저지르지 않은 대반역을 일으키게 합니다.

그 다음에 의도적으로 짓는 자범죄를 위하여 기도하오니, 우리 자신이 지은 죄, 공직자들이 지은 죄, 목사의 죄, 왕국의 죄 등을 위해서 기도합니다. 우리는 여러 면에서 이들 죄에 관여했으며, 그 죄는 무섭게도 악화되었으니, 하나님의 거룩하고 공의로우며 선한 율법을 어기고, 하지 말라 명하신 것은 하고, 행하라 명하신 것은 하지 않았습니다. 이 모든 죄는 무지나 연약에서 비롯된 소치가 아니라, 도리어 뻔뻔하게 우리 마음의 빛을 거스르고, 양심의 가책을 억누르며, 성령의 행하심에 역행하면서 지은 죄이기 때문에 무엇으로도 우리의 죄를 가릴 수 없습니다. 진실로 우리는 하나님의 선하심과 인내와 오래 참으심의 풍성하심을 멸시했을 뿐만 아니라, 복음 안에서 주 예수님께서 여러 번 베푸신 초대와 은혜를 거절해왔습니다. 우리 마음 속에 그리스도를 믿음으로 영접하고, 아울러 삶을 통해 주님께 합당하게 행해야 함에도 불구하고 노력하지 않았습니다.

또한 우리의 지각이 눈먼 것과 마음이 굳은 것과 불신과 뉘우치지 않음과 육신의 안일함과 미지근한 것과 메마른 것으로 말미암아 애통해합니다. 우리의 육신을 죽여 새 생명으로 거듭나도록 노력하지 않는 것과 경건의 능력 안에서 경건을 연습하지 않는 것과 우리 가운데 가장 탁월한 자라도 신실하게 하나님과 동행하지 않는 것과 우리 자신을 흠 없이 지키지 못한 것과 하나님의 영광과 다른 이들의 유익을 위해서 우리가 마땅히 행할 바 대로 열심을 다하지 못한 것으로 말미암아 애통해합니다. 아울러 하나님의 풍성하고 크신 긍휼과 그리스도의 사랑과 복음의 빛과 종교개혁과 우리에게 주신 목적과 약속과 서원과 엄중한 언약과 다른 특무에 반해서 저지른 특정한 죄로 말미암아 애통해합니다.

또한 우리는 최소한의 은혜도 받을 자격이 없고, 도리어 하나님의 극심한 진노를 받아 마땅하며, 모든 율법의 저주와 가장 패역한 죄인에게 가하는 중벌을 받아야 마땅함을 우리의 죄를 확실히 아는 만큼 깊이 뉘우치는 마음으로 인정하고 고백합니다.

또한 하나님께서 하나님의 나라와 복음을 우리에게서 취하여 가시고, 온갖 죄목을 물어 우리의 영육을 이 세상에서 심판하시며, 우리를 바깥 어두운 곳에 내던져 불과 유황이 타는 못에서 영원히 슬피 울며 이를 갈게 하실지라도 마땅함을 인정하고 고백합니다.

그럼에도 불구하고, 우리를 은혜의 보좌로 가까이 나오게 하시고, 우리 주 예수 그리스도의 속죄와 저의 아버지이시자 우리의 아버지 되시는 하나님 보좌 오른편에서 드리는 예수 그리스도의 중보라고 하는 부요하고 전적으로 충분한 유일한 봉헌으로 말미암아 하나님께서 우리의 기도를 응답하시리라는 복된 소망을 갖도록 힘주시기를 기도합니다. 그리고 동일한 중보자를 통하여 새 언약 안에 넘치는 은혜와 긍휼의 귀한 약속을 주셔서, 우리의 힘으로써는 피할 수도 없고 질 수도 없는 하나님의 그 중하신 진노와 저주를 거두어 주시기를 기도합니다. 또한 우리의 유일한 구세주 예수 그리스도의 모진 고통과 보배로운 공로만 보셔서 우리의 모든 죄를 값없고 온전히 씻어주시는 긍휼을 베풀어주시기를 겸손하고 간절한 마음으로 간구합니다.

또한 주 하나님께서 우리 마음에 성령으로 사랑을 쏟아 부어 주시고, 동일한 양자의 영으로 우리를 인치시며, 용서와 화해에 대한 확신을 주시고, 시온에서 슬퍼하는 모든 자를 위로하시며, 상하고 괴로운 심령에 평강을 전하시고, 마음이 상한 자를 싸매 주시기를 간구합니다. 안일하고 염치없는 죄인들을 위하여 기도하오니, 저희 눈을 열어 주시고 양심으로 죄를 깨닫게 하셔서, 저희가 어둠에서 빛으로, 사탄의 권세에서 하나님께로 돌이킴으로 말미암아 죄사함을 받고 예수 그리스도를 믿음으로 거룩해진 자들 가운데서 기업을 얻도록 간구합니다.

그리스도의 피로 죄사함 받은 자를 성령으로 거룩하게 하시고, 우리 속에 거하면서 우리를 자주 주장하는 죄를 죽여주시며, 우리의 죽은 심령을 그리스도 안에 있는 하나님의 생명으로 살리시고, 은혜를 주셔서 믿는 자의 모든 의무와 하나님과 이웃에 대한 소명을 감당하게 하시며, 온갖 시험을 이길 힘을 주시고, 하나님의 축복과 십자가를 거룩하게 사용하게 하시며, 믿음과 순종으로 끝까지 견인하게 하시기를 기도합니다.

또한 예수 그리스도의 복음과 나라가 모든 족속에서 전파될 것을 위해 기도합니다. 유대인이 돌아오고, 이방인의 수가 차며, 적그리스도가 무너지고, 우리 주님의 재림이 속히 이뤄지기를 기도합니다. 적그리스도 세력의 독재와 오스만 제국의 잔인한 압제와 신성모독 아래 고통당하는 교회를 구하여 주시기를 기도합니다. 개혁교회를 축복해주시되, 특별히 현재 엄숙 동맹으로 말미암아 신앙적으로 더욱 단단하게 연합된 스코틀랜드와 잉글랜드와 아일랜드 왕국의 교회를 위해서 기도합니다. 아울러 먼 국외에 있는 식민지를 위해 기도합니다. 더욱 특별히는 우리가 속한 왕국과 교회를 위하여 기도하오니, 그 안에 평화와 진리가 세워지고, 하나님이 주신 모든 규례의 순수성과 경건의 능력이 확립되며, 이단과 분열과 세속성과 미신과 안일함과 은혜를 주는 방편이 무기력해짐을 막아주시고 물리쳐 주시기를 기도합니다. 우리의 찢어진 것과 분열된 것을 싸매 주시며, 엄숙 동맹이 깨지지 않도록 보호해주시기를 기도합니다.

모든 권세자를 위해서 기도하오니, 특별히 국왕 폐하의 인생과 통치에 축복을 넘치게 부어주시고, 저의 보좌를 신앙과 의로 세워주시며, 모든 악한 도모에서 지켜주시고, 복음을 수호하고 전파하는 복되고 영광스러운 도구로 삼아 주시며, 선을 행하는 자에게는 격려와 보호가, 악을 행하는 자에게는 공포가 되게 하시고, 온 교회와 왕국에 큰 유익을 미치기를 기도합니다. 또한 왕비가 예수님을 믿고, 왕자와 모든 왕족이 신앙 교육받기를 기도합니다. 고난 중에 있는 우리 국왕의 여동생 된 보헤미아 왕비를 위로하시고, 영매한 찰스 왕자가 라인 지방의 선제후(選帝侯, Elector Palatine)로서 영토와 위엄을 되찾아 확립하도록 도우시기를 기도합니다.

어느 왕국을 대표하든지 상관없이 모든 상원 위원을 축복하시고, 귀족과 예하 판사와 관리와 상류층과 모든 평민을 위하여 기도합니다. 모든 목사와 교사를 성령으로 충만케 하시고, 저희로 거룩과 절제와 공의와 화평과 은혜 면에서 삶의 모범이 되게 하시며, 저희 맡은 직분을 수행할 때 바르고, 성실하며, 능력 있게 하시고, 저희의 모든 수고로 말미암아 성공과 축복의 풍성한 열매가 맺히게 하시며, 하나님의 모든 백성에게 하나님의 마음에 합한 목사를 허락해주시기를 기도합니다. 교회와 사회에 속한 대학과 모든 학교와 신학교를 위하여 기도하오니, 저희에게 배움과 경건의 진전이 이루어지기를 기도합니다.

특정 도시와 교회를 위하여 기도하오니, 말씀과 성례와 치리 위에 축복을 부어 주시고, 지역 행정기관과 그 관할 아래 속한 모든 가정과 가족 위에 축복을 부어 주시기를 기도합니다. 내적 혹은 외적 고통으로 말미암아 괴로워하는 자들을 불쌍히 여겨주시기를 기도합니다. 순탄한 날씨와 풍년을 필요한 대로 허락해 주시기를 기도합니다. 기근과 전염병과 전쟁 같이 현재 당하고 있거나, 두려워하거나, 앞둔 심판을 막아주시기를 기도합니다.

또한 온 교회에 허락하실 하나님의 긍휼과 우리의 대제사장이신 주 예수의 공로와 중보로 말미암아 우리 개개인을 받아 주실 것을 확신하면서, 하나님의 거룩한 규례를 경외하는 마음으로 신실하게 사용함으로써 우리의 심령으로 하나님과 교통하기를 원한다고 고백합니다. 이를 위하여 간절히 기도하오니, 은혜와 능력으로 도우심으로 말미암아 하나님이 거룩하게 안식일로 제정하신 주일을 거룩하게 하셔서, 우리의 모든 공적 의무와 사적 의무를 다하게 하시고, 복음의 부요함과 능력을 따라서 우리 자신과 하나님의 백성이 속한 모든 교회가 주일을 누리며 즐거워할 수 있기를 기도합니다.

또한 지금까지 우리는 들어도 깨닫지 못하는 자들이었고, 지금은 마땅히 받을 바 하나님의 깊은 것들, 즉 영으로 분별하는 예수 그리스도의 비밀을 우리 힘으로 스스로 깨달을 수 없는 자들이기 때문에 다음과 같이 기도합니다. 우리에게 유익 된 것을 가르쳐주시는 주 하나님께서 외적인 은혜의 방편과 함께 은혜의 성령을 부어 주셔서 우리 주 예수 그리스도를 아는 지식과 우리의 평강과 관련된 일들을 그리스도 안에서 아는 지식이 탁월함에 이르도록 자라기를 기도합니다. 그래서, 모든 것을 그리스도에 비하면 배설물같이 여기게 하시고, 장차 나타날 영광의 첫 열매를 맛보면서 주님과의 더욱 충만하고 온전한 사귐을 사모하게 하시며, 주 예수님이 계신 곳에 우리도 있게 하시고, 하나님의 우편에 있는 충만한 기쁨과 즐거움을 우리도 영원토록 누리기를 기도합니다.

특별히 기도하오니, (하나님께 속한 백성에게 생명의 떡을 나누어 주라고 부르신) 종들에게 지혜와 믿음과 열심과 말씀을 공급해주셔서, 그들이 하나님의 말씀을 바로 해석해서 성령과 능력의 증거와 선포를 통해 백성 각자에게 속한 몫을 떼어주기를 기도합니다. 주 하나님께서 듣는 자의 마음과 귀에 할례를 행하셔서, 저희 영혼을 능히 구원하는 심어진 하나님의 말씀을 온유함으로 듣고, 사랑하며, 받기를 기도합니다. 하나님의 말씀이 좋은 씨앗으로 떨어질 때 저희 마음이 옥토가 되게 하시고, 사탄의 유혹과 이생의 염려와 저희 마음의 완악함 및 저희가 들을 때 유익과 구원을 받지 못하도록 방해하는 것은 무엇이든지 이겨낼 힘주시기를 기도합니다. 그래서 그리스도가 저희 안에 거하여 살게 하시고, 저희 모든 생각을 사로잡아 그리스도에게 복종하게 하시며, 저희 마음으로 모든 선한 말과 행실에 영원토록 서게 하시기를 기도합니다.

이와 같은 흐름이 일반적인 공중 기도를 위해 적절하다고 판단된다. 하지만 목사가 신중하게 생각한 뒤에 괜찮다고 판단될 때에는 이 기도의 어떤 부분을 설교 후 기도로 돌리거나, 감사 기도에 속한 어떤 부분을 이번 공중 기도 순서 때 하나님께 올려도 된다.

4) 설교에 대한 모범

말씀 선포는 구원에 이르게 하는 하나님의 능력이요, 복음 사역 가운데 가장 위대하고 가장 탁월한 직무이기 때문에, 맡은 자는 이 직무를 부끄러워하지 않으면서 자기도 구원하고 그 말씀을 듣는 자도 구원하도록 일한다.

안수 규정에 따라 다음과 같이 되어야 한다. 그리스도의 일꾼 된 설교자는 그만큼 중차대한 설교의 직무를 수행할 수 있도록 성경 원어를 활용하는 능력과 신학을 뒷받침하는 인문과학 분야와 관련해서 총체적인 신학적 지식을 충분히 갖추되, 무엇보다도 평신도 이상으로 마음과 뜻을 다하여 성경을 연구한다. 하나님의 말씀을 읽고 연구하는 것과 함께 계속해서 기도와 겸손한 마음으로 구해야 할 교회를 세우는 다른 은사를 갖추되, 성령의 조명 안에서 하나님께서 저에게 알게 하시고자 하시면 어느 때든지 아직 이르지 못한 진리를 인정하고 받을 준비가 되어 있어야 한다. 설교자는 대중에게 설교를 전달하기 전에 개인적인 설교 준비를 통해서 이 모든 것을 활용하고 진보를 이룬다.

설교자가 주로 다뤄야 할 설교의 소재는 신앙의 원리나 주제를 전하는 성경 본문이어야 하고, 아니면 그때 처한 특별한 경우에 적합한 본문이거나, 혹은 설교자가 판단하기에 적당한 대로 시편이나 다른 성경 본문에서 몇 장씩 계속해서 설교할 수도 있다.

설교의 도입부는 간단명료해야 하고, 해당 본문이나 문맥이나 유사한 성경 본문에서 혹은 특정 성경 구절에서 도출하도록 한다.

역사서나 비유 같이 해당 본문이 길면 설교자는 본문에 대한 간단한 개요를 먼저 말해주는 것이 좋다. 해당 본문이 짧은 경우에는 필요하면 다른 말로 바꾸어서 설명해주는 것도 좋다. 어떤 경우에서든지 본문의 의도를 부지런히 살펴봄으로써 본문의 의도에 근거해서 설교자가 전하고자 주요 교리의 주제와 근거를 밝힌다.

본문을 나누고 분석하는 작업을 수행할 때 설교자는 말의 흐름보다는 논리의 흐름을 더욱 중시하고, 설교 초기에 너무 많은 분류로 나누어서 청중의 기억력에 부담을 주지 말고, 어려운 전문 용어를 사용해서 청중의 생각을 흩트려놓지 말아야 한다. 본문에서 교리를 도출할 때 유의할 것들이 있다.

첫째 교리가 하나님의 진리여야 한다는 것이다.

둘째, 교리적 진리가 본문 안에 포함되어 있거나 본문에 근거한 것이어서 하나님께서 해당 본문을 통해서 해당 교리를 가르치고 계심을 청중이 인식할 수 있어야 한다.

셋째, 설교자는 해당 본문에서 주로 가르치는 교리를 강조함으로써 청중의 신앙 성장을 위해 가장 큰 유익을 제공해야 한다.

교리는 평범한 용어로 설명하고, 만일 교리에 대해서 설명이 필요한 부분이 있으면 터놓고 설명하고, 교리적 결론은 본문에 근거해서 명확하게 내린다. 해당 교리를 뒷받침해주는 유사한 성경 말씀을 끌어 쓸 때는 양이 많은 것보다는 교리와 명백하게 관련된 말씀을 사용하고, 필요한 경우에는 교리의 목적에 어느 정도 부합되고 해당되는 말씀이어야 한다.

설교의 논조나 논리는 탄탄해야 하고, 가능한 이해가 제대로 가야 한다. 설교의 예화는 종류를 막론하고 진리의 빛으로 충만해서 청중의 마음에 영적 기쁨과 함께 진리를 전달할 수 있어야 한다.

만약 청중 가운데 명백하게 성경과 관련해서 어떤 의심이나 궁금증 내지 편견이 생기는 것 같으면, 상충하는 부분을 조정해주고, 궁금증을 풀어주며, 편견과 오해의 원인을 발견하고 제거해 줌으로써 반드시 해결해준다. 그렇게 하지 않고 청중으로 하여금 헛되고 위험한 반론을 제기해서 밑도 끝도 없이 답을 찾게 내버려 두는 것은 신앙의 성장을 돕기보다는 도리어 저해하기 때문에 합당치 않다.

설교자는 비록 더할 나위 없이 명백하게 밝혀지고 확증된 교리라고 할지라도 일반적으로 설명하는 수준에서 머무를 것이 아니라, 청중으로 하여금 스스로 적용해서 자기 것으로 삼을 수 있게 돕는다. 설교는 설교자에게 많은 지혜와 열심과 묵상을 요구하는 힘든 노동이 아닐 수 없다. 또한 설교는 본성적으로 타락한 사람에게는 매우 불편한 일이지만, 그럼에도 설교자는 다음과 같은 태도로 이 직무를 감당하도록 노력한다. 즉 청중으로 하여금 하나님의 말씀은 살았고 운동력이 있어 마음의 생각과 뜻을 감찰하는 것을 느끼게 하고, 만일 청중 가운데 불신자나 무지한 자가 출석하였다면 자기 마음의 비밀을 고백하고 하나님께 영광을 돌리게 하도록 노력한다.

해당 교리의 결론으로서 도출한 진리를 청중에게 가르치거나 알려줄 때 설교자는 스스로 판단하여 해당 본문과 다른 성경 구절을 토대로 확증하던가, 아니면 그 진리가 신학체계에서 위치한 분야의 원리를 토대로 확증한다.

거짓 교리를 반박할 때 설교자는 옛 이단을 무덤에서 꺼내거나 하나님을 모독하는 견해를 불필요하게 언급하지 않는다. 청중이 거짓 교리에 빠질 위험이 있으면 설교자는 잘못된 점에 대해서 철저하게 논박하되, 그러한 논박에 대해서 청중이 저희 판단과 양심으로 인정할 수 있도록 노력한다.

성도의 의무에 대해 가르칠 때 설교자는 필요하다면 의무를 수행하는 데 도움이 되는 방법까지도 알려준다.

만류와 질책 그리고 공개 권면을 할 때 설교자에게 특별한 지혜가 요구되는데, 필요하다고 판단되면 죄의 본질과 중량과 함께 그에 따른 비참한 결과까지 알려준다. 그뿐만 아니라, 그로 인해 부지불식간에 덮쳐올 위험을 청중에게 보여주고, 동시에 해결책과 피할 가장 좋은 방법을 알려주도록 한다.

누군가를 위로할 때 당사자가 일반적인 시험에 빠진 경우이든지 아니면 특정한 고통이나 공포에 처한 경우이든지 간에 설교자는 당사자가 불안한 마음과 곤고한 심령 탓에 이의를 제기하며 내놓을 반대의견에 대비해 신중하게 대답해준다. 때로는 다가올 시험에 대해 일러주는 것도 필요한데, 특별히 노련한 목사가 명백하게 성경에 근거한 징조를 들면서 신중하고 지혜롭게 권고하면 청중에게 다음과 같은 많은 유익이 있다. 설교자의 권고에 따라 청중은 자신이 은혜를 맛보고 있는지, 설교자가 권면하는 의무를 감당하고 있는지, 혹은 설교자가 견책하는 죄에 빠져 당면한 심판의 위험에 처해 있는지,

아니면 위로받기로 명시된 사람들 가운데 속하였는지 자신을 스스로 살펴볼 수 있다. 자기 점검에 따라서 어떤 이는 활력을 얻어 감당할 의무에 열심을 내기도 하고, 다른 이는 자신의 부족함과 지은 죄로 말미암아 겸손해지게도 되며, 자신이 처한 위험을 인식하거나 위로를 통해 힘을 얻을 수도 있다.

그리고 본문에서 발견되는 모든 교리를 다 설명해야 하는 것은 아니므로, 설교자는 맡겨진 양무리와 살며 사귀어 보는 대로 가장 필요하고 적절하다고 판단되는 교리를 선택해서 다룬다. 또한 본문에서 발견되는 교리 중에서도 청중의 심령을 빛과 거룩과 위로의 근원 되시는 그리스도에게로 가장 잘 이끌어주는 교리를 선택해서 다룬다.

여기서 제시한 방법은 모든 설교자에게 혹은 모든 본문에 반드시 적용되도록 규정된 법칙이 아니라, 경험상 하나님으로부터 많은 축복을 받고 청중의 이해와 기억을 돕는 데 아주 유익한 방법이기에 추천하는 것뿐이다.

하지만 그리스도의 종 된 자는 설교의 직무를 수행하는 방법을 무론하고 모두 다음과 같은 자세로 직무를 감당한다.

1. 주님의 일에 게으르지 말고 성심성의껏 한다.
2. 가장 무지한 사람도 알아들을 수 있도록 쉽게 진리를 전해야 한다. 진리를 사람의 지혜가 가르치는 말로 전하지 않고 성령과 능력의 나타남으로 전함으로써 그리스도의 십자가를 무용지물로 만들지 않도록 주의한다. 또한 외국어와 어려운 표현 그리고 억양을 바꾸어가며 말소리

를 내는 기법을 쓸데없이 사용하지 않는다.
3. 끝까지 그리스도의 존귀를 바라보며, 회중으로 회심하고 믿음이 자라서 구원에 이르게 하되, 자기의 유익이나 영광을 구하지 않는다. 거룩한 목적을 이루기 위해서는 아무런 꺼림도 없이 각 사람에게 전할 바를 전하고, 가장 미천한 자라도 멸시하지 않고, 위대한 자라도 그 죄를 눈 감아주지 않으므로 모든 사람을 공평하게 대한다.
4. 모든 가르침과 권면 그리고 특별히 책망을 현명하게 구사해서 가장 잘 설득할 방법을 취하되, 각 사람의 지위에 합당한 존경을 표하고, 개인적인 감정이나 원한을 섞지 않도록 한다.
5. 하나님의 말씀에 합당하고 신중하게 처신하여, 인간의 죄성으로 하여금 설교자와 그 사역을 멸시할 빌미를 제공할 어떤 몸짓이나 목소리나 표현은 일절 피한다.
6. 사랑하는 마음을 가지고 청중으로 하여금 모든 사역이 설교자의 거룩한 열심과 저희에게 유익을 끼치려는 간절한 마음으로부터 나오는 것임을 볼 수 있게 한다.
7. 하나님에 대하여 배운 바대로 그리고 자기가 마음에 믿는 바대로 그리스도의 진리를 가르친다. 그리고 맡겨진 양무리보다 앞서 걸으면서 저희의 본이 되며, 사적으로나 공적으로나 자기의 모든 수고하는 것을 하나님의 축복에 간절히 의탁하고, 자신을 주의 깊게 살피며, 주님께서 위하여 자기를 목자로 세우신 양무리를 돌아본다. 이처럼 하면 진리의 교리가 타락하지 않고 보전되며, 많은

심령이 예수를 믿어 자라게 되고, 설교자 자신도 그 수고로 말미암아 이 세상에서도 많은 위로를 받게 되며, 장차 도래할 세상에서 자기를 위하여 예비된 영광의 면류관을 받게 될 것이다.

한 교회에 여러 목사가 있는 경우이면서 각자 은사가 다른 경우에 각 목사는 가르치는 사역이든지, 권면하는 사역이든지 저희 가운데 합의가 이루어지는 대로 자신에게 가장 뛰어난 은사를 활용할 수 있는 사역에 더욱 전념한다.

5) 설교 후 기도에 대한 모범

설교가 끝나면 목사는 다음과 같이 기도한다.

그 아들 예수 그리스도를 우리에게 보내주신 하나님의 사랑으로 말미암아 감사하고, 성령의 교통하심으로 말미암아 감사하며, 영광스러운 복음의 빛과 자유로 말미암아 감사하고, 복음 안에 드러난 풍성하고 신령한 축복, 즉 선택과 소명과 양자 삼으심과 의롭다 여기심과 성화와 영광의 소망으로 말미암아 감사합니다. 온 왕국을 적그리스도가 다스리는 흑암과 독재에서 자유케 하시는 하나님의 놀라운 선하심에 감사하고, 모든 국가적 어려움으로부터 건져주심에 감사하며, 종교개혁과 언약과 현세의 축복으로 말미암아 감사합니다.
복음이 전파되고 그 안에 정해진 모든 규례가 순결과 권능과 자유 안에서 계속해서 지켜지기를 기도합니다.

설교에서 가장 주되고 유익한 핵심 메시지를 제목 삼아 간구하오니, 그것이 마음에 심기어져 열매 맺기를 기도합니다.

사망과 심판을 예비하고, 우리 주 예수 그리스도의 재림을 깨어 기다리게 해주시기를 기도합니다.

거룩하게 해주신 것에 대해 범한 죄를 용서해주시기를 간구하고, 우리가 드리는 영적 제사를 우리의 대제사장이자 구주이신 주 예수 그리스도의 공로와 중보로 말미암아 받아주시기를 간구합니다.

그리스도께서 제자들에게 가르쳐주신 기도는 모든 기도의 모범일 뿐만 아니라, 그 자체로 가장 포괄적인 기도이므로, 교회에서 기도할 때 주기도문을 사용할 것을 권고한다.

성례시나 공중 금식 혹은 감사 기간이나 특별 행사 등 특별한 간구와 감사를 드려야 할 경우는 공중 기도를 통해서 특별한 경우를 어느 정도 표현해야 한다(예를 들면, 지금 이때는 이 총회에 축복 내려주시기를 기도하고, 해군과 육군을 위해 기도하며, 왕과 의회와 왕국을 보호해주시도록 기도하는 것이 마땅한 도리인 것과 같다). 목사는 설교 전이나 후에 이러한 특별 경우를 위해서 기도한다. 하지만 어떤 방식으로 기도할 것인지에 대해서는 하나님께서 인도하시고 그 의무를 감당할 믿음과 지혜를 주시는 대로 자유롭게 결정한다.

기도가 끝나고 나서 상황이 허락하면 시편가로 찬송한다. 그런 후에 그리스도께서 정해주신 규례 가운데 온 교회가 지켜야 하는 별다른 규례가 없으면 목사는 엄숙한 축도와 함께 회중을 해산시킨다.

6) 성례식에 대한 모범 : 세례식 집례에 대한 모범

세례식은 이유 없이 늦출 성례가 아닌 것과 마찬가지로 어떤 경우라도 개인이 사사로이 집례할 것이 아니라 하나님의 비밀을 맡은 청지기로 소명 받은 목사가 집례해야 할 성례이다.

세례는 또한 사적 장소에서 사사로이 행할 성례가 아니고, 공중 예배를 드리는 장소에서 회중이 가장 잘 보고 들을 수 있는 자리에서 한다. 교황 시대에 행해온 미신적 관습에 따라 합당치 않게 세례반이 설치된 곳에서 세례식을 행하지 않는다.

유아 세례를 받기 원하는 경우 하루 전에 목사에게 통지하고, 당일에는 아버지가 유아를 데리고 나오거나, (피치 못할 사정으로 아버지가 참석하지 못하면) 신우가 대신 데리고 나와서 진정으로 유아가 세례받기 원한다는 의사를 표현한다.

세례 전에 목사는 제정의 말씀을 통해 이 성례의 제정과 성격과 용도와 목적에 관하여 다음과 같이 설명한다.

세례는 우리 주 예수 그리스도께서 제정하신 성례이다.

세례는 은혜 언약에 대한 인침이고, 우리가 그리스도께 접붙임 받은 것에 대한 인침이며, 그리스도와 연합된 것에 대한 인침이고, 죄 사함 받은 것과 중생과 양자됨과 영생 받음에 대한 인침이다.

세례의 물은 원죄와 자범죄를 모두 제하는 그리스도의 피를 대표하고 의미한다. 세례의 물은 또한 죄의 지배력과 타락한 인간의 죄성에 대적하는 그리스도의 성령의 효력을 대표하고 의미한다.

세례, 즉 물을 뿌리거나 물로 씻음은 예수 그리스도의 피와 공로로 말미암아 죄 씻음을 의미하고, 그리스도의 죽으심과 부활의 효력으로 죄에 대하여 죽고 새 생명으로 일어남을 의미한다.

세례는 믿는 자와 그 후손에게 주신 약속으로서, 교회 안에서 태어난 믿는 자의 씨, 즉 후손은 출생과 동시에 언약에 참예함으로써 그 인침에 참예하는 권리와 복음 시대에 교회가 누리는 외형적인 특권에 참예하는 권리를 갖는데, 이 특권은 구약 시대 때 아브라함의 자손이 누렸던 특권에 비해 못하지 않다. 은혜 언약은 본질상 같으므로 하나님의 은혜는 믿는 자에게 주시는 위로와 함께 전보다 더욱 풍성하다.

하나님의 아들은 어린아이들이 저의 앞에 나오는 것을 용납하셔서 안고 축복하시되, "하나님의 나라가 이런 자의 것이니라"하고 말씀하셨다.

세례받은 유아는 세례로 말미암아 유형교회의 품 안에 들어왔으므로, 이제는 유형교회 밖에 있는 자들과 세상으로부터 구별되어 모든 믿는 자와 연합된 것이다. 그리스도의 이름으로 세례를 받은 자마다 모두 마귀와 세상과 육신을 거부하고, 세례받은 이후부터 이것들과 대적하여 싸우게 된 것이다.

세례 받는 유아는 그리스도인으로서 세례 전에도 언약적으로 거룩하기에 저희가 유아 세례를 받는 것이다.

내적 은혜와 세례의 효력은 세례가 집행되는 그 순간에 국한되지 않는다. 세례의 열매와 권능은 우리 일생 전체에 영향을 미친다. 외적 세례는 필수불가결한 것이 아니기에 유아가 그것을 못 받았다고 해서 멸망의 위험에 빠지는 것도 아니요, 받을 수 있는 시기와 장소가 있었음에도 그리스도의 규례를 멸시하거나 무시한 경우가 아니라면 부모에게 죄가 되지 않는다.

이같이 또는 유사하게 가르침으로써 목사는 세례 교리에 대하여 무지와 오해가 있는지 살펴보고, 회중의 신앙성장을 위하여 필요한 대로 판단의 재량과 신앙의 지혜를 사용한다.

목사는 출석한 모든 사람에게 다음과 같이 권고한다.

저희가 받은 세례를 돌아보고, 하나님과의 언약을 어긴 저희의 죄를 회개하며, 저희의 믿음을 일깨우고, 하나님과 저희 심령 사이에 맺은 언약과 그 언약을 인친 세례를 재인식하고 바르게 사용한다.

목사는 부모에게 다음과 같이 권고한다.

저희와 저희 자녀에게 베푸신 하나님의 긍휼을 헤아리고, 기독교 신앙에 근거한 지식과 함께 주님이 주시는 공급과 훈계로 자녀를 기르며, 만일 이에 게으르면 저희와 저희 자녀에게 임하는 하나님의 진노가 어떠한지 권고하면서 부모의 의무를 이행하겠다는 엄중한 약속을 받아낸다.[3]

이렇게 제정의 말씀을 전한 후에 영적 용도를 위하여 물을 거룩하게 해주실 것을 기도하고 목사는 다음과 같은, 혹은 유사한 내용으로 기도한다.

> 우리를 약속 없는 외인같이 남겨 두시지 않고 주님이 제정하신
> 규례의 특권을 누리도록 불러 주신 주님께서 이 시간 주님이 친

---

[3] 의회 보관용 사본에는 다음과 같은 모범이 추가로 발견된다. "부모나 신우에게 다음 질문 혹은 유사한 질문에 답하는 기회를 통해 자기 믿음을 고백하는 시간을 주는 것이 좋다. 당신은 성부 하나님, 성자 하나님, 성령 하나님을 믿으십니까? 당신은 그리스도께서 행하라고 명하신 모든 명령을 지키기로 받아들이십니까? 그리고 앞으로도 계속해서 지키기로 서약하십니까? 당신은 유아가 세례받고 예수 그리스도를 믿고 고백하기를 소망하십니까?" 하지만 1645년 2월에 열린 스코틀랜드 교회 총회의 요청으로 이 부분은 최종 문서에서 삭제되었다.

히 제정하신 세례의 규례를 은혜로 거룩하게 해주시기를 기도한다. 이 외형적인 물 세례에 내적으로 주님의 성령 세례를 아울러 베풀어 주셔서 유아 세례가 양자 됨과 죄 사함 받는 것과 중생과 영생과 은혜 언약에 속한 다른 모든 약속에 대한 인치심이 되기를 기도합니다. 이 유아가 그리스도의 죽으심과 부활하심과 연합되어, 죄의 몸이 그 안에서 죽어 새 생명을 가지고 저의 일생을 통하여 하나님을 섬기게 해주시기를 기도합니다.

그런 다음 목사는 유아의 이름을 묻고, 대답을 듣고 나면 다음과 같이 선언한다. 유아의 이름을 부르면서 "내가 성부와 성자와 성령의 이름으로[4] 세례를 주노라."

이렇게 선언하면서 목사는 유아에게 물로 세례를 준다. 다른 의식을 가하지 않고 유아의 머리에 물을 붓거나 뿌리면서 세례를 주는 방식은 합법적일 뿐 아니라 적절한 방식이다. 그런 다음 목사는 다음과 같은, 혹은 유사한 내용으로 감사와 기도를 드린다.

하나님은 언약과 긍휼을 지키시는 데 진실하고 신실하신 분이심을 마음으로 감사합니다. 하나님은 선하시고 은혜로우셔서 우리를 성도 중 하나로 여겨 주실 뿐만 아니라, 우리 자녀들에게까지도 그리스도 안에 있는 하나님의 사랑을 상징하는 유일한 징표와 표식을 기꺼이 허락해주셨음을 인정합니다.

---

4 이 부분에 대한 의회 보관용 사본의 날개여백에는 "in"(으로) 대신에 "into"를 대용으로 제안한다. 하지만 이 날개여백 제안은 아마도 의회의 요청으로 웨스트민스터 총회 보관용 예배모범 사본에는 빠진 것으로 보인다.

또한 하나님의 진리와 특별 섭리 가운데 하나님의 사랑하시는 아들의 피로 값 주고 사신 자들을 나날이 교회의 품으로 더해주셔서 하나님의 헤아릴 수 없는 은택을 받을 수 있게 하시고, 교회가 존속하며 성장하게 하심을 인정합니다.

그리고 다음과 같이 기도한다.

하나님의 이루 다 말할 수 없는 이 모든 은택을 계속해서 베풀어주시고, 날로 더욱 확증해주시기를 기도합니다.

지금 세례받고 공식적으로 믿음의 가족에 들어온 이 유아를 하나님 아버지의 가르치심과 보호하심 안에 영접해주시고, 하나님의 백성에게 베푸시는 은택으로 이 유아를 기억해주시기를 기도합니다.

만일 이 유아가 어려서 세상을 떠나게 되거든, 긍휼이 풍성하신 하나님께서 영광 중에 영접하여 주시기를 기도합니다. 이 유아가 살아서 스스로 분별하는 연령에 이르거든 말씀과 성령으로 가르쳐 주셔서 오늘 받은 세례가 이 유아에게 효력이 되게 하시고, 하나님의 권능과 은혜로 붙들어 주셔서 이 유아가 마침내 최후의 온전한 승리를 거둘 때까지 마귀와 세상과 육신을 믿음으로 이기게 하시며, 믿음으로 구원에 이르기까지 하나님의 권능의 손으로 지켜 주시기를 우리 주 예수 그리스도의 이름으로 기도합니다.

7) 성찬식 집례에 대한 모범

성찬식 혹은 주의 만찬은 자주 행해야 한다. 하지만 얼마나 자주 행할지는 목사와 당회원들이 저희 손에 맡겨진 자들의 사정과 유익에 가장 적합하다고 판단하는 대로 결정할 것이다. 그리고 성찬식을 행한다면 오전 설교 후에 하는 것이 적절하다고 본다.

무지한 자와 추한 자는 주님의 성찬을 받기에 합당치 못하다.[5]

사정상 성찬식을 자주 행하기에 불편한 교회는 성찬식을 행하기 일주일 전에 반드시 공고해야 한다. 또한 공고할 당시 혹은 그 주간 어느 날이라도 성찬식 규례에 대하여, 합당한 준비에 대하여, 참예에 대해서 가르친다. 모든 성도는 하나님께서 천국 잔치에 참예시킬 목적으로 거룩하게 하신 모든 방편을 공적으로 사적으로 부지런히 사용함으로써 천국 잔치를 위한 준비를 더 잘 하게 한다.

성찬식 당일에 목사는 설교 후 기도를 끝내고 다음과 같이 간단한 권고를 전한다.

이 성례를 통하여 받는 측량할 수 없는 은택과 더불어 성찬의 목적과 용도에 대해 알려준다. 인생이라는 순례 길과 전쟁터에서 성찬을 통하여 위로와 새 힘을 얻는 것이 얼마나 필요한가에 대해 알려

---

[5] 의회 보관용 사본에는 이 문장 대신에 다음과 같은 본래 문장이 발견된다. "세례 교인 중에서 당회원이 지켜보는 가운데 자신을 점검할 충분한 지식과 소양이 있는지 그리고 그리스도가 제정한 모든 성례에 자신을 복종하기로 기꺼이 작정하는지에 대해 목사로부터 면밀히 점검을 받은 자 외에는 그 누구도 성찬식에 참여할 수 없다. 무지한 자, 추한 자, 완고한 자는 성찬식에 참여할 수 없다. 다른 교구에 속한 사람은 신앙 간증이 확실하거나 잘 알려진 인물이 아닌 이상 성찬식에 참여할 수 없다." 잉글랜드 의회가 원래 문장을 바꾸었다. 그럼에도 스코틀랜드 교회는 자신들의 전통적인 사전점검 방식을 보존하기 위해서 보충법을 제정했다.

준다. 지식과 믿음과 회개와 사랑과 아울러 그리스도와 그의 은택에 주리고 목마른 심령으로 성찬에 참예하는 것이 왜 필요한지를 알려준다. 성찬을 합당치 않게 먹고 마시는 것이 얼마나 위험한지를 알려준다.

그 다음에 목사는 먼저 모든 무지한 자, 거역하는 자, 불경스러운 자, 혹은 이성과 양심에 거리끼는 어떠한 죄와 범죄함 가운데 살고 있는 자는 거룩한 식탁에 참예할 생각을 하지 말라고 그리스도의 이름으로 경고한다. 그 다음에 목사는 합당치 않게 먹고 마시는 자는 저에게 임할 심판을 먹고 마시는 것임을 분명하게 알려준다. 다른 한편으로 목사는 죄악의 짐과 진노에 대한 두려움에 눌리어 더 큰 은혜를 받고자 사모하며 수고하는 모든 이를 향해 주의 만찬에 나오라고 극진한 태도로 격려하며 초청한다. 목사는 그리스도의 이름으로 경고한 것 같이 같은 그리스도의 이름으로 성도의 연약하고 곤한 심령에 쉼과 시원함과 힘을 북돋아 준다.

이렇게 권면과 경고와 초대의 메시지를 전한 후에, 사전에 식탁보를 단정하게 씌운 성찬대를 적당한 곳에 놓으면 수찬자는 질서 있게 회중석에 둘러앉거나 성찬대에 앉는다.[6] 목사는 자기 앞에 차려진 떡과 포도주를 거룩하게 하고 축복하는 예식행위를 시작한다(이때 떡은 보기 좋고 적당한 그릇에 담아서 목사가 떼어 주면 수찬자 사이에 분배되게 하고, 포도주 역시 큰 잔에 담는다). 제일 처음으로 목사는 간

---

6 의회 보관용 예배모범에는 "(스코틀랜드 교회가 행하는 방식과 같이) 성찬대에 앉아서"라고 적어둠으로써 회중석에 둘러앉아서 성찬을 받는 잉글랜드 방식과 성찬대 "에" 앉아서 성찬을 받는 (스코틀랜드) 방식을 모두 인정한다. 최종 예배모범에는 ( )에 들어가는 부연 설명이 누락되었다. 하지만 스코틀랜드 교회는 총회 보충법을 통해서 성찬대에 앉는 자신들의 방식을 더욱 고수하려 했다.

단한 말로 이 떡과 포도주는 보통 것과 같은 것인데 이제 제정의 말씀과 기도로 말미암아 이 거룩한 목적에 쓰이도록 구별되어 거룩해진 것임을 분명하게 알려준다.

목사는 제정의 말씀을 위해 복음서 중에서나 바울서신 중에서 고린도전서 11장 23절 "내가 너희에게 전한 것은 주께 받은 것이니"에서부터 27절까지 읽고, 필요하다고 생각되면 읽은 말씀을 설명하고 적용해주어도 된다.

그리고 떡과 잔을 놓고 다음과 같은 취지로 기도하거나 감사드리거나 혹은 축복한다.

> 우리의 비참함이 큰 것과 거기에서 우리를 구원할 사람도 없고 천사도 없으며, 또한 하나님의 긍휼을 입을만한 가치가 우리에게 조금도 없는 것을 겸손히 또한 진심으로 인정합니다.
> 하나님의 모든 은택으로 말미암아 감사하오니, 특별히 우리를 구속해주신 크신 은택과 하나님 아버지의 사랑과 우리를 구원하시기 위해 하나님의 아들 예수 그리스도가 받으신 고통과 그 공로로 말미암아 감사합니다. 우리에게 허락하신 은혜의 모든 방편인 말씀과 성례로 말미암아 감사합니다. 특별히 성찬 성례로 말미암아 그리스도와 저의 모든 은택이 우리에게는 유효하고 인친 바 되었고, 오랫동안 너무 남용된 나머지 어떤 이들은 더는 받지 못하게 되었지만 우리는 계속해서 받고 있으므로 말미암아 감사합니다.
> 예수 그리스도의 이름 외에 천하 사람 중에 구원을 받을 만한 다른 이름을 주신 일이 없는 것을 고백합니다. 예수 그리스도의

이름만 의지하여 우리가 자유와 생명을 얻고, 은혜의 보좌로 나아감을 얻으며, 그리스도의 식탁에서 먹고 마실 것을 허락받았고, 그리스도의 영으로 말미암아 행복과 영생을 누리도록 인침 받았음을 고백합니다.

간절히 기도하오니, 긍휼이 풍성하신 아버지, 위로가 넘치시는 하나님께서 은혜로 우리 가운데 임재하시고, 우리 안에 성령의 효력 있는 역사를 일으켜 주심으로 말미암아 이 떡과 포도주를 거룩하게 하시며, 하나님의 규례를 축복해주심으로 우리를 위해 십자가에 못 박히신 예수 그리스도의 몸과 피를 받아먹음으로써 그리스도가 우리와 또 우리가 그리스도와 하나가 되게 하시고, 우리를 사랑하셔서 자기 자신을 주신 그리스도가 우리 안에 또 우리가 그리스도 안에 살게 하시기를 기도합니다.

이 모든 것을 행할 때 목사는 거룩한 행동에 어울리는 적절한 감정을 품고 수행하여 수찬자들도 같은 감정을 품게 한다.

떡과 포도주는 이제 말씀과 기도로 거룩하여졌으므로 목사는 성찬대 앞에 서서 손으로 떡을 잡고 다음과 같이 말한다(아니면, 예수님이나 사도들이 성찬에서 사용한 비슷한 말씀을 써도 된다).

"거룩한 제정과 명령과 복되신 우리 구주 예수 그리스도의 본을 따라서 이 떡을 취해 축사하고 떼어 너희에게 주노라." (이때 그 역시 떡을 받아먹는 목사는 떡을 떼어 성도들에게 주면서 다음과 같이 말한다.)

"받아먹으라. 이는 너희를 위하여 찢기신 그리스도의 몸이니라. 이를 행하여 그를 기념하라."

같은 방식으로 목사는 잔을 취하고 다음과 같이 말한다.

"우리 주 예수 그리스도의 제정과 명령과 본을 따라서 이 잔을 들어 너희에게 주노라."(수찬자에게 주면서 다음과 같이 말한다.) "이 잔은 죄 사함을 얻게 하려고 많은 사람을 위하여 흘리는 바 예수 그리스도의 피로 세운 새 언약이라. 너희가 다 이것을 마시라."

모든 수찬자가 성찬을 먹고 마신 후에 목사는 몇 마디 말로 이 성례를 통하여 수찬자의 마음에 공표된 예수 그리스도 안에 있는 하나님의 은혜를 되새기게 하고, 그에 합당하게 행하라고 권고한다.

그리고 목사는 다음과 같이 엄숙하게 감사의 기도를 하나님께 드린다.

> 이 성례를 통해서 저희에게 베풀어주신 풍성한 긍휼과 헤아릴 수 없는 선하심으로 말미암아 감사합니다. 전체 예배에서 미흡했던 부분을 용서해주시기를 간구합니다. 하나님의 선하신 성령께서 은혜로 도우셔서 수찬자들이 은혜를 힘입어 구원의 그 위대한 보증을 받은 자들로서 능히 행할 수 있기를 간구합니다.

가난한 자들을 위한 구제헌금은 질서 있게 이루어지도록 해서 공중 예배의 어떤 절차도 방해받지 않게 한다.

8) 주일 성수에 대한 모범

주일은 미리 기억해 두고 평상시에 종사하는 세상 일을 규모 있게 처리해 때맞춰 마쳐놓음으로써 주일을 거룩하게 지키는 데 방해가 되지 않게 한다.

주일은 온종일 주님의 날로 거룩히 지키되, 공적으로든 사적으로든 그리스도인의 안식일로 지키도록 한다. 이 목적을 위해서 모든 불필요한 노동을 멈추고 온종일 거룩하게 쉬어야 하며, 모든 오락과 유흥뿐만 아니라 세상적인 말과 생각까지도 자제한다.

주일 식사는 미리 준비해 놓음으로써 어떤 하인도 부득이하지 않게 하나님을 예배하는 공중 예배에 불참하는 경우가 발생하지 않도록 하고, 누구도 주일을 거룩하게 지키는 데 방해받지 않도록 한다. 각 사람마다 그리고 각 가족마다 기도를 통해 개인적으로 주일을 준비하되, 자신을 위해 기도하고, 하나님께서 목사를 도우시기를, 목사의 사역을 축복해주시기를 기도한다. 공중 규례를 지킬 때 거룩하게 행함으로써 하나님과 더욱 즐겁게 교통할 수 있도록 한다.

모든 성도는 제시간에 맞추어 공중 예배에 참석함으로써 공중 예배의 시작부터 온 회중이 한 마음으로 모든 예배 절차에 엄숙하게 참여하고, 축도를 마칠 때까지 누구도 먼저 나가지 않도록 한다.

온 회중이 모여 엄숙하게 드리는 예배의 전후로 남은 시간에는 설교를 읽고 묵상하면서 되새김한다. 특별히 자기 가족을 불러 모아서 들은 바를 물어보고, 요리 문답을 공부시키며, 경건한 의견을 나누고, 공중 규례를 축복해주실 것을 기도하며, 시편가로 찬송하고, 병든 자를 방문하며, 가난한 자를 구제하는 등 경건과 자선과 긍휼의 의무를 감당하면서 안식일을 기쁘게 여긴다.

9) 결혼식에 대한 모범

결혼은 비록 성례도 아니고, 하나님의 교회 안에서만 존재하는 제도가 아닌 온 인류에게서 발견되는 공통된 제도이며, 모든 사회 공동체가 가진 공동의 관심사이다. 그럼에도 결혼하는 자는 주 안에서 결혼해야 하고, 새로운 삶으로 발을 내딛는 과정에서 하나님의 말씀을 통하여 교육과 지도와 권고를 각별히 받아야 하며, 내딛고 난 후에 하나님의 축복을 특별히 받아야 한다. 그러므로 합법적인 말씀의 종이 주례를 서고, 결혼 당사자의 사정에 맞게 상담하며, 저희를 위하여 축복 기도해주는 것이 적절하다고 본다.

결혼은 한 남자와 한 여자 사이에서만 이루어진다. 그리고 결혼할 당사자는 하나님의 말씀에서 금한 혈연관계나 인척관계에 저촉되지 않는 사이어야 한다. 또한 결혼할 당사자는 자기분별 연령에 이른 자로, 스스로 선택할 능력이 있거나 아니면 건전한 근거를 바탕으로 상호 합의할 수 있는 능력이 있어야 한다.

결혼식을 올리기 전에 목사는 3주일에 걸쳐 주일마다 회중에게 당사자의 결혼 의사를 공표하되, 회중이 가장 빈번하고 지속적으로 모이는 장소에서 공표한다. 그리고 결혼식 주례를 맡은 목사는 결혼식을 집례하기 전에 결혼식에 대한 공표를 충분히 알려야 한다.

결혼 의사를 공표하기 전에 만약 당사자 양쪽의 연령이 미달되었으면, 부모나 혹은 (부모가 사망했을 경우) 보호자가 결혼 승낙한 것을 교회 제직들에게 통지하고 교회는 기록으로 남긴다. 비록 결혼 연령을 충족했다 할지라도, 부모가 생존해 있으며 초혼인 경우에도 같은 절차를 거치도록 한다. 어느 한 쪽이라도 재혼인 경우, 결혼 당사자에게 (적당한 기회를 보아 할 수 있으면) 이 사실을 먼저 부모에게 알린 뒤에 승낙을 받으려고 애써 보지 않고는 결혼 약속을 맺지 않도록 권고한다. 부모는 자기 자식이라고 해도 본인의 의사와 상관없이 결혼하도록 강요해서는 안 되며, 반대로 당사자 간에 이루어진 결혼 합의를 합당한 이유 없이 반대해서도 안 된다.

결혼 의사 혹은 약속이 앞서 권고한 대로 공표된 후에는 결혼식을 오래 지연하지 않도록 한다. 그러므로 목사는 간단한 예고문을 내고, 아무것도 결혼식과 겹치지 않는 날을 잡아 공중 예배를 위해 공식적으로 지정된 장소에서,[7] 믿을 만한 증인이 충분히 참석한 가운데, 편리한 시간을 잡아서 결혼식을 집례하되, 공중 금식의 날을 제외하고는 연중 어느 날도 가능하다. 다만 주일에는 결혼식을 올리지 않도록 권고한다.

모든 인간관계가 하나님의 말씀과 기도로 거룩해지므로 목사는 결혼 당사자를 위하여 다음과 같이 축복하며 기도한다.

> 우리의 죄로 말미암아 우리는 하나님의 긍휼을 조금도 받을 수 없고, 하나님을 진노케 하여 아무런 위로도 받지 못하게 된 존재임을 고백합니다. 하나님께서 저희의 기업이 되사 이제 하나님의 언약인 귀한 결혼으로 말미암아 저희와 연합하시는 그리스도 안에서 저희를 받아주셔서 하나님의 것으로 삼으시기를 (그 임재와 은택이 곧 모든 상황 가운데서 느끼는 행복이요, 모든 관계에서 맛보는 달콤함이신) 예수 그리스도의 이름으로 간절히 간구합니다. 하나님께서 그 섭리 안에서 저희로 연합하게 해주셨으니 주님의 성령으로 저희를 거룩하게 하시고, 새 생활에 맞는 새 마

---

[7] 의회 보관용 원본에는 "공중 예배를 위해 공식적으로 지정된 장소에서"라는 문구 대신에 "회중이 공적 모임을 위해 모이는 장소에서"라고 적혀있었다. 하지만 스코틀랜드 교회의 요청을 받아들여 잉글랜드 의회가 바꾼 것이다.

음 주시기를 간구합니다. 저희를 모든 은혜로 부요하게 하셔서 저희가 맡은 의무를 감당하고, 하나님이 주시는 위로를 누리며, 모든 근심을 견디고, 근심과 함께 찾아오는 시험을 성도답게 물리치게 하시기를 간구합니다.

기도가 끝나고 나서 목사는 성경에 근거해서 간단히 다음과 같이 권고하면 좋다.

결혼의 제정과 효용과 목적을 상대 배우자에게 성심을 다해 행해야 할 부부의 도리와 함께 설명한다. 하나님의 거룩하신 말씀을 공부해서 믿음으로 사는 법을 배우라고 권고한다. 결혼 생활의 모든 근심과 어려움 속에서도 자족하면서 부부관계의 모든 기쁨을 감사하며 규모 있게 그리고 거룩하게 사용함으로써 하나님의 이름이 높여지도록 권고한다. 부부간에 함께 서로를 위하여 기도하라고 권고한다. 서로 사랑하며 선을 행하도록 서로를 살펴주며 격려하라고 권고한다. 생명의 은혜를 받은 자답게 함께 살아갈 것을 권고한다.

목사는 모든 심령을 감찰하시고 마지막 날에 그들을 행위대로 심판하실 위대하신 하나님 앞에서, 두 사람 중 누구라도 이미 다른 사람과 약혼을 했거나 다른 이유 때문에 적법하게 결혼할 수 없다면 지금 말하라고 회중에게 엄숙히 물어본다. 그런 후에 (결혼식 진행을 중단할 아무런 사유가 제기되지 않으면) 목사는 신랑으로 하여금 오른손을 들고 다음과 같이 말하게 한다.

"나 [신랑 이름]는 그대 [신부 이름]를 나의 아내로 삼아, 하나님께서 우리를 죽음으로 갈라놓으실 때까지 그대를 사랑하고 그대에게 신실한 남편이 될 것을 하나님 앞과 오늘 모인 회중 앞에서 약속하고 맹세합니다."

그런 다음 신부도 오른손을 들고 다음과 같이 말하게 한다.

"나 [신부 이름]는 그대 [신랑 이름]를 나의 남편으로 삼아, 하나님께서 우리를 죽음으로 갈라놓으실 때까지 그대를 사랑하고 그대에게 신실하고 순종하는 아내가 될 것을 하나님 앞과 오늘 모인 회중 앞에서 약속하고 맹세합니다."

그 다음에 목사는 아무 다른 추가 의식 없이 두 사람이 하나님의 규례대로 부부 된 것을 회중 앞에서 선언하고, 다음과 같이 기도함으로써 결혼식을 마친다.

> 하나님께서 친히 제정하신 규례를 맘껏 축복해주시고, 하나님의 사랑 가운데 주신 다른 약속과 마찬가지로 특별히 결혼 생활의 위안과 열매를 이제 막 결혼한 부부에게 충만케 부어주셔서 그 풍성하신 긍휼로 말미암아 주 하나님이 찬송 받으시기를 그리스도 예수 안에서 또 그리스도 예수로 말미암아 간구합니다.

곧바로 결혼한 시간과 함께 결혼한 이들의 이름을 관련 등록부에 정확히 기재해서 철저하게 관리한다. 그렇게 해서 누구라도 필요하면 열람할 수 있는 상태로 준비해 둔다.[8]

---

8 의회 보관용 사본에는 다음과 같은 모범이 추가로 발견된다. "존경하는 상원과 하원 모두에게 이와 마찬가지로 청원할 것은 자녀들이 부모의 승낙 없이 결혼하는 사례와 또한 부모가 자녀의 결혼을 강요하거나 정당한 이유 없이 승낙을 거절하는 사례, 관련자 사이에 마땅한 승낙이 이루어지지 않은 상태에서 목사가 결혼식을 주례하는 사례를 방지할 법안을 고려해주도록 아뢴다." 당연하게도 이 부분은 발행된 예배모범에서 빠졌다.

10) 병자 심방에 대한 모범

목사는 자신에게 맡겨진 성도를 공적으로뿐 아니라 또한 사적으로 가르칠 의무가 있다. 목사의 시간과 능력과 신변상 안전이 허락하는 모든 상황에서 성도를 타이르고, 권면하며, 꾸짖고, 위로한다.

목사는 건강할 때 죽음을 예비하도록 성도에게 일러주고, 성도는 자기 심령의 상태에 대해서 목사와 자주 상담을 한다. 그리고 병중에 있는 성도는 저희의 기력과 이해력이 떨어지기 전에 목사로부터 적당한 때를 보아 즉시 충고와 도움을 받도록 힘쓴다.

성도가 아프고 괴로울 때는 하나님께서 그 곤고한 심령에 하나님의 말씀을 전할 특별한 기회를 목사에게 열어주신 때이다. 왜냐하면, 그때 사람의 마음은 영원과 관련해서 저희 심령의 상태가 어떠한지 돌아보게 되기 때문이다. 사탄 역시 이 기회를 이용하여 병자에게 더욱 괴롭고 힘든 시험으로 짐을 지운다. 그러므로 목사는 병자의 회복을 위해 심방 요청을 받아 가면 극진한 사랑으로 다정다감하게 병자의 심령에 영적인 도움을 주되 다음과 같이 한다.

목사는 병자의 현재 병세를 고려해서 성경 말씀을 잡아 권면하되, 질병은 우연히 혹은 몸의 이상 때문에만 찾아오는 게 아니라, 병에 걸린 사람마다 지혜롭고 섭리대로 인도하시는 하나님의 선하신 손길 때문에 찾아오기도 한다고 권면한다. 만약 질병이 죄로 말미암는 죄책감 때문에 왔든지, 잘못을 징계하고 바로잡기 위해 왔든지, 시험과 은혜로운 해결책을 위해 왔든지, 아니면 다른 특별하고 놀라운 목적을 위해 왔든지 간에 하나님의 징계를 거룩한 계기로 삼고자 몸부림치고, 하나님의 징벌을 경시하지 않으며, 하나님의 징계를 받는 중에 지치지 않으면 현재 당하는 모든 고난이 유익으로 변하며, 모든 것이 합력하여 선을 이룰 것이라고 권면한다.

목사가 보기에 병자가 신앙에 대하여 무지하다 싶으면, 신앙의 기본원리를 가지고 병자를 점검해주되, 특별히 회개와 믿음에 대해 점검해준다. 부족한 점을 발견하거든 이들 덕목의 본질과 용도와 탁월성과 당위성에 대해 알려준다. 또한 은혜의 언약과 이 언약의 중보자이신 하나님의 아들 그리스도에 대해 알려준다. 또한 그리스도를 믿음으로 죄 사함 받는 도리에 대해 알려준다.

목사는 병자에게 자신을 돌아보아 지난 날의 행실을 살펴보고 하나님을 향한 영적 상태를 살펴보라고 권고한다. 그래서 병자가 마음에 거리끼는 것이나, 의심되는 것이나, 시험 든 것이 있다고 밝히면, 목사는 가르쳐주고 해결해주어 병자의 심령으로 만족을 얻고 안정을 찾게 해준다.[9]

만약 병자가 자기 죄에 대해 마땅히 가져야 할 인식이 없는 것 같으면, 자기 죄와 범죄함과 그에 따르는 응보에 대해 깨닫도록 힘써 돕는다.[10] 또한 그 때문에 영혼이 부패와 타락으로 물드는 것을 깨닫

---

9 이 단락은 의회 보관용 원본에는 다음과 같이 적혀있다. "목사는 병자에게 자신을 돌아보아 지난 날의 행실을 살펴보고 하나님을 향한 영적 상태를 살펴보라고 요구한다. 그리고 병자의 양심을 짓누르고 있는 부담이나 문제가 무엇인지, 죄책감을 느끼는 부분이 무엇인지, 그 마음에 거리끼는 것이나 의심되는 것이나 시험 든 것이 무엇인지 밝히라고 권고한다. 병자가 밝히면 목사는 그것에 맞게 설명해주고 안심시켜 준다. 만약 환자의 영적 상태가 어떠한지 모르겠거든, 목사는 다음과 같은 사항을 물어보면서 알아내도록 한다. 하나님의 공적 규례를 통해 하나님과 어떻게 교제하고 있는지, 복음과 은혜의 방편을 어떻게 누리고 있는지, 개인적 의무에 얼마나 힘쓰고 또 하나님과 이웃에게 범죄하지 않기 위해서 어떻게 양심을 지키는지, 자신의 죄를 용서받고 하나님과 화평을 누리고 있는 증거 내지 소망은 무엇인지 물어본다."

10 의회 보관용 원본에는 다음과 같이 적혀있다. "만약 병자가 복음대로 행하지

도록 힘써 돕는다. 그리고 율법의 저주와 그에 따르는 하나님의 진노를 깨닫도록 힘써 돕는다. 그래서 병자로 하여금 진실로 자기 죄로 말미암아 마음이 상하여 스스로 낮아지게 한다. 게다가 병자에게 회개를 미루는 위험과 어느 때든지 구원이 주어졌을 때 멸시하는 위험 또한 알려주고,[11] 저의 양심을 일깨우며,[12] 저의 어리석고 교만한 상태를 각성시키고, 자신을 내려놓고 그리스도를 믿음으로 붙드는 자 외에는 누구도 그 앞에 감히 설 수 없는 하나님의 공의와 진노를 깨닫도록 힘써 돕는다.

비록 여러 번 실패하고 많이 연약할지라도 병자가 거룩의 길로 행하면서 하나님을 바로 섬기려 애써 왔다면, 혹은 심령이 죄로 말미암아 상하였거나 하나님의 은택을 받지 못한 것으로 말미암아 낙심한 상태라면, 목사는 하나님의 값없고 충만한 은혜와 그리스도 안에 있는 의의 충분성과 복음에 나타난 은혜로운 약속, 즉 회개함으로 자기 의를 부인하고 전심을 다하여 그리스도로 말미암아 받는 하나님의 긍휼을 믿는 자는 그리스도 안에서 생명과 구원을 얻으리라는 약속을 병자에게 보여주면서 그를 일으켜 세우는 것이 합당하다.

또한 사망이 쏘는 독침을 그리스도께서 꺾으셨기 때문에 그리스도 안에 있는 자에게 사망은 그 자체로 우리가 두려워할 아무런 악한 영적 권세도 없다는 사실을 저에게 보여주는 것이 유익할 것이

못했음을 발견한다면, 목사는 …힘써 돕는다."
11 의회 보관용 원본에는 "또한 알려주고"(and withal to make known) 대신에 "알게 하여"(letting him know)라고 적혀있다.
12 의회 보관용 원본에는 "일깨우며"(to awaken) 대신에 "그럼으로써 일깨워서"(thereby awakening)라고 적혀있다.

다.[13] 그리스도는 자신에게 속한 자들을 사망의 두려움에 매여 종노릇하던 상태로부터 구원하셨고, 무덤을 이기고 승리를 주셨으며, 자기 백성을 위하여 처소를 예비하려고 친히 영광 중에 들어가셨다. 그러므로 생명이나 사망이나 그리스도 안에 있는 하나님의 사랑에서 그리스도에게 속한 자들을 끊을 수 없다. 그렇기에 그리스도 안에 있는 자들은 언젠가 반드시 흙 속에 묻힌다 할지라도 기쁘고 영광스러운 부활과 함께 영생을 얻을 것이라고 확신하는 것이다.

또한 하나님의 긍휼에 대한 잘못된 믿음에 근거해서 혹은 자신의 선한 공로에 근거해서 천국에 간다는 생각을 경계하라고 권고할 것이다.[14] 대신에 자신의 모든 공로를 부인하고 오직 예수 그리스도의 공로와 중보에만 근거해서 하나님께 자신을 의뢰하라고 충고할 것이다. 예수님은 신령과 진정으로 자기에게 오는 자를 절대로 버리지 않는 분이시다. 또 조심할 것은 병자가 범한 죄 때문에 임하는 하나님의 진노를 너무 심각하게 강조한 나머지 회개하는 신자라면 누구에게나 소망의 문을 열어주시는 그리스도와 그의 공로를 제대로 제시한 뒤에도 병자가 절망에 빠지는 일이 없어야 한다는 것이다.[15]

병자가 마음이 진정되어 불안감이 가장 낮을 때 그리고 다른 주

---

13 의회 보관용 원본에는 다음과 같이 적혀있다. "사망이 쏘는 독침을 그리스도께서 꺾으시었기 때문에 그리스도 안에 있는 자에게 사망은 그 자체로 두려워할 아무런 악한 권세도 없으므로 그리스도 안에 있는 병자가 사망의 두려움을 이길 힘을 얻도록 목사는 더욱 힘쓴다."

14 의회 보관용 원본에는 다음과 같이 적혀있다. "만약 병세로 인해 병자가 회개와 복음에 대한 순종을 분명하게 표현하지 못한다면, 목사는 신중함과 방향성을 가지고 다음과 같이 권고할 것이다."

15 의회 보관용 원본에는 다음과 같이 적혀있다. "또한 목사는 병자가 절망에 빠지는 일이 없게 조심한다."

변에 신경 쓸 일이 가장 적을 때를 보아 목사 본인이 원한다면 병자와 함께 저를 위하여 다음과 같이 기도할 것이다.

원죄와 자범죄로 말미암아 애통함으로 고백하며, 진노의 자식이 되어 저주 아래 있는 본질상 비참한 상태에 빠진 것을 고백합니다. 모든 질병과 질고와 사망과 지옥이 죄로 말미암은 마땅한 결과이자 효력인 것을 인정합니다. 이 병자 위에 그리스도의 보혈로 말미암아 하나님의 긍휼이 임하기를 간구합니다.

하나님, 그의 눈을 열어 주시고, 자기 죄를 보게 하시며, 자신의 무너진 모습을 보게 하시고, 하나님이 그를 치신 이유를 깨닫게 해주시며, 의와 생명을 얻도록 그의 심령에 예수 그리스도가 나타나게 하시고, 그리스도의 성령을 그의 심령에 보내주시기를 간구합니다. 그래서 그리스도를 붙들 수 있는 믿음을 그의 심령 안에 강하게 일으켜 주시고, 그리스도의 사랑의 증거로 말미암아 그의 심령이 위로받게 하시며, 유혹에 대비하게 하시고, 세상으로부터 저의 마음을 끊어내 주시며, 현재 당하는 고난을 거룩하게 해주시고, 그 고난을 견딜 수 있는 인내와 힘을 공급해 주시며, 끝까지 믿음을 지킬 수 있도록 성도의 견인을 허락해주시기를 간구합니다.

하나님께서 그의 생명을 연장하기를 기뻐하시거든, 은혜를 베푸셔서 회복을 위한 치료의 방편을 축복하시고 거룩하게 하시며, 병을 제거해주시고, 새 힘을 주시며, 하나님 앞에서 합당히 행하게 하셔서, 사람이 아팠을 때 거룩과 순종을 위해 서원하고 약속한 것을 성실히 기억하고 부지런히 이행함으로 말미암아 저의 남은 평생에 하나님을 영화롭게 하는 인생이 되게 하시기를 기도합니다.

현재 당하는 고난을 통해 병자의 생명을 거두시기로 작정하셨거든, 그로 하여금 하나님께서 그의 모든 죄를 용서하셨다는 증거와 그리스도 안에 있는 그의 분깃에 대한 증거와 그리스도로 말미암아 얻는 영생의 증거를 보게 하셔서, 그의 겉사람은 후패하나 속사람은 새로워지게 하시기를 기도합니다. 죽음을 두려움 없이 대하게 하시고, 의심 없이 자신을 전적으로 그리스도에게 맡기게 하시며, 차라리 몸을 떠나 그리스도와 함께 거하기를 사모하게 하셔서, 믿음의 목적, 즉 그 영혼의 구원을 받게 하시기를 우리의 유일하신 구주요 모든 것에 충분하신 구속자이신 예수 그리스도의 공로와 중보만 의지하여 기도합니다.

목사는 필요하다 싶으면 병자에게 차후에 어려움이 없도록 가사를 정리하라고 권하고, 빚이 있으면 갚으라고 권면하며, 잘못한 것이 있으면 상환하거나 배상하라고 권면한다. 관계가 좋지 않았던 사람들과 화해하라고 권면하고, 저에게 잘못한 사람들의 죄는 이제 자신도 하나님의 심판으로부터 용서받아야 하듯이 온전히 용서하라고 권면한다.

끝으로, 목사는 병자 주변에 있는 사람들로 하여금 이번 경우를 통해 자기 자신의 죽음을 생각해 보고, 주님께로 돌아와 그와 화평을 누리라고 권면하는 기회로 삼을 것이다. 건강할 때 병고와 사망과 심판을 예비하라고 권면하며, 인생의 정한 날이 지나가는 동안 우리의 생명이신 그리스도께서 나타나실 그때에 저희도 그와 함께 영광 중에 나타나서 받게 될 변화를 기다리라고 권면하는 기회로 삼을 것이다.

11) 장례 예식에 대한 모범

누가 이 세상을 떠나면 매장하는 날 죽은 자의 몸을 공중 지정 매장지까지 정중하게 옮겨가고, 아무런 별도의 예식 없이 즉시 묻도록 한다.

매장지에 옮겨지기 전에 안치해 놓은 곳에서 시체 앞에 무릎을 꿇거나, 옆에 서서 시체를 향하여 기도하거나, 혹은 그 외 유사한 행습은 미신적이다. 그리고 매장지까지 가는 동안, 또 매장지에서 기도하고 성경을 읽고 찬송하는 것도 지극히 잘못된 행습으로 죽은 자에게 아무 유익을 주지 못하고, 도리어 여러 면에서 유가족에게 상처를 주는 폐단을 낳았다. 그러므로 매장과 관련된 이러한 모든 행습은 폐지되어야 한다.

하지만 공중 지정 매장지까지 따라간 신우들이 그 경우에 합당한 성경 말씀을 가지고 상고하고 상론하는 것은 대단히 권장할 만하다. 그 자리에 목사가 참석하였으면 다른 경우에서와 마찬가지로 성도로서 저희의 의무를 유념하게 해준다.

예식 없이 시체를 즉시 매장하라고 해서 죽은 자가 살았을 동안 누리던 사회적 지위와 신분에 합당하게 존경 혹은 경의를 표하는 것조차 거부해야 한다는 말은 아니다.

12) 공중 금식에 대한 모범

국민에게 어떤 엄청나고 주목할 만한 심판이 임했거나 또는 곧 임할 것이 분명하다면, 혹은 어떤 이례적인 화를 입을 것이 다 아는 사실로 드러난다면, 또한 이와 마찬가지로 어떤 특별한 축복을 구하여 얻기를 원한다면 (하루 온 종일) 엄중한 공중 금식을 지키는 의무야말로 하나님께서 그 나라 혹은 백성에게 바라시는 바이다.

신앙생활에서의 금식은 전적인 금욕을 요구한다. 금식 기간은 음식뿐만 아니라 모든 세상적인 일과 말과 생각과 아울러 육체적 향락과 (평상시 같으면 얼마든지 할 수 있는) 그와 유사한 것과 화려한 옷과 장식품 등을 금한다. (신체적으로 약해서 금식이 끝날 때까지 버틸 수 없는 자는 아주 소량의 음식을 섭취해서 곧 쓰러질 것 같을 때 몸을 지탱해주어도 된다.) 더군다나 화려한 치장, 선정적인 옷차림과 몸짓, 남성이나 여성의 허세같이 무엇이든지 그 성격상 혹은 용도상 눈살을 찌푸리게 하고 자극적인 일체의 것을 금한다. 다른 때도 마찬가지지만, 특별히 금식 때 여기에 저촉되는 상황이 발생하면 목사는 사람을 가리지 말고 열심을 내어 부지런히 꾸짖을 것을 권한다.

공중 모임에 참여하기 전에 각 가정과 개인은 이 엄중한 시기를 위하여 개인적으로 마음을 예비하고 모임에 일찍 도착한다.

공중 금식일에는 이러한 성격의 의무를 수행하기에 합당한 마음을 북돋아 주기 위해서 할애할 수 있는 대로 많은 시간을 성경 봉독과 설교 그리고 시편 찬송으로 보내도록 한다. 하지만 무엇보다도 기도를 중점적으로 하되 다음과 같이 한다.

온 세상의 창조주시요, 보존자시요, 통치자이신 하나님의 위엄으로 말미암아 영광을 돌리며, 그로 인해 우리의 마음은 하나님을 향한 거룩한 경배와 경외심으로 더욱 충만해집니다. 특별히 교회와 국가를 향한 하나님의 다함없고 사랑 가득한 긍휼로 말미암아 하나님 앞에서 우리의 마음은 더욱 녹아내림을 고백합니다. 우리의 온갖 죄가 날로 더해 감을 겸손히 자백합니다. 우리의 죗값에 비하면 오히려 훨씬 가벼운 하나님의 의로우신 심판을 합당한 것으로 인정합니다.

그럼에도 겸손히 또 간절히 기도하오니, 우리 자신과 교회와 국가와 왕과 당국자와 (현재 당면한 사태와 관련해서) 우리가 기도해야 할 모든 대상자 위에 하나님의 긍휼과 은혜를 내려 주시기를 다른 어떤 때보다 끈질기고 강하게 간구합니다. 하나님의 약속과 선하심 안에서 우리를 용서하시고, 도우시며, 우리가 현재 느끼거나 두려워하는 혹은 마땅히 받을 악에서 건져주실 것을 전적으로 믿습니다. 그리고 우리 자신을 완전히 내려놓고 영원히 주님께 드리오니 우리가 필요하고 기대하는 축복을 내려주시기를 간구합니다.

목사는 하나님께 간구하는 회중의 입술인 만큼 이 모든 기도를 드릴 때 진지하고 철저하게 회중의 처한 상황을 헤아려 봄으로써 저희의 심중을 토로해야 한다. 그래서 목사와 그 회중이 특별히 저희의 죄로 말미암은 슬픔 속에 함께 잠기고 함께 무너져야 한다. 그렇게 해서 공중 금식일은 진실로 저희의 심령이 심히 부끄러워지고 괴롭게 되는 날이 된다.

봉독할 성경 본문과 선포할 성경 본문을 특별히 선택하여 청중의 마음이 공중 금식일로 모인 특별한 목적에 가장 합당한 상태가 되어 찔림과 회개에 이르도록 최대한 준비시킨다. 목사가 나름의 관찰하고 경험해온 바를 근거로 판단해서 설교를 듣는 회중의 신앙 성장과 개혁을 위해 필요한 부분을 중점적으로 강조한다.

공중 금식을 마치기 전에 목사는 그들 가운데 잘못된 것은 무엇이든지, 특별히 그들 가운데 다른 어떤 죄보다 더 명백하게 발견되는 죄를 고치겠다는 의지와 결단을 고백함으로써 그 마음을 주님께 드리기로 자신과 회중의 이름을 걸고 작정하게 한다. 또한 목사는 하나님께 가까이 나아가서 새로운 순종으로 이전의 어느 때보다 친밀하고 신실하게 하나님과 동행하기로 자신과 회중의 이름을 걸고 작정하게 한다.

또한 목사는 회중에게 끝까지 권고하되, 공중 금식으로 그날의 의무가 모두 끝나는 것이 아니라, 마치 개개인과 가족의 마음에 영원히 자리 잡고 있는 것처럼 모두 앞에서 고백한 신앙과 결단이 날로 강해지도록 그날의 남은 시간과 평생을 보내야 한다고 권고한다. 회중이 스스로 더욱 깨달을 것은 하나님께서 그리스도 안에서 그들이 행한 바를 흠향하시고, 그들을 향하여 마음을 풀으시며, 은혜로 응답하셔서 죄를 사하시고, 심판을 거두시며, 전염병을 막아주시거나 방지해주시고, 회중의 영적 상태와 기도에 따른 축복을 예수 그리스도로 말미암아 내려주실 것이라고 권고한다.

당회의 권한으로 성사된 공식적이고 일반적인 금식 외에도 교회는 하나님의 거룩하신 섭리로 말미암아 특별한 계기가 만들어지는 대로 날을 잡아 금식일로 지키는 것이 좋다고 본다. 가정들도 속한 교회가 금식하거나 예배를 위한 다른 공적 의무를 감당하는 기간을 피해서 개인적으로 금식하는 것이 좋다고 본다.

13) 공중 감사일에 대한 모범

어느 날을 공중 감사일로 지키려면, 그에 앞서 적절한 기회를 봐서 감사일에 대해 공표하여 사람들로 이날을 더 잘 준비할 수 있게 한다.

그 날이 되면 회중은 (개인적으로 준비한 상태에서) 모이고, 목사는 권고의 말씀으로 시작하여 그날에 모인 목적으로 삼은 의무에 대해 일깨워주며, 하나님께서 (공중 예배 때와 같이) 특별한 모임의 성격에 맞게 도와주시고 축복해주시기를 짧게 기도한다.

그 다음에 목사는 구원받았거나 긍휼을 얻은 사연에 대해, 혹은 어떤 것이 되었든지 회중이 모이게 된 계기에 대해 간추려 이야기해줌으로써 모든 사람이 그 사연이나 계기를 더 잘 이해하게 혹은 생각나게 해서 마음에 더 큰 감화, 감동을 받게 한다.

그리고 시편 찬송이 기쁨과 감사를 표현하는 데 있어 다른 어떤 규례보다 적합하므로 회중의 감화, 감동을 위하여 관련된 시편가 한 곡 혹은 여러 곡을 부르되, 해당 사항에 알맞은 하나님의 말씀을 봉독하기 전후로 부른다.

그 다음에 설교하는 목사는 설교 전에 모인 이유와 밀접하게 관련지어서 추가로 권고하고 기도한다. 그리고 경우에 맞는 성경 본문으로 설교한다.

설교가 끝나고 목사는 설교 전에 기도할 때 빠뜨렸다면 다른 때 설교 후에 보통 하듯이 교회와 왕과 국가를 위해서 기도할 뿐만 아니라, 기도의 지경을 넓혀서 이전에 받은 긍휼과 구원으로 말미암아 마땅하고 진정한 감사기도를 드린다. 하지만 무엇보다도 회중이 감사하려고 모여든 제목에 대해서 특별히 감사기도를 드린다. 이때 하나님께서 이전에 주시던 긍휼을 계속해서 주시되 새롭게 주시고, 그 긍휼을 바르게 사용할 수 있도록 회중이 거룩해지는 은혜를 주시기를 겸손히 간구한다. 그리고 긍휼을 주제로 한 다른 시편가로 찬송한 후에 축도와 함께 회중을 해산시켜서 그들로 먹고 쉬기에 좋은 시간을 보내게 한다.

단, 목사는 회중을 해산시키기에 앞서 그들에게 엄숙하게 권하여 과하게 흥청대며 먹고 마시다가 과식하거나 술 취하지 않도록, 또한 먹고 마시는 중에 이러한 죄 자체보다 더 흉한 죄를 짓지 않도록 주의하라고 권고한다. 그리고 그들이 누리는 즐거움과 기쁨이 육에 속한 것이 아니라, 하나님께는 영광의 찬송을 돌리게 하고 저희의 정신은 차분하고 맑게 유지해주는 영에 속한 것이 되도록 신경 쓰라고 권고한다. 또한 모든 먹고 마시며 기뻐하는 것이 회중을 더욱 생기 있고 자유롭게 하여 그날의 남은 시간 중에 다시 교회에 돌아올 때까지 회중으로 하나님을 더욱 찬송하라고 권고한다.

회중이 예배로 다시 모일 때 기도와 성경 봉독과 설교와 시편 찬송 그리고 더 많은 찬송과 감사의 기도를 아침에 인도한 것과 같은 방식으로 새롭게 반복하여 교회를 떠날 때까지 계속한다.

공중 감사일에 드리는 두 차례의 예배 중 한 번이나 혹은 두 번 모두 가난한 자를 위한 구제헌금을 거두어 수혜자(loins)로[16] 하여금 우리를 축복하고, 우리와 더불어 더욱 기뻐하게 한다. 두 번째 예배의 마지막에 목사는 이후에 남은 시간을 그리스도인의 사랑과 구제를 서로에게 베푸는 거룩한 의무와 증거를 다하고, 주 하나님을 기뻐하는 것이 우리의 힘이기 때문에 주님을 더욱 기뻐하는 데 사용하라고 권고한다.

14) 시편 찬송에 대한 모범

공중 예배에서 온 회중이 다 함께 찬송을 불러 하나님을 찬양하는 것은 그리스도인의 의무이다. 또한 가정에서는 각자 알아서 시편 찬송을 부르도록 한다.

시편가로 찬송할 때 목소리를 곡조에 맞춰 엄숙하게 낸다. 하지만 찬송할 때 가장 신경 쓸 부분은 가사에 대한 이해를 바탕으로 마음에 은혜를 담아 주님께 노래를 올려 드리는 것이다.

온 회중이 다 함께 불러야 하므로 글을 읽을 수 있는 자마다 시편 찬송집을 가지고 있으라고 권고한다. 나이나 다른 피치 못할 사정으로 도저히 글을 배울 수 없는 자를 제외하고 모두에게 글 읽는 법을 배우라고 권고한다. 하지만 대다수 회중이 글을 읽지 못하는 현 상황에서는 목사 본인이 또는 목사 내지 다른 당회원이 세운 적합한 사람이 노래할 가사를 앞서 한 줄씩 읽어주는 방식이 적합하다.

---

16 여기서 사용된 "loins"라는 단어는 구제헌금으로 보호받는 대상자를 가리키는 것으로 보인다.

4. 부록 : 공중 예배를 위한 일시와 장소에 대한 모범

　복음 시대를 사는 우리에게 그리스도인의 안식일로 거룩하게 지키라고 성경에서 명령하고 있는 날은 주일 외에는 없다.
　보통 절기라고 부르는 축일은 하나님의 말씀에서 정하고 있지 않으므로 앞으로는 지키지 않도록 한다.
　그럼에도 어떤 특별한 상황을 맞아 하나님의 섭리를 따라 자명하고 예사롭지 않은 역사가 여럿 일어나서 회중에게 그럴 동기와 기회를 마련해준다면 하루나 며칠을 공중 금식일이나 감사일로 구별되게 지키는 것은 합법적이고 마땅하다.
　이전에 제아무리 헌당된 건물이라 할지라도 그 자체로 거룩한 능력이 없는 것과 마찬가지로 이전에 제아무리 미신적인 목적으로 사용된 건물이라 할지라도 이제부터 그리스도인이 함께 모여 하나님을 예배하는 공적 장소로 구별되게 사용한다고 해서 비합법적이고 부적절할 만큼 더럽혀진 것도 아니다. 그러므로 지금까지 회중이 모여 하나님을 예배하는 목적으로 사용해온 장소는 계속해서 같은 용도로 사용하는 것이 마땅하다고 본다.

색인

【ㄱ】

가테이커, 토마스 44, 45, 49, 51, 52, 54, 55
감동 91, 93, 95, 98, 108
개신교도 170, 179
개혁주의 신학 31, 33, 35, 77, 79, 82, 83, 87, 89, 90, 94, 99, 101
게디스, 제니 163
거룩 293
거지, 윌리엄 45, 55
검열 41
견인 131, 264, 295
견진 성사 214
결혼 203, 206, 212, 240, 248
경배 182, 215, 258, 299
계시 73
고위 성직자 160, 163, 165, 172
고위 성직제의 추종세력 172, 215
공동 기도서 160, 168, 169, 172, 174, 209, 235, 254, 255, 256
공동 예배 예식서 161, 166, 175, 209, 210, 211, 241
교회 정치규범 205, 242
구드윈, 토마스 166
구속 88, 116, 126, 127, 131, 142, 251, 283
구약 91, 149, 181
구원 62, 72, 73, 86, 88, 89, 97, 98, 100, 101, 103, 106, 116, 120, 122, 123, 124, 125, 128, 129, 131, 135, 146, 178, 181, 228, 231, 255, 267, 268, 273, 280, 283, 285, 293, 294, 296, 301, 302
국교도 52, 54, 127, 143, 158, 160, 164
국교회 찬성파 170
그린힐, 윌리엄 85
금식 205, 206, 275, 288, 298, 299, 300, 301
기도 126
기원일 214
길레스피, 조지 73, 74, 75, 106,

107, 163, 166, 167, 175, 197

【ㄴ】
낙스, 존 161, 175, 189
뉴코멘, 매튜 70, 72

【ㄷ】
다운햄, 존 45, 49, 52, 53
더들리 페너 133
데이비스, 호튼 161
독립파 158, 159, 167, 190
동맹, 엄숙 68, 69, 127, 160, 166, 173, 222, 257, 264, 265
디오다티, 장 29, 30, 38, 39, 45, 46, 47, 48, 64, 66
딕스호른, 반 176, 226
딕슨, 데이비드 81, 93

【ㄹ】
라우스 245, 246
라우스, 프랜시스 245
라이켄, 리랜드 214
라이트풋, 존 68, 73, 85, 242
레딩, 존 45, 49, 52, 56, 57, 121
레이놀즈 75, 84
레이놀즈, 에드워드 70, 72, 75

레이드, 존 82
레이, 에드워드 39, 55, 58, 79, 91, 101
레이, 존 56, 117, 126, 141
로드 40, 160, 163
로드 예전 163, 167
로마 가톨릭 교도 91 103, 172, 181
로저스 77, 78, 111
롤락, 로버트 84, 133, 137, 145, 148
루더포드, 사무엘 32, 166, 167, 231
루터 18, 28, 181, 183
리처드슨, 존 44, 49, 51, 52, 53, 57, 59

【ㅁ】
마셜 174, 175
마셜, 스티븐 166, 167, 172
말씀 선포 255
메이어, 존 38
목사 174, 176
무오 63, 100
미국 남북전쟁 165
미국 장로교회 171
미리 아심 122
미사 172, 254
믿음 84, 88, 125, 129, 143, 144,

151, 278

【ㅂ】
바튼, 윌리엄 245
버만, 프란츠 83
버지스, 앤서니 134, 145
버지스, 존 194
버지스, 코넬리우스 114
백스터, 리처드 68, 158
베어드, 찰스 186
베일리, 로버트 173, 187 197
베일리 164, 165, 166, 167
베자, 테오도르 28, 38, 127, 131, 145, 153
벤델린, 마커스 프리드리히 83
보스턴, 토마스 231
본문증명, 아전인수격 15, 132, 152
볼, 존 83, 134, 137
볼레비우스 80
봉독자 161, 211, 219, 260
봉헌 247, 263
부카누스, 굴리엘무스 83

【ㅅ】
사계제일 214
사도신경 198, 210, 211, 224, 231
사순절 214, 240

사죄 213
샤미에, 다니엘 83
생명나무 137, 141, 142, 143
선악나무 143
선택 115, 131
선택 받은 자 116, 119, 121, 122, 123, 125, 126, 127, 128, 130
선포, 말씀 268
선포, 복음 125, 231
설교 57, 61, 62, 74, 104, 172, 177, 185, 187, 207, 208, 209, 219, 220, 221, 223, 225, 226, 227, 230, 233, 237, 242, 250
섭리 86, 89, 108, 113, 120, 157, 280, 288, 291, 300, 304
성경 27, 74
성경 엄수주의 102
성경, 틴데일-커버데일-로저스 28, 29
성공회교도 157
성령 92, 94, 95, 124, 130, 222, 228
성례 205, 222, 275
성상파괴 운동 181
성인 기념일 246
성찬 61, 192, 203, 206, 207, 208, 209, 212, 213, 232, 233, 234
성찬대 172, 236

성화 116, 124, 125, 127, 274
세례 179, 203, 212, 213, 214, 229, 230, 231, 232, 247
소명 127, 131
속죄 126, 221, 263
스몰우드 52, 53, 58
스위스 신앙고백 85, 247
스코틀랜드 교회 68, 165, 167, 168, 170, 175, 176, 207, 211, 219, 220, 223, 224, 225, 230, 235, 237, 238, 239, 240, 241, 243, 244, 245, 246, 247
스코틀랜드 의회 170
스콜라주의 78, 79, 80, 81, 84, 111
시편가 225, 226, 237, 244, 245, 246
시편 찬송 177, 211, 213, 225, 242, 243, 244
신약 91, 149, 181
신약성경, 톰슨 127, 130
신학, 개혁주의 84, 102, 104, 111
십계명 181, 195, 214

【ㅇ】
아담 29, 116, 119, 134, 138, 140, 141, 144, 145, 146, 151
아디아포라 102
아리스토텔레스주의 77, 78, 84
아일랜드 교회 165
아일랜드 신조 82, 84, 85, 98
안수 57, 242, 268
알렉산더 헨더슨 163, 166
애로우스미스, 존 69
양자 116, 118, 120, 123, 124, 127
어거스틴 95, 142
어셔, 제임스 51, 53, 52, 57, 59, 80, 81, 84
언약도의 교회 171
에드먼드 캘러미 25, 50
에라스투스파 158
영, 토마스 70
영감 82, 92, 99, 100
영광송 198, 211, 213
영벌 117
예배 101, 158
예배 전쟁 160
예수 그리스도 120
예전 158, 161, 162, 164, 165, 167, 168, 169, 172, 173, 176, 188, 190, 191, 194, 195, 196
예전서 163, 186
예정 116, 117, 118
예정론 28, 115, 127

예지 116, 121
오웬 32, 78
올드, 휴즈 올리펀트 189
왕정복고 57
왕정파 53, 54, 57, 59, 127
외경 93, 94, 260
요리문답 23, 24, 26, 33, 34, 54, 76, 77, 80, 84, 104, 135, 137, 138, 140, 152, 153, 181, 187, 189, 210, 214, 227
우상 181
위맥, 로렌스 196
워필드, B. B. 76, 82, 83, 249
웨스트민스터 신앙고백과 요리문답 23, 76
웨스트민스터 총회 24, 25, 26, 27, 31, 35, 36, 37, 50, 52, 53, 55, 57, 67, 68, 69, 70, 72, 74, 79, 80, 83, 84, 85, 114, 129, 134, 140, 153, 158, 160, 166, 167, 168, 171, 174, 177, 180, 190, 192, 194, 203, 205, 216, 223, 226, 232, 239, 241, 242, 243, 244, 245
유기된 자 130
유대인 149, 181, 222, 264
유럽대륙의 개신교 신학자 82, 83
율법 143, 144, 145, 151, 293
은혜 136, 205
은혜 언약 133, 134, 137, 143, 145, 147, 149, 150, 151, 276, 277, 279
의회, 스코틀랜드 71, 168
이성 84, 101, 106
이탈리아 주석성경 64
잉글랜드 교회 68, 114, 162, 165, 213, 235, 246, 255
잉글랜드 내전 160, 165
잉글랜드 상원 67, 85, 204, 245
잉글랜드 의회 15, 67, 68, 71, 79, 104, 139, 159, 165, 167, 168, 230, 281, 288
잉글랜드 주석성경 24
잉글랜드 하원 40, 70, 71, 85, 166, 167, 168, 220, 245

【ㅈ】
장로교도 57, 158, 160, 164, 196
제네바 성경 28, 29, 30, 36, 38,

40, 41, 42, 43, 56, 66,
157, 220
제네바 신앙고백 85
제네바 주석성경 64
제임스 1세 40
종교개혁 18, 24, 27, 60, 61, 76,
77, 80, 96, 99, 111
종교개혁가 18, 23, 27, 28, 31, 76,
80, 87, 89, 95, 99, 102,
104, 107, 108, 111
종교개혁, 스코틀랜드 211, 217
종교회의, 사보이 169
주기도문 175, 186, 210, 211,
213, 223, 248, 275
주일 61, 167, 188, 209, 226, 239,
240, 242
중생 123, 124, 231, 276, 279

칭의 116, 127, 128

【ㅋ】

카트라이트, 토마스 84, 207, 208,
242
칼빈, 존 18, 30, 66, 87, 89, 96,
99, 122, 123, 125, 126,
130, 131, 148, 149, 161,
162, 180, 182, 183, 184,
186, 187, 188, 189, 191,
192, 193, 196, 198
칼빈주의 28, 30, 33, 57, 84
콜드웰, 크리스 203
퀘이커교도 213
크로치우스, 루도비쿠스 83
크리스피, 토비아스 149

【ㅊ】

창조 89
천국 294
천사 116, 117, 181, 283
청교도 23, 32, 35, 82, 87, 92,
157, 158, 159, 161, 162,
180, 190, 193, 194
축도 210, 224, 275, 286, 302
축일 246, 247, 304
치리서 225, 234, 247
침례교도 179

【ㅌ】

타락 88
터크니, 앤서니 70, 75
테일러, 프랜시스 45, 49, , 51, 52,
58, 119
템플, 토마스 69, 72
토렌스, J. B. 77
토렌스, T. F. 77
트랩, 존 39

【ㅍ】

팔머, 허버트　70, 166
퍼거슨, 제임스　150
퍼킨스, 윌리엄　32, 78, 84, 133, , 137, 148, 226
펨버튼　44, 45, 46, 48, 49, 51, 52, 59, 60
펨블, 윌리엄　235
폴라누스　133
폴라누스, 아만두스　83, 133
폴, 로버트　171
플로렌스 에스티엔 메릭 카사본　53
피스카토르, 요하네스　29, 47, 145, 148
필립 나이에　166, 220
핌, 존　242

【ㅎ】

하이데거, 요한 하인리히　83
해먼드, 헨리　39, 212, 213
행위 언약　113, 132, 133, 134, 135, 136, 137, 138, 139, 140, 141, 142, 143, 145, 147, 148, 149, 150, 151
행정 당국　240
헌금　206
헐, 찰스　70, 72, 166, 167
헤스링턴　75
헤스링턴, 윌리엄　74
헤페　83, 99
헨더슨, 알렉산더　167, 210, 243
호주 장로교회　171
홀, 조셉　164
화란 국역성경　29, 30, 36, 139, 153
화이트, 존　92
확신　95, 264
회심　273
휘태커, 제레미아　75
휘틀리　45, 49, 51, 52, 53, 54, 59
흠정역 성경　27, 28, 29, 40, 41, 43, 46, 62, 157

【숫자】

30년 전쟁　165
39개 신조　68, 71, 82, 166, 190, 192

웨스트민스터 시리즈 3

웨스트민스터 총회의 실천
성경해석과 예배모범

Scripture and Worship
: Biblical Interpretation and the Directory for Public Worship

2014년 7월 20일 초판 발행

지은이 | 리처드 A. 멀러·로우랜드 S. 워드
옮긴이 | 곽계일

편 집 | 전희정, 진규선
디자인 | 김복심
펴낸곳 | 개혁주의신학사
등 록 | 제21-173호(1990. 7. 2)
주 소 | 서울시 서초구 방배로 68
전 화 | 02) 588-8546(본사) 031) 942-8761(영업부)
팩 스 | 02) 523-0131(본사) 031) 942-8763(영업부)
홈페이지 | www.clcbook.com
이메일 | prpkor@gmail.com
온라인 | 기업은행 073-000308-04-020
         예금주: 개혁주의신학사

ISBN 978-89-7138-045-1 (94230)
ISBN 978-89-7138-044-4 (세트)

낙장·파본은 교환해 드립니다.

이 도서의 국립중앙도서관 출판시 도서목록(CIP)은
서지정보유통지원시스템 홈페이지(http://seoji.nl.go.kr)와
국가자료공동목록시스(http://www.nl.go.kr/kolisnet)에서
이용하실 수 있습니다.
(CIP제어번호: CIP2014019250)